인천 지역의 민족운동

인천학연구총서 44

인천 지역의 민족운동

양윤모

보고사
BOGOSA

머리말

　이 나라는 모든 것이 서양과 반대인 것 같다. 길에서 사람을 마주치면 우리는 오른편으로 비켜서지만, 이 나라 사람들은 왼편으로 비켜선다. 우리는 상대방 사람의 손을 잡고 악수하지만, 이 나라에서는 자기 손을 맞잡고 인사한다. 우리는 조상(弔喪) 때 검은 모자를 쓰지만, 이들은 흰 모자를 쓴다. 우리는 상대방에게 존경을 표시할 때 모자를 벗는데 여기에서는 그대로 쓰고 있다. 서양 집은 대체로 문(門)을 밀거나 당겨서 여닫고 창문은 옆으로 미끌어 여닫지만, 여기에서는 그 반대이다. (… 중략 …) 방향을 이야기 할 때도 우리는 북동남서의 순으로, 이들은 동서남북의 순으로 말한다. 그리고 상대방에게 나이가 들어 보인다고 이야기하는 것을 이들은 대단한 처사로 여긴다. (셔우드 홀 저, 김동열 역, 『닥터 홀의 조선회상』, 동아일보사, 1984년 재판, 80쪽)

　130여 년 전 조선의 몇 가지 관습을 기록한 회고록에 나오는 내용이다. 지금으로서는 과연 그랬을까도 싶기도 한 대목도 있지만, 아마 대충은 맞는 기록이라 생각된다. 조선에서 태어나 1940년 영국스파이로 몰려 조선을 떠날 때까지 조선에서 의사생활을 했던 셔우드 홀(1983~1991)의 기록이다.

　1876년 개항과 1883년 조미수호통상조약 체결로 조선은 이른바 사대(事大) 체제에서 조약(條約) 체제로 진입하였다. 이후 1894년 갑오개혁과 1895년 을미개혁을 거치고, 1897년 대한제국으로 국체를 변경하였지만, 조선의 관습과 사회체제는 그리 큰 변화가 있었다고

할 수는 없었다. 1884년 갑신정변과 1894년 청일전쟁 그리고 1904
년 러일전쟁은 조선의 운명을 결정지은 계기가 되었다. 조선은 일본
제국주의에 거의 종속되는 결과를 초래하였던 것이다.

그러니까, 조선이 어떻게 해보려고 해도 그리고 부분적인 사회 변
화를 초래하였다고는 해도, 제국주의라는 대세를 방어하기에는 시간
도 없었고 그 도전을 극복할 만한 준비가 부족하였다. 인천지역은 조
선 침략을 구현하려는 일본제국주의의 전진기지였고 동시에 서구 문
물이 맨 처음 도착하는 개항지였다. 아무리 우리 스스로 주체적인 변
화를 하려고 했어도, 자본주의를 바탕으로 하는 서양의 문물은 강했
다. 개화, 동학, 계몽, 의병으로 이어지는 구국운동이 전개되었지만,
제국주의 세력을 물리치지는 못하였다.

1905년 을사늑약(乙巳勒約)은 말 그대로 굴레를 뒤집어 쓴 조약이
다. 이어 1907년에는 이름도 애매모호한 조약(이른바 정미조약)으로
대한제국의 마지막 무력마저 없어지게 되었다. 결국 조선과 대한제
국으로 이어진 국통(國統)은 1910년, 일부 조선인의 청원에 응한다는
명분하에 일본제국의 식민지가 되었다.

1919년, 전계급적, 전민족적, 전지역적으로 일본 식민 통치에 저
항한 3·1운동의 결과, 대한민국임시정부가 수립되었다. 10년 가깝게
국통이 끊겼지만, 조선의 인민들과 세계 각 지역의 독립운동가들이
모여 마침내 국통이 회복된 것이다. 여러 어려움이 있었지만, 대한민
국임시정부는 세계사상 유례없는 식민 통치 기간 동안, 오직 독립만
을 위해 매진한 대한제국의 계승자였다.

대한민국임시정부가 탄생하는 계기는 여러 가지를 상정할 수 있
다. 그 중에서도 인천지역이 갖는 의미는 결코 단순하지 않다. 개화

와 신문명을 처음 맞이한 것도 인천지역이었다. 대한민국임시정부를 끝까지 부지(扶持)하였던 백범 김구가 사상의 전환을 통해, 교육계몽운동가와 독립운동의 정신적 기반을 확립한 지역도 인천이었다(이에 대해서는 〈보론〉에서 자세하게 기술하였다).

인천지역이 갖는 해상과 육상을 연결하는 핵심적 위치는 대한민국 임시정부 성립과 초기 활동에 밀접하게 연결되었다. 이를테면 임시정부 군자금 모집에 중요한 역할을 하였던 연통제는 대부분의 경우 인천을 통해 모집원들이 출입을 하였다. 이러한 사례는 독립운동사에서 인천지역이 갖는 특징적인 내용이라 하겠다.

이 글은 개항 이후를 출발점으로 인천지역에서 전개된 민족운동을 살펴보는 것이 목적이다. 국권회복운동과 1920년대 초까지 민족의 독립을 목표로 전개된 여러 사례들을 제시하였다. 또한 민족운동에 반(反)하는, 곧 민족의 이익을 심대하게 해치는 반민족운동에 대해서도 기술하였다. 그 이유는 '친일(親日)'이라는 용어가 갖는 모호성을 지적하면서, '반민족'이라는 용어의 적확성을 드러내기 위함이다.

한편으로, 인천지역은 전통시대는 물론이고 개항 이후 시기에도 서울 지역과는 거의 모든 면에서 밀접한 연관성을 지닌 곳이다. 거리 상으로도 그렇고, 서울과의 접근성 역시 시간이 지나면 지날수록 확장되었다. 무역의 중심지로나 금융, 정치, 교육, 해관 수입 등 거의 모든 면에서 서울과 떼려고 해도 뗄 수 없는 관계가 고착되었다. 정치, 경제, 사회적인 측면에서 인천지역이 특수한 위치에 있지 않다는 것이다. 따라서 다른 부문도 마찬가지일 테지만, 학문적으로 인천의 특수성을 집어내기란 여간 어려운 일이 아니다.

인천지역에서 전개된 민족운동도 그렇다. 이를테면 문명개화를 위한 근대식 학교 설립운동은 다른 지역에서도 활발하게 시도되었다. 의병운동과 국채보상운동으로 상징되는 국권회복운동 역시 마찬가지이며, 전국적으로 전개된 3·1독립운동의 경우도 그렇다. 다른 지역도 민족운동이 있었으면, 반민족행위 역시 존재하였을 것으로 생각된다.

오히려 인천지역은 다른 지역에 비해 식민지배의 정 가운데에 위치하였기 때문에 민족운동이 일어날 객관적인 조건이 불리한 지역이라 할 수 있다. 그럼에도 인천지역은 민족운동과 독립운동사상 매우 중요한 사건들이 여러 차례 시도되었다는 점에서 주목되어야 할 것이다.

이 글은 이러한 인천지역의 성격을 의식하면서 작성하였다. 인천지역의 민족운동에 대해서는 거의 처음 작성된 글이라 생각되기 때문에 아직 부족한 점이 많을 것으로 생각된다. 그래도 이전부터 부분적으로 발표된 글들을 중심으로 다듬고 또 보강된 내용을 제시하였다는 점에서, 스스로 부족한 작업에 대한 일말의 위로로 삼고 있다.

이 책은 많은 사람의 도움을 바탕으로 출간되었다. 여러 전문가들의 업적과 더불어, 오랜 기간 인천광역시 역사자료관으로 부터 여러 형태의 도움을 받았다. 특히 역사자료관에서 근무하였던 강덕우 박사와 강옥엽 박사는 인천지역과 관련된 많은 자료들을 발굴하고 번역하는 작업을 통해 필자에게 계몽을 주었다. 인천대학교 인천학연구원은 인천지역의 기초적인 자료들을 수집하고 번역하여 출판하는 매우 중요한 작업을 지속해오고 있다. 특히 이 책이 출판되는 데 결정적인 지원을 제공해 주었다. 이 자리를 통해 감사의 뜻을 전하고자 한다. 또한 많은 선배, 동학들과의 토론은 필자가 여러 면에서 부족하다는 것을 깨우쳐 주었다. 이에 대해서도 대단히 고맙다는 뜻을 밝히며, 앞으로 더 노력하고 정진하는 계기가 될 것으로 믿고 있다. 물론 이 책에서 나오는 자료의 인용을 비롯해서, 모든 논리적 오류 그리고 잘못된 해석은 오로지 저자의 몫일 것이다.

끝으로, 시간이 촉박한 가운데 부족한 원고를 다듬고 수정된 원고를 참고 기다려 준 보고사출판사의 인내에 감사드린다. 특히 사진과 지도 삽입 등 아주 번거로운 작업을 매끄럽게 도와준 편집부 여러분의 도움은 결코 잊지 못할 것이다.

2020년 2월, 안산에서 씀.

차례

서론

2019년도는 3·1독립운동과 대한민국임시정부 수립 100주년이 되는 해이다. 이를 기념하기 위해 인천을 비롯해 많은 지방자치단체와 관련 기관 등에서 그 숫자만큼이나 많은 기념행사가 진행되었다. 그만큼 두 사건이 우리 현대사에서 차지하는 비중이 크다는 것을 입증하고 있다.

특히 1987년 제정된 현행 헌법에서 3·1운동과 대한민국임시정부가 동시에 언급되면서부터 그 사건의 역사성과 중요성이 더욱 커지게 되었다. 물론 지금도 대한민국의 출발이 언제인가를 놓고 첨예한 대립적 시각이 있는 것도 사실이다. 법적, 학문적 논쟁뿐만 아니라 현실적인 이념적·사회적·계급적 위치에 따라서도 각기 다른 입장을 취하기도 한다.

1919년 중국 상해에서 수립된 대한민국임시정부가 학술적으로 온전한 국가의 형태를 지녔는가 하는 점에 대해서는 법적으로나 학술적으로 여러 논의가 있을 수 있다고 본다. 그리고 전체 한반도 민중의 의사가 전적으로 반영된 정부인가 라는 점도 논쟁의 여지가 있을 수 있다고 본다.

그렇지만 1948년 7월 12일 제정되고 7월 17일 반포된 첫 번째 헌

법(이를 제헌헌법이라 부른다)은 적극적으로 공산주의 운동을 전개하였
던 세력을 제외한 거의 모든 독립운동 세력이 참여해서 만든 헌법이
다. 1948년 5월 10일 총선거를 통해 선출된 한반도 민중의 대표들이
새로운 국가를 만들기 위해 의회를 구성하였고, 새로운 국가의 성격
과 체제를 어떻게 규정할 것인 지 아주 정밀하게 논의하고 토론하여
만들어 낸 헌법이 '제헌헌법'인 것이다. 그리고 국가건설의 기본원칙
으로 천명된 제헌헌법의 역사적 의미는 아래 헌법 전문(前文)에 잘 나
타나 있다.[1]

    유구한 역사와 전통에 빛나는 우리들 대한국민은 기미 삼일운동으
로 대한민국을 건립하여 세계에 선포한 위대한 독립정신을 계승하여
이제 민주독립국가를 재건함에 있어서 정의인 도와 동포애로써 민족
의 단결을 공고히 하며 모든 사회적 폐습을 타파하고 민주주의제제도
를 수립하여 정치, 경제, 사회, 문화의 모든 영역에 있어서 각인의 기
회를 균등히 하고 능력을 최고도로 발휘케 하며 각인의 책임과 의무를
완수케하여 안으로는 국민생활의 균등한 향상을 기하고 밖으로는 항
구적인 국제평화의 유지에 노력하여 우리들과 우리들의 자손의 안전
과 자유와 행복을 영원히 확보할 것을 결의하고 우리들의 정당 또 자
유로히 선거된 대표로써 구성된 국회에서 단기 4281년 7월 12일 이

---

1) 이 헌법 전문의 원문은 다음과 같다 : 悠久한 歷史와 傳統에 빛나는 우리들 大韓國民은
己未三一運動으로 大韓民國을 建立하여 世界에 宣布한 偉大한 獨立精神을 繼承하
여 이제 民主獨立國家를 再建함에 있어서 正義 人道와 同胞愛로써 民族의 團結을
鞏固히 하며 모든社會的 弊習을 打破하고 民主主義 諸制度를 樹立하여 政治, 經濟,
社會, 文化의 모든 領域에 있어서 各人의 機會를 均等히 하고 能力을 最高度로 發揮
케 하며 各人의 責任과 義務를 完遂케 하여 안으로는 國民生活의 均等한 向上을 期하
고 밖으로는 恒久的인 國際平和의 維持에 努力하여 우리들과 우리들의 子孫의 安全과
自由와 幸福을 永遠히 確保할 것을 決議하고 우리들의 正當 또 自由로히 選擧된 代表
로서 構成된 國會에서 檀紀4281年 7月 12日 이 憲法을 制定한다. 檀紀4281年7月12日.

헌법을 제정한다.

국가건설의 원칙을 나타내고 있는 헌법의 역사적 의미와 중요성에
대해, 당시 의원들의 대표인 이승만 의장은 "우리가 제일 먼저 할 일
은 일심으로서 독립을 달성하는 것이다. 국회는 전민족을 대표하여
탄생된 것이니 우리 국회의원이 단결하여 수 일 내에 헌법을 제정하
고 정부를 수립하여야 할 것이다. 특히 일반민중이나 외국친우들도
조속한 정부 수립을 기대하고 있으니 언권의 자유도 이에 부합시켜
행사해야 할 줄 믿는다."라고 하여, 조속한 헌법 제정을 촉구하고 있
는 것이다.2)

이 전문에 의하면, 1948년 건립된 대한민국은 어느 날 갑자기 세
워진 것이 아니라, 3·1독립운동에서 표출된 독립과 자주의 정신으로
건립된 대한민국임시정부를 계승하여, 다시 재건(再建)된 국가라는
것이다. 이처럼 1948년 8월 15일 이승만대통령이 세계만방에 선포한
대한민국이라는 나라는, 이미 1919년 3·1독립운동의 정신으로 건립
된 대한민국임시정부를 계승한 국가인 것이다. 대한민국임시정부의
역사성은 이렇게 지금의 대한민국으로 계승되고 있다. 그러니까
1948년 헌법을 처음 만든 의원들은 대한민국의 출발을 1919년 세워
진 대한민국임시정부로 잡고 있으며, 그 계기는 3·1독립운동이라는
것이다.

바로 이러한 제헌헌법의 전문을 가장 모범적으로 계승한 것이 바
로 현재 우리가 지키고 있는 헌법이다.3) '유구한 역사와 전통에 빛나

---

2) 『동아일보』 1948년 7월 2일자.
3) 1948년 이후 대한민국헌법은 여러 차례 개정되었다. 지금 우리는 이른바 제6공화국이

는 우리 대한국민은 3·1운동으로 **건립된 대한민국임시정부의 법통**
과 불의에 항거한 4·19민주이념을 **계승하고'**로 시작하는 지금의 헌
법은 제헌 헌법 전문의 내용에 한결음 더 나아가서, 아예 우리 대한
민국은 대한민국임시정부를 계승한다고 못 박고 있는 것이다.

이런 헌법 체계 하에서 대한민국의 출발이 언제인지가 논의의 대
상이 된다는 것 자체가 비역사적일 뿐만 아니라 반역사적 행태일 뿐
이라 하겠다. 게다가 제헌헌법과 지금의 헌법은 많은 정치 세력의 공
감 하에 제정된 것이라는 점도 기억할 필요가 있다. 이처럼 현재 우
리의 사회적·정치적 현실을 규정하고 있는 3·1운동과 대한민국임시
정부 수립은 비록 100주년이 아니더라도 기념하고 또 기념할만한 중
요한 사건인 것이다.

이 책에서는 이러한 역사성을 지닌 3·1운동에 대해 인천지역에서
전개된 3·1독립운동의 형태와 진행 과정을 당시 기록들을 중심으로
자세하게 살펴보도록 하겠다. 그리고 그 이전, 이를테면 1883년 개
항 이후 인천지역의 변화되는 모습들을 서술하고, 이어 전개되는 여
러 형태의 민족운동에 대해 알아보고자 한다. 그리고 최종적으로는,

라는 정체(政體)에서 살고 있다. 이 공화국의 성격을 보여주는 헌법의 전문은 다음과
같다 : 유구한 역사와 전통에 빛나는 우리 대한국민은 3·1운동으로 건립된 대한민국임
시정부의 법통과 불의에 항거한 4·19민주이념을 계승하고, 조국의 민주개혁과 평화적
통일의 사명에 입각하여 정의·인도와 동포애로써 민족의 단결을 공고히 하고, 모든
사회적 폐습과 불의를 타파하며, 자율과 조화를 바탕으로 자유민주적 기본질서를 더욱
확고히 하여 정치·경제·사회·문화의 모든 영역에 있어서 각인의 기회를 균등히 하고,
능력을 최고도로 발휘하게 하며, 자유와 권리에 따르는 책임과 의무를 완수하게 하여,
안으로는 국민생활의 균등한 향상을 기하고 밖으로는 항구적인 세계평화와 인류공영
에 이바지함으로써 우리들과 우리들의 자손의 안전과 자유와 행복을 영원히 확보할
것을 다짐하면서 1948년 7월 12일에 제정되고 8차에 걸쳐 개정된 헌법을 이제 국회의
의결을 거쳐 국민투표에 의하여 개정한다(1987년 10월 29일).

3·1운동으로 건립된 대한민국임시정부와 관련된 인천지역의 역사적 의미에 대해서도 고찰해 보기로 한다. 여기에 덧붙여, 대한민국임시정부에 처음부터 참여하고 끝까지 이끌었던 백범 김구의 삶에서 인천지역이 어떤 의미를 갖고 있는 지를 〈보론〉으로 다루고자 한다.[4]

이 책의 내용은 기본적으로 필자가 그동안 발표하였던 다음과 같은 인천 지역 관련 글들을 바탕으로 구성되었다. 주로 인천광역시나 인천의 각 구청과 군에서 발간한 책자에 실린 글들이다. 「문호개방과 인천지역사회의 변모」, 「대한민국정부수립과 인천지역사회의 정비」(이상 인천광역시사 제2권, 2002), 「일제강점기 부평지역의 항일운동」(부평사, 2007), 「한말 인천의 항일 운동」, 「인천 만국 공원의 역사적 위치」(이상은 2005년과 2006년 인천사연구소 발표문. 『인천, 항일 운동에 나서다』, 2008), 「서구지역의 독립운동」(『인천광역시 서구사』, 2013), 「일제강점기의 중구」(『인천 중구사』, 2018), 「동구지역의 3·1운동」(『인천 동구사』, 2018) 등이다. 여기에 근래 공개되어 이용이 가능해진 일제강점기의 각종 사진 자료와 문헌자료들도 매우 중요하게 활용되었다. 또한 기존 발표한 글들 중 부분적으로 잘못된 정보 역시 바로 잡았으며, 새롭게 발굴된 자료들을 보강하기도 하였다.

그리고 〈보론〉은 그동안 필자가 발표하였던 다음과 같은 글들을 통해 얻은 결과를 총 정리한 내용이다. 「백범김구의 애국계몽사상 성립 배경」(『윤병석교수화갑기념한국근대사논총』, 1990), 「친필본 『백범일지』의 문헌적 검토」(『인하사학』 2, 1994), 「백범김구의 민족주의와 독립사상」(『인하사학』 6, 1998), 「김구와 백범일지」(『한국학보』 28-1호, 2002),

---

4) 이 책에서 참고한 당시 기록들과 이후의 관련 자료들은 책 뒤 〈참고문헌〉에서 자세하게 다룰 것이다.

「백범김구의 치하포사건 관련기록 검토」(『고문서연구』 22, 2003), 「친
필본·필사본 백범일지 검토」(『백범과 민족운동』 6집, 2008), 「김구 가족
의 인천생활」(『인천, 항일 운동에 나서다』, 2008), 「백범김구의 사회인식
과 민족주의」(『현대한국정치사상의 흐름』, 2019).

민족운동의 개념과 시간적·공간적 범위

사전적 의미에서 민족운동이란, '식민지 상태나 종속 상태에서 압박당하는 민족이 지배 민족이나 국가의 압박에서 벗어나 독립하려는 운동'으로 개념화된다. 이와 비슷한 의미로 독립운동은, '19세기 말경부터 1945년 8월 15일 해방에 이르기까지 여러 강대국과 일본 제국주의의 침략에 맞서 우리나라의 자주성과 독립을 쟁취하기 위해서 일어났던 민족 운동'으로 정리하는 일반적이다. 여기에 민족독립운동이란 용어도 있다. '한 민족이 다른 민족의 강제적인 식민지 정책으로부터 자주독립하기 위하여 일으키는 운동'으로 정리된다.

이렇게 볼 때 민족운동, 독립운동, 민족독립운동 등이 갖는 함의는 모두 비슷하다. 굳이 구분한다면, 민족이 처해있는 환경이 종속상태인가 식민지상태인가 하는 것이 다를 뿐이다. 유의해야 할 점은 바로 민족이라는 용어에 있다.[1]

민족의 개념에 대해서는 여러 복잡한 논의들이 매우 많다. 거의 모든 학문 분야에서 그 개념을 정의하려고 했지만, 모든 분야를 만족시

---

[1] 민족이라는 용어가 근대적 표현이라는 점에 대해 이견을 갖는 사람은 없을 것이다. 혹자는 조선왕조실록을 검색하여 '민족(民族)'이라는 단어가 등장한다고 해서, 전통시대에도 사용된 용어라 주장하기도 하지만, 이는 역사적 안목이 매우 부족한 경우이다. 전통시대 '민족'의 의미는 '백성의 부류', '백성이라는 족류(族類)'라는 뜻이다.

키는 절대적인 개념적 정리는 어렵다는 것이 공동의 인식이다. 그래서 1984년 이래 민족은 상상의 결과물이란 모호한 견해가 많은 지지를 얻고 있는 것도 그만한 이유가 있기 때문일 것이다.[2]

그런데 여기에는 한 가지 중요한 문제가 있다. 만약 민족을 상상의 결과물 혹은 상상의 공동체라고 정의해 버리면, 앞에서 살펴본 민족운동이나 민족독립운동 등은 어떻게 되는 것인가 하는 점이다. 그러니까 하나의 상상의 공동체가 다른 상상의 공동체의 압제에서 벗어나려는 운동이 민족운동이라는 이상한 설명이 되어 버리는 것이다.

그래서 앞에서 사전적 의미로 본 민족운동에 대한 설명은, 일반적인 민족에 대한 정의와는 관계없이 우리 역사 경험으로 볼 때 타당한 일면이 있다고 본다. 이를테면 중앙집권화 된 역사가 오래되고 생활공간 역시 고정화된 기간이 최소 천 년이 넘는 사람들의 집단을 우리는 무엇으로 부를 수 있을까. 언어와 경제와 문화를 공유한지 최소 천 년이 넘는 사람들을 민족이라는 용어로 지칭할 수는 없는 것일까?

일반적으로 민족이라 할 때는, 반드시 다른 민족이 상정된다. 그러니까 '우리 민족이 있으면, 다른 민족도 존재해야 한다'는 의미이다. 무엇보다 민족이라는 개념을 우선 명확하게 해야 하는 이유는, 민족에서 끝나는 것이 아니고 반민족이라는 개념이 따라 나오기 때문이다. 물론 단순하게 생각하면, 민족과 반민족은 서로 상반되는 개념으

---

2) 민족이 상상의 공동체라는 표현은, 1983년 베네딕트 앤더슨의 『상상의 공동체-민족주의의 기원과 보급에 관한 고찰』(『상상의 공동체』, 2018, 신지원. 초판 번역은, 2003년 민음사에서 간행한 『상상의 공동체이다』)에 나오는 표현이다. 물론 앤더슨은 민족만 꼽아 상상의 공동체라 한 것은 아니었지만, 이후 포스트모더니즘에 기반한 탈민족 등의 논의에 많은 영향을 주었다. 특히 우리나라에서 2000년 이후 유행처럼 번진 탈근대, 탈민족과 관련된 담론에는 거의 빠지지 않고 등장한 표현으로 널리 알려져 있다.

로 일단은 볼 수가 있다.

　그렇지만 역사적인 측면에서 볼 때 그렇게 단순하게 이분법적으로
볼 수만은 없는 문제이기도 하다. 이를테면 반민족의 경우, 친일(親
日)이라든지 친미(親美), 친중(親中) 등의 용어와 과연 명확하게 구분
될 수 있을까? 그리고 설령 그렇게 구분할 수 있는 어떤 명확한 기준
이 있다고 해도, 과연 역사적으로 범주화가 가능할 지도 생각해 봐야
할 것이다. 역사적 범주화란 어떤 사람 혹은 어떤 집단의 어떤 행위
가 반민족이고 친○인가를 구분한다는 뜻이다.

　한편, 대한민국에는 '독립유공자 예우에 관한 법률'이란 것이 있
다. 1994년 12월 31일 제정되고 여러 차례 개정되었다가, 2019년 12
월 19일 일부 조항이 개정된 법률이다. 여기에는 다음과 같이 독립유
공자(순국선열+애국지사)에 대한 개념 규정이 있다.

> 1. 순국선열: 일제의 국권침탈(國權侵奪) 전후로부터 1945년 8월 14일
> 까지 국내외에서 일제의 국권침탈을 반대하거나 독립운동을 위하여 일
> 제에 항거하다가 그 반대나 항거로 인하여 순국한 자로서, 그 공로로
> 건국훈장(建國勳章)·건국포장(建國褒章) 또는 대통령 표창을 받은 자.
> 2. 애국지사: 일제의 국권침탈 전후로부터 1945년 8월 14일까지 국내
> 외에서 일제의 국권침탈을 반대하거나 독립운동을 위하여 일제에 항거
> 한 사실이 있는 자로서, 그 공로로 건국훈장·건국포장 또는 대통령 표
> 창을 받은 자.

　위 내용에서 중요한 사실은 '국권침탈 전후로부터 1945년 8월 14
일까지'라는 독립유공자 행위에 대한 시간적 범위가 설정되었다는
점이다. 여기서 다소 문제의 소지가 있는 부분은 국권침탈을 어느 시

점으로 볼 것인가 인데, 아마도 1905년 이른바 을사늑약을 전후로 한 시기라고 생각된다. 왜냐하면, 독립유공자 중 많은 경우가 1905년을 기점으로 선정되었기 때문이다. 이를테면, 독립유공자 중 최고 등급의 대한민국장을 서훈 받은 민영환과 조병세 지사는 바로 을사늑약에 항거하여 순국한 행위로 인한 것이다.

그리고 독립유공자를 기리는 이유에 대해서는 '대한민국 임시정부의 법통(法統)을 계승한 대한민국은 독립유공자의 희생과 공헌을 바탕으로 이룩된 것이므로 이러한 희생과 공헌이 우리와 우리 자손들에게 숭고한 애국정신의 귀감(龜鑑)으로서 항구적으로 존중되고, 그 희생과 공헌의 정도에 상응하여 독립유공자와 그 유족의 영예(榮譽)로운 생활이 유지·보장되도록 실질적인 보상이 이루어져야한다'라고 선언하고 있다.

이 내용은 서론에서 살펴본 것처럼, 지금의 대한민국은 대한민국 임시정부의 법통성을 계승하였다는 명백하고도 구체적인 실체라는 것을 입증하는 부분이다. 그리고 1919년 4월 13일, 중국 상해에서 결성된 임시의정원(지금의 국회)에서 제정한 임시헌장에는 '구황실을 우대한다'라는 조항을 설정하여, 대한민국임시정부는 대한제국을 계승한다는 점을 천명하고 있다. 그러니까 정리하자면, 조선-대한제국-대한민국임시정부-대한민국으로 이어지는 역사적 계승 의식을 법률과 헌법에서 명확하게 드러내고 있다는 의미이다.

그렇다면 독립운동과 민족운동은 어떻게 구분될 수 있을까. 독립운동은 '1910년 8월 22일부터 1945년 8월 15일까지'라는 명확한 시기에 이루어진 행위를 말한다. 이에 비해서 민족운동은 독립운동에 비해서 민족운동은 독립운동을 시기적으로나 행위적으로 폭이 넓은 개념으로 볼 수 있다.

위에서 잠시 언급한대로, 민족은 반민족이라는 용어와 떼서 생각하기가 어렵다. 굳이 반민족이라는 용어가 아니더라도, 민족의 이익과는 다른 어떠한 형태의 행위가 입증되면, 그것은 반민족행위일 수밖에 없다. 물론 민족의 이익에 부합하느냐 아니냐는, 그 결과에 따르겠지만 과정에 있어서도 충분히 판단할 수 있을 것이다.

이를테면 개항 이후 조선 전역에 확산되어갔던 학교설립을 예로 들 수 있다. 학교설립 자체가 민족운동의 범주에 들어가느냐 아니냐는 그 목적에 달려있을 것이다. 만약 개인 혹은 집단의 자산과 능력이 발휘되어 단순히 실력을 양성하기 위한 목적으로 설립되었다고 해도, 궁극적으로 일본 제국주의의 침략에 맞서고자 했다면 그것이 바로 민족운동인 것이다.

1907년 초, 검암동에 보명학교가 설립되었다는 『대한매일신보』 기사가 있다. 이 지역의 유지로, 명망 있는 집안으로 알려진 정씨 일가가 추렴을 해서 세운 학교이다. 신문에는 학교 설립 이후 많은 사람들이 입학하였으며 나날이 진보가 있다는 간단한 기사만 있을 뿐이다. 그리고 이 학교는 많은 사립학교가 그렇듯이, 일제가 한반도를 부분적으로 강점하였던 1908년 제정한 사립학교령과 한반도 강점 이후 1911년에 제정한 사립학교규칙 등으로 인해 그 중간 어느 시기인가 폐교된 것으로 보인다.[3]

---

3) 조선교육령 초안에 큰 역할을 하였던 수적팔속(穗積八束, 호즈미 야스카)은 1911년 4월 29일, 조선총독부 학무국장이던 세키야 관옥정삼랑(關屋貞三郞, 테이자부로)에게 사립학교 통제의 필요성을 다음과 같이 주장하였다. "사립학교일지라도 그 경영이 사인(私人)이 하는 일에 그칠 수는 없다. 교육의 본질은 사인의 자류에 일임할 수 없는 일로서 국가가 스스로 이를 정하여 감독하여야 한다. 교육은 국가의 행정 작용이라는

그런데 보명학교 설립을 주도한 정홍석(鄭洪錫)은 폐교 이후 중국으로 망명하여, 1910년 상해와 1925년 운남지역에서 활동한 것으로 보인다. 이른바 불령선인(不逞鮮人)들의 동정을 일본 외무성에 보고하는 문서에 기록되어 있으니, 정홍석의 학교 설립활동은 민족운동의 범주에 들어가기도 하고, 또한 독립운동의 범주에 포함시킬 수도 있다고 하겠다.

점에 유의한다면 그 뜻이 자명할 것이다. 학문은 개인의 자유에 속함을 작을 수 없으나, 질서를 방해치 않고 선량한 풍속을 파괴하지 않는 한에서, 각 개인의 자유연구를 허용할 수 있으나, 국민의 교육은 각 개인의 수의(隨意)에만 맡길 수 없다. 원래 국민교육은 국가적 사무이다. 이를 사인에게 위임하는 것은 변칙이다. 변칙에 더하여 감독을 소홀히 하고 이를 방임한다면 그 폐해가 막심할 것이다."(국민교육에 대한 체계적인 언급으로 널리 알려져 있는 말이다). 이와 비슷한 언명이 개화기 조선 국왕의 조칙으로 반포되었지만, 이 조칙은 근대국민을 상정한 것이 아니고, 오직 신민에 초점을 두고 있다는 점에서 차이가 있다. 1895년 2월 고종이 내린 칙어의 한 부분이다. '……嗚呼라 民을 救치 아니면 國家를 공고케 하기 甚難하니 宇內의 형세를 環顧하건대 克富하며 克強하야 獨立雄視하는 諸國은 皆其 人民의 지식이 開明하고 지식의 개명홈은 교육의 善美하므로 以홈인 則 교육이 實로 국가보존하는 根本이라 是以로 朕이 君師의 位에 在하야 교육하는 責을 自擔하노니 교육도 其道가 有한지라 虛名과 實用의 分別을 先立함이 可하니 書를 讀하고 字를 習하야 古人의 糟粕만 掇拾하고 時勢의 大局에 朦昧한 자는 文章이 古今을 능가하야도 一無用한 書生이라 朕이 교육하는 강령을 示하야 虛名을 是祛하고 實用을 是崇하노니 曰 德養은 五倫行實을 修하야 俗綱을 문란치 勿하며 風敎를 扶植하야 써 人生의 秩序를 유지하고 사회의 행복을 증진하여 曰 體養은 동작에 常이 有하야 勤勵하므로 主하고 惰逸을 貪치 勿하며 고난을 피치 勿하야 爾筋을 固케 하며 爾骨을 健케 하야 康壯無病한 樂을 享受하라. 曰 知養은 物을 格호매 知를 致하고 理를 窮함에 性을 盡하야 好惡 是非 長短에 自他의 區域을 不立하고 詳究博通하야 一己의 私를 經營치 勿하며 公衆의 이익을 跋圖하라. 曰 此 三者는 교육하는 綱紀니 朕이 정부를 命하야 學校를 廣設하고 人材를 양성함은 爾臣民의 학식으로 국가의 中興大功을 찬성하기 위함이라. 爾臣民은 忠君 애국하는 心性으로 爾德 爾體 爾智를 養하라. 王室의 安全홈도 爾臣民의 교육에 在하고 국가의 부강홈도 爾臣民의 교육에 在하니 爾臣民의 교육이 善美한 境에 抵치 못하면 朕이 어찌 갈아되 朕의 治가 成하다 하며 朕의 정부가 어찌 감히 갈아되 그 責을 盡하다 하리오. 爾臣民도 교육하는 道에 心을 盡하며 力을 協하야 父가 是로써 其子에게 提誘하고 兄이 是로써 其 弟에게 勸勉하며 朋友가 是로써 輔翼하는 道를 行하야 분발 不己할 지어다'(『官報』 1895년 2월 2일자).

또한 이와 비슷한 예를 바로 백범 김구가 청년 시절 인천감리서 감옥에 있으면서 시행하였다는 교육활동을 통해 들 수가 있다. 1895년 10월 8일(양력) 저녁, 일본군이 민비(명성황후)를 시해하는 만행을 저질렀다. 만주를 오가며 구국의 방략을 도모하던 김창수(이 당시 김구의 이름)는 왕비 시해에 대한 보복으로 안악군 치하포에서 일본인을 살해하였다. 이 사건으로 김창수는 인천감리서에서 재판을 받게되었고, 사형수 신분으로 인천감리서에 있는 감옥에서 수감 생활을 하게 되었다.

김창수는 인천감옥에서 그 동안 견지하던 위정척사사상에서 개화사상으로 사상의 전환을 하게 된다(이에 대해서는 〈보론〉에서 자세하게 다룰 것이다). 성리학에 바탕을 둔 척사를 통한 구국에서, 실력양성을 통한 개화사상의 보급을 통한 구국이 더 중요하고 시급하다는 생각으로 바뀐 것이다. 그래서 김창수가 실행하여 널리 알려지게 된, '감옥이 학교가 되었다'라는 말은 전국에서 유일하게 인천 감옥에서만 있는 일이 된 것이다. 1898년 2월 15일자 『독립신문』보도가 이를 잘 말해주고 있다.[4]

김창수의 이러한 교육 활동은 분명하게 민족운동의 한 형태를 띠고 있다고 봐도 무방할 것이다. 비록 소규모이고, 제한적인 장소에서 비상한 상황에서 일어났던 행위이지만, 그 본질은 민족운동의 조건

---

4) 기사의 전문은 다음과 같다. "인천항 감옥서 죄수 중에 해주 김창수는 나이 이십 세라 일본 사람과 상관된 일이 있어 갇힌지가 지금 삼년인데 옥 속에서 주야로 학문을 독실히 하며 또한 다른 죄인들 권면 하여 공부들을 시키는데 그 중에 양봉구는 공부가 거의 성가가 되고 기외 여러 죄인들도 김창수와 양봉구를 본받아 학문 공부를 근실히 하니 감옥 순검의 말이 인천 감옥서는 옥이 아니요 인천 감리서 학교라고들 한다니 인천항 경무관과 총순은 죄수들을 우례로 대지하여 학문을 힘쓰게 하는 그 개명한 마음을 우리는 깊이 치사 하노라"(『독립신문』 1898년 2월15일자).

에서 벗어나지 않는다. 물론, 김창수의 교육을 받은 죄수들이 이후에 어떻게 변했는지는 알 수가 없다. 다만, 감옥에서 시행하였던 김창수의 의식은 분명하게 문명개화 보급을 통한 구국의 한 방략에서 나온 것이었다.

이렇게 본다면, 민족운동에 대한 개념은 어느 정도 드러났다고 할 수 있겠다. 우선적으로는 개항 이후, 우리 민족이라는 개념을 전제로 다른 민족에 대한 저항성이 들어나야 한다. 그리고 우리 민족에 이로운 행동이어야 한다. 그것이 교육이건 문명개화이건 또는 그런 목적을 돕는 행위는 모두 민족운동의 성격을 나타내는 것이라 할 수 있다.

국권을 빼앗긴 다음에도 마찬가지 기준을 적용시킬 수 있다. 특히 이 기간에는 조금이라도, 침략해 온 민족을 이롭게 하는 행위가 있으면 민족운동이라 할 수 없다. 무엇보다 우리 민족의 이익(이를테면, 일본제국주의 침략에서 벗어나는 일)을 해치지 말아야 한다는 명확한 기준을 채워야 한다는 것이다.

다음은 민족운동의 시간적·공간적 범위에 대해서이다. 이 책은 인천지역에서 전개되었던 민족운동을 살펴보는 것이 목적이다. 당연하게도 공간적 범위는 지금의 인천 지역이다. 현재 인천광역시에는 강화군과 옹진군이 포함되어 있다.

옹진군은 섬으로만 이루어져 있다. 비교적 인천에서 가까운, 그러니까 인천 연안 지역이라 부를 수 있는 영흥도를 비롯해서 덕적도, 영종도, 용유도 등등 지역은 인천문화권으로 볼 수 있다. 그래서 이들 도서 지역에서 일어났던 민족운동에 대해서는 이 책에서 충분히 다루게 될 것이다.

반면에 교동도를 포함하는 강화군의 대부분을 차지하는 강화도는 그 자체로 매우 넓은 지역으로 오랜 역사를 간직한 곳이다. 그래서 그 섬 자체 역사가 한국 역사의 축소판으로 불릴 만큼의 비중을 차지하고 있는 것이다. 우선 인천 개항과 직접적으로 연결되는 조일수호조규(朝日修好條規)가 체결된 곳이 바로 강화도이며, 그 조규를 강화도조약으로 약칭하기도 한다. 그리하여 강화도 민족운동은 장기간에 걸쳐 거의 전 지역에서 여러 형태로 다양하게 진행되었다. 그 범위와 폭과 내용이 인천의 다른 전 지역과 비교될 만큼이기 때문에 이 글에서는 부득하게 강화도 지역의 민족운동에 관한 서술은 제외할 수밖에 없는 것이다.

다음은 인천지역 민족운동의 시간적 범위에 대해서이다. 앞에서 잠시 언급했던 대로, 여기서 정의하는 민족의 개념은 근대적 의미를 갖고 있다. 그런데 한국사에서 보통 언급하는 근대라는 시기는 개항 이후로 설정하는 것이 일반적이다. 따라서 인천지역 민족운동에 대한 언급은 아무래도 개항 이후의 시기를 출발점으로 하게 된다.

민족운동의 하한 시점은 1945년 8월이 되겠지만, 여기서는 1919년 3월 한반도 전 지역을 비롯하여 주변 지역에서 전개되었던 독립운동을 기준으로 대한민국임시정부 교통부의 활동과 연관된 시점, 곧 1920년대 전반기까지를 서술의 하한 기간으로 설정하고자 한다. 물론 이후에도 인천지역에서 전개된 민족운동의 여러 형태가 있었지만, 아무래도 1919년 3·1 독립운동의 비중이 큰 것은 사실로 확인이 된다. 그렇기 때문에 이 글에서는 인천지역의 3·1운동과 그와 관련된 정부수립운동 그리고 대한민국임시정부와 연관된 형태의 민족운동에 대한 서술로 한정하기로 하겠다.

개항 이후 인천지역의 변화 - 개화와 계몽

1. 개항과 지역사회의 변화

인천은 조일수호조규(조약)에 따라 1883년 1월 1일 개항하였다. 물론 일본에 대한 개항이었다. 개항에 대한 역사적 평가는 여러 가지가 있을 수 있다. 다만, 지금의 인천의 어떤 분야든지 인천에 대해 이야기 할 때 1883년의 개항은 결정적으로 중요한 사건이라 하겠다.

여러 견문록과 동시대 기록물에 의한다면, 개항 당시 인천은 '몇 가구 되지 않는 초라한 어촌 마을'1), 혹은 '망막한 한촌'2) 등으로 표현되었다. 1883년 개항은 이러한 인천 지역을 일거에 바꾸어 놓았다. 일본은 1882년 4월, 개항 이전에 이미 영사관을 설치하였고 일본과 청(淸)그리고 각국조계지가 설치되면서, 인천은 이른바 근대도시로 변화해갔다.

물론 인천이 개항하였다고 해도, 기존에 있던 왕조 체제 하의 지방 기관은 그대로 남아 있다. 인천도호부로 불리는 기관이 그것이다. 1895년 관제 개혁으로 인천부로 바뀌었는데, 이 명칭은 일제강점기

---

1) 지그프리트 겐테, 권영경 옮김, 『신선한 나라 조선, 1901』, 도서출판 책과 함께, 2007, 78쪽.
2) 인천시 역사자료관 편, 『역주 인천개항25년사』, 2004, 37쪽.

에도 계속 유지되었다. 해방 후 미군 점령기에 잠시 제물포시라 하였지만 며칠 후 다시 인천부로 환원되었고, 1949년 8월 15일 지방자치법에 의해 '인천시'로 명칭이 확립되었다.

한편, 조선 정부는 1882년 체결된 이른바 조미수호통상조약에 따라서, 조선은 관세(關稅) 징수를 위해 해관 설치를 위한 준비를 시작하였다. 그리하여 1883년 6월 16일, 지금의 파라다이스 호텔 남쪽 언덕에 세 동의 건물을 완공하여 본격적인 세관 업무를 개시하였다. 이어 개항에 따른 여러 업무를 처리하기 위해 새로 인천감리서를 설치하였다.

그러니까 인천 지역에는 전통적인 지방 기관으로 인천도호부가 있고, 인천 연안 방어를 위한 화도진이 있었으며, 여기에 추가로 인천감리서가 설치되었던 것이다. 물론 이 세 개의 기관은 서로 다른 목적을 가진 것이지만, 그렇다고 상호 구별이 뚜렷한 것도 아니었던 것 같다. 이를테면 1883년 8월 19일 첫 감리인천항통상사무로 부임한 조병직은 온전히 해관 업무만을 위해 임명되었다.[3] 이후 두 번째 인천항통상사무감리로 임명된 홍순학은 인천부사를 겸하게 된다.

그런데 이 경우는 엄밀하게 말해서, 1884년 4월 1일 인천항통상사무감리로 임명된 홍순학을 1885년 5월 29일 인천부사로 제수하고, 부산항과 원산항에서의 관례대로 인천항의 감리사무를 겸하도록 한 것이다.[4] 그러니까 인천부사직을 수행하면서 인천항의 감리사무(주로 해관 업무)라는 업무를 같이 보게 한 것이다.

인천 개항 이후 지역의 변화를 주도한 것은 일본이다. 조선 정부와

---

3) 『고종실록』 고종 20년 8월 19일자 기사.
4) 『고종실록』 고종 22년 5월 29일자 기사.

일본이 인천 개항 문제를 놓고 20여 개월 동안 밀고 당기는 교섭을
벌인 이유는 인천이라는 지역이 갖는 지리적 위치 때문이었다. 정치
적 중앙집권국가인 조선에서 서울이 갖는 정치·군사·경제·문화적
위치는 조선의 존재 그 자체라 할 것이다. 인천은 서울로 가는 직선
길이었다. 그리고 서울과 가장 근접 거리에 있는 큰 항구라는 조건을
갖추고 있었다. 조선 정부도 알고 있고 일본도 고려했던 개항의 조건
이었다.

이러한 조건은 개항 이후 인천 지역의 변화를 이해하는 데도 중요
한 관점을 제공해 준다. 처음 한적한 시골 마을, 도로망은 물론이고
인구조차 거론할 수준이 못되었던 인천 지역은 개항 이후 갑자기 조
선 제일을 다투는 무역항으로 변하였다. 또 중앙에서 정치·군사적
변동이 발생하였을 때 가장 먼저 소식이 전해지고 그 여파로 늘 부산
해 지기도 하였다. 경제적으로나 교육적으로 활동하고 있는 조선인
의 숫자와 외국인(대부분 일본인)의 숫자가 비슷하게 여겨질 정도였지
만, 인천 지역에 대한 영향력은 비교할 수 없을 정도였다. 이 모든
것은 인천 지역이 갖는 특수성, 곧 개항으로 인한 변화가 초래한 결
과였다.

개항 이후 조선에서는 대략 10년 주기로 외세와 관련된 정치·군사
적 변동을 겪게 된다. 1884년 갑신정변부터 1894년 청일전쟁 그리고
1904년 러일전쟁이 그것이다. 모두 일본이 개입하거나 주도한 사건
이다.[5] 그리고 인천지역은 이 사건들의 직·간접적인 무대가 되기도
하였다.

---

5) 그 사이에 국모시해사건(이른바 을미사변), 국왕의 러시아 공사관 피신사건, 독립협회
   운동 등의 사건들이 있다. 이 사건들 역시 일본이 직·간접적으로 개입되어 있다.

1884년 갑신정변 때는 인천 거주 일본인들이 의용병을 조직할 정도로 일본 세력이 열세에 놓여있었지만, 1894년 청일전쟁 때는 인천지역이 마치 일본의 군수기지처럼 여겨졌다.[6] 1904년 러일전쟁 때는 인천(바다)이 전투지역으로 일본군에게 전승지였다. 인천이 정치·군사적으로 어떤 위치에 있었는지를 알게 해주는 사례이다.

경제적인 측면에서도 인천은 일본의 절대적인 우세 지역이었다. 무역에서는 1890년을 기점으로 일본의 절대적 우세가 확립되었다. 상업에서도 여러 일본인 상업단체(상법회의소, 계림장업단, 인천곡물협회 등)가 결성되어 상업 활동을 벌이고 있었다. 이러한 활동은 1883년부터 1890년까지 체계적인 경제 조직이 갖추어졌기에 가능한 일이었다.[7]

특히 1896년 5월 결성된 계림장업단의 활동은 인천지역뿐만 아니라 전국적으로 큰 위협이 되었다. 계림장업단은 비록 그 활동 기간이 2년 남짓이었지만 그 폐혜는 막대하였다. 이들은 군사조직을 방불케 하는 무장(육혈포와 일본도)을 하였고, 제복도 갖추었으며, 일본 군대에서 시행하는 것과 비슷한 훈련도 하였다고 한다.[8] 따라서 단순히 상인 집단이라기보다는 일본 정부가 일시적으로 구성한 일종의 폭압적 조직인 듯하다. 이 계림장업단은 인천의 일본 영사관이 인가한 조직으로 본국으로부터도 일정한 액수의 보조금을 수령하였다.

이러한 일본 상인들의 활동에 조선 상인들도 조직적으로 대응하였

---

6) 이사벨라 비숍, 이인화 옮김, 『한국과 그 이웃나라들』, 도서출판 살림, 1995,
7) 일본의 일본우선주식회사 인천지점이 1883년 4월 개설되었고, 같은해 11월에는 일본 제일은행 부산지점 인천분점이, 1889년에는 인천지점이 개설되었다. 또한 1890년에는 일본 18은행과 58은행의 인천지점이 개설되어 일본상인들의 활동을 지원하였다.
8) 『인천부사』, 1933, 1047-1048쪽을 참조.

다. 이미 1883년 대동상회를 비롯하여 순신창상회 등이 설립되었고, 1885년에는 인천지역에서 활동하던 객주들이 (인천객주)상회라는 객주조합을 결성하여 일본인 상인들에 대항하였다. 또한 1890년에는 인천항 객주인 김재건이 주동이 되어 균평회사를 설립하여 한때 무역화물에 대한 측량을 독점하기도 하였다. 이 균평회사(균평소)는 외국 상인들의 반발로 수개월 간 운영되었을 뿐이다. 그리고 이 조직은 정부가 따로 절목을 만들어 법적으로 보호와 감독을 하던 회사였다. 그렇지만, 인천 25객주가 연합해서, 화물 측량권(度量)을 조작하여 막대한 이익을 독점하던 외국 상인(특히 일본 상인)의 횡포에 맞섰다는데 의미가 있다고 하겠다.

1896년 11월 결성된 인천항신상회사는 인천지역 상인(객주)뿐만 아니라 고위 관리를 역임한 양반도 참여하고 있다. 서상집과 박명규가 주도한 신상회사는 일본 상인의 이익 독점을 견제하려는 의도하에 결성된 것이다. 그리하여 신상회사는 일본 상인 단체로 조선 대부분의 지역에서 상업 침탈을 하던 계림장업단의 활동을 비판하였고, 일본 제일은행권의 발행과 유통을 비판하였다. 이러한 신상회사의 활동은 명백하게 자국의 상업 이익을 확보하고, 일본 상인의 활동을 억제시키려는 애국적 상업 활동으로 볼 수 있을 것이다.[9]

인천지역을 비롯한 개항장에서 객주가 주동이 되어 상인단체가 결성되자, 정부에서도 1895년 상무회의소 성립에 관한 규례(規例)를 발포하여 조선 상인들의 활동을 법적으로 보장하였다.[10] 물론 이 규례는 상인단체에 대한 정부의 규제와 감독 조항이 다수 있다. 그렇지만

---

9) 이영호, 『개항도시 제물포』, 민속원, 2017, 312–343족을 참조.
10)『대한제국관보』 2, 개국504년 1월 12일자.

이러한 규제는 오히려 민간단체에 대한 최소한의 보호조항으로도 인
정될 수 있다.[11] 상무회의소는 1899년 상무사로 개칭되면서 회보를
발간하여 일반인의 계몽을 유도하는 일까지 그 활동 범위를 넓히고
있다.[12] 신상회사가 관·민 복합체 모양으로 결성된 것은 이러한 규
례와 관련이 있다고 하겠다.

개항 이후 인천지역의 변화 중 하나가 이른바 개화이다. 그리고 개
화를 더욱 촉진시킨 것은 신지식의 보급이었다. 신지식은 개화를 전
통적인 지식인층뿐만 아니라 일반인들에게까지 확대시켰다. 신문과
잡지 등의 보급은 신문화와 신지식에 대한 일반인들의 관심을 증폭
시켰다.

특히 인천지역은 일본인들의 활동아 그 어느 곳보다도 활발한 지
역이었다. 따라서 우선 일본인들에 의한 신문의 간행이 일찍부터 있
었다. 효시는 1890년 2월부터 발간된 「인천경성격주상보」이다. 이
신문은 1892년 「조선신보」로 제호를 바꾸어 간행하였다. 또한 일본
정부로부터 보조금을 받았고, 1902년에는 일간으로 전환, 발행할 정
도로 영향력을 넓혀갔다.[13]

물론 「조선신보」는 인천 지역 일본 상인들의 이익을 대변한 것이
다. 그렇지만, 이 신문이 단순히 상인들과 관련된 소식만을 전한 것
같지는 않다. 일본은 청나라와 전쟁을 하는 가운데서도 1894년 7월
23일, 서울을 점령하고 경복궁을 급습, 민씨 정권을 대신 대원군을
옹립하고 친일정권을 세웠다. 「조선신보」는 이 사건을 호외라는 형

---

11) 조기준, 『한국자본주의성립사론』, 대왕사, 1973.
12) 『대한제국관보』 7, 광무 3년 5월 6일자.
13) 『인천부사』, 1384쪽.

식으로 사건 바로 당일 날 보도하고 있다.14) 따라서 비록 이 신문이 일어로 간행되었더라도 인천 지역민에게 정치적 각성을 주는 계기가 되었을 가능성이 있다.

2. 계몽 – 학교의 설립과 신문명의 확산

조선 신문으로 인천 지역민들의 각성에 영향을 주었던 것은 『독립신문』이었다. 이 신문은 1896년 4월 7일 창간되었다. 민간인 발행으로는 최초의 신문으로 한글 전용을 택하여 관리는 물론이고 일반인을 대상으로 자유·민주·권리 등의 관념을 배포하는데 목적이 있었다. 『독립신문』은 처음 1,000부에서 나중에는 3,000부 가량을 인쇄한 것으로 알려져 있다.15) 발행 부수는 비교적 많지 않았지만, 인천 지역에는 감옥에 까지 들어 온 것으로 보아 매우 광범위하게 읽힌 듯하다.16)

다만, 이 신문과 더불어 독립협회에서 발간한 『대조선독립협회회보』(이하 『회보』라 한다)라는 잡지가 상당히 알려져 있었던 것으로 보인다. 이 『회보』는 1896년 11월 30일 창간되었다. 「독립신문」과는 달리 국한문 혼용으로 발간되었고 보름에 한 번 씩 간행되었다. 이 『회보』는 1,000부 가량 발행된 것으로 알려져 있다. 따라서 잡지로서의 대중성이 의심스럽지만, 잡지이므로 많은 사람들이 지속적으로

---

14) 정운현, 『호외, 백년의 기억들』, 도서출판 삼인, 1977.
15) 이해창, 『한국신문사연구』, 성문각, 1983.
16) 『김구자서전 백범일지』(김구저, 양윤모 옮김, 더스토리, 2017), 193-197쪽을 참조.

돌려보았던 형편을 생각한다면, 발행부수가 갖는 한계는 충분히 극복되었을 것으로 생각된다.

『회보』의 간행 목적은 일반인들에게 신지식을 폭 넓게 전하는 것이었다. 그래서 신진 문명과 새로운 세계를 소개하는 번역물들이 많다. 그리고 독자의 기고를 수용함으로써, 지면을 통해 자연스럽게 신문명과 신지식에 대한 논의를 유발시키고 있다. 그렇다고 하더라도 국한문이라도 상당한 수준의 해독 능력이 필요한 『회보』가 『독립신문』보다 대중성을 확보했을 것으로 보기는 어려울 것이다.

그런데 『회보』는 매호 마다 말미에 독립협회에 기부한 사람의 명단을 빠짐없이 기재하고 있다. 혹시 빠졌을 경우에는 다음 호에 이어서 기부자 명단을 게재하고 있다. 그 명단 중에 '인천상봉루기녀' 9명이 90전을 내었다는 기록이 있다. 1897년 1월 15일 간행한 『회보』 4호의 「독립협회보조금수입인명표」에 보이고 있다. 모두 108명의 명단이 있는데, 그 중 '안동관립소학교 교원'(50전 기부)과 함께 무기명으로 기부한 것이다. 『회보』의 값이 10전이었으므로, 상봉루 기녀들은 1인당 10전을 기부한 것이다. 후속 기사나 기부가 없어서 그녀들이 어떤 경로로 기부를 하였는지는 알 수가 없다.

다만 다른 기부자 명단을 보면, '달성회당예배인'(1호), '수하동소학교'(2호), '안동소학교'(3호), '과일가게주인' '포목점주인' '미곡점주인'(8호) '청주기병대병'(16호) 등 각 지역의 각계각층에서 기부를 하고 있다. 물론 그들이 모두 『회보』를 보고 기부하였는지는 알 수가 없다. 그렇다 하더라도 『회보』가 비교적 넓은 지역에 까지 보급되었고, 또 접했던 대상도 상당히 다양하였다는 사실은 인정될 수 있을 것으로 생각된다. 따라서 인천의 기녀들이 『회보』에 기부하였다는 사실은 특별한 것이라 하더라도, 『회보』 또는 독립협회의 주장과 주의에 공감한 행위에서 나왔을 것이라 생각된다.

『독립신문』이 인천 지역민들에게 영향을 주었을 것이라는 추정은 인천박문(협)회 결성과 그 활동을 통해 대충 확인할 수 있다. 박문협회가 결성된 일시는 정확하게 확인이 안 되지만, 아마도 1898년 6월 9일 이전에는 조직이 결성되어 있었던 것으로 보인다. 그리고 정식 명칭도 박문협회인지 박문회인지 구분되지 않는다. 『독립신문』 1898년 7월 2일자 와 4일자와 7일자에는 박문협회라 되어 있고, 7월 25일자에는 박문회라 표기되어 있다.

하지만 또 다른 신문인 『매일신문』의 1898년 6월 25일자 보도에 의하면, 1898년 6월 9일부터 박문회가 실시되었다고 보도하는 기사가 있다.[17) 인천 박문회는 100명이 넘을 정도로 회원 규모가 컸으며 지식과 학문이 날로 증진되어 인천한 주민들에게 유익한 사업이 많을 것이라고 하였다. 그리고 『매일신문』에서는 인천 박문회 결성 소식과 함께 회원들의 삭발(단발)에 대한 기사도 싣고 있어, 인천 지역 개화 소식에 많은 관심을 보이고 있다.

『독립신문』 1898년 7월 4일과 6일자에는 인천박문(협)회 회원의 연설문이 실려 있다. 이 연설원은 신문(아마 『독립신문』일 것이다)을 열심히 보고 궁리를 다하여 문명인이 되는 것이 가장 시급한 일이라고 하였다.

---

17) 『매일신문』의 보도 내용은 다음과 같다. "인천항에셔 유지혼 친구들이 이둘 구일 븟허 박문회를 셜시ᄒ고 미일 관보와 각쳐 신문과 시무샹에 유익혼 셔칙을 만히 광구ᄒ여 노코 모든 회원들이 날마다 모혀 강론ᄒ며 연셜ᄒ야 지식과 학문을 널니 고져 혼다ᄂᆞᆫ딕 그동안에 회원이 발셔 빅여명이 모혓다니 우리는 그회를 딕ᄒ야 공손히 치하ᄒᄂᆞᆫ즁 아모됴록 홍왕 ᄒ여 인천항 동포들의게 유익혼 ᄉ업를 만히ᄒᄀᆡ를 ᄇ라노라."

또한 1898년 7월 25일자에는 박문회 주도로 인천에 사립영어학교
를 설립하고 7월 25일부터 매일 저녁 7시에 영어를 강습한다는 다음
과 같은 기사가 실려 있다.

> 인천 박문회에서 공의하고 본 회관에다 사립 영어학교를 설립하기
> 로 작정 되었는데 학교장은 본 회장이 겸대 하고 학도는 본 회원으로
> 하여 월연금을 이전 보다 배로 내어 등유비를 보용하게 하고 다른 학
> 비는 없으며 교사도 월급이 없고 명예로 하는데 회원 중에 영어 하는
> 해관 방판 이학인 강준 양씨가 교사를 하여 이달 이십오일부터 매일
> 오후 칠시에 영어를 가르친다.18)

이 기사에 나오는 방판(幇辦)이라는 직책은 실제 업무를 수행하는
실직이다. 해관에 있으면 해관장 아래 직책이고, 감리서에 있으면 감
리 아래에서 해관 업무를 도와주는 직책인 것이다. 또한 기기국이나
세무사에도 실직(實職)으로 존재하였다. 그리고 해관 방판 리학인과
강준은 외국어학교에 근무하는 리동환과 리용인 등과 더불어 박문협
회의 열성 회원이며 열성적으로 회비를 납부하는 인물이다.19)

그러니까 박문협회는 회관이 있고, 정기적으로 매월 회비를 납부
하는 회원이 있다는 것이다. 게다가 문명개화를 습득하기 위한 수단
으로 외국어(영어)를 교육하는 일종의 야간 학교를 운영하고 있는 매
우 큰 규모의 조직인 것이다.

한편 인천항에는 1900년 9월 15일 이전 수제학교(修薺學校)라는 주

---

18) 『독립신문』 1898년 7월 25일자.
19) 『독립신문』 1898년 7월 2일자 기사.

야간으로 운영되는 사립학교가 설립되었다. 학교 설립의 경위를 『황성신문』은 다음과 같이 보도하고 있다.[20]

> 仁川港에서 金敎源等諸氏가 發起ᄒ야 本國紳商及外國人員에게 補助金을 請求ᄒ야 磚屋十間을 建築ᄒ야 修齊學校라 命ᄒ고 敎師二人을 聘ᄒ고 學徒를 分班ᄒ야 晝夜學을 設ᄒ얏ᄂ되 學課ᄂ 經史地誌筭術及英語더라.

이 수제학교는 1900년 10월 6일 이전 어느 때 박문학교(博文學校)로 개칭하였으며, 야간에 설치된 영어과를 담당하는 인물로 해관 방판직에 있던 리학인과 강신목 두 명이 명예교사로 교수하고 있다. 박문학교로 개칭한 이후 학생 수는 주야간을 합해서 60여 명이었다.[21]

결국 위 기사는 인천항 최초 사립학교인 수제학교는 인천항에서 활동하던 내외 상인들의 보조금으로 출발하였다는 것이다. 그리고 이 학교는 교명을 곧바로 박문학교로 개칭한 것 그리고 박문협회 회원이 무보수 교사로 재직하는 것으로 보아서, 박문협회에서 설립한 영어학교를 모태로 설립된 것으로 보인다. 이러한 계기적인 조직화는 다른 지역에서는 볼 수 없는 인천지역에서만 보이는 특이한 현상이라 하겠다.

---

20) 『황성신문』 1900년 9월 15일자 기사.
21) 『황성신문』 1900년 10월 6일자 기사.

국권회복운동 – 국채보상운동과 의병항쟁

1. 을사늑약 이후 지역사회의 변화

1910년 8월 29일 대한제국은 일본에 의해 강제로 합병 당하였다. 형식적으로는 합병이지만 한 마디로 나라가 망한 것이다. 그런데 실질적으로 본다면, 대한제국은 이미 1905년 11월 17일 체결된 을사늑약으로 망한 것이라고 하겠다. 대한제국의 외부대신 박제순과 일본의 임권조(任權助, 하야시 곤스케)에 의해 체결된 이 조약은, 체결 당시 정식 명칭은 한일협상조약(韓日協商條約)이다. 을사년에 체결되었기 때문에 을사협약(乙巳協約), 을사5조약(乙巳五條約)이라고도 하지만, 명백하게 강제로 체결 당한 조약임으로 우리는 을사늑약(乙巳勒約)으로 부르고 있다.

을사늑약은 전문과 5개의 조약 항목, 결문 그리고 외부대신 박제순과 일본특명전권공사 하야시 곤스케의 서명으로 되어 있다. 전문(前文)에는 '한국 정부와 일본국 정부의 공통 이해를 위해 한국이 부강해질 때까지'라는 형식상의 명목과 조건이 붙어 있어, 마치 일본이 대한제국을 보호해 주는 것처럼 위장하고 있다. 그래서 아직도 일본의 역사교과서 일부와 대한민국 일부 친일측에서는 이 조약을 아직도 을사보호조약으로 부르고 있기도 하다.

그런데 이 조약 내용 중에는 잘 알려져 있지는 않지만, 다음과 같은 매우 중요한 항목이 있다. 바로 대한제국의 지배권 변화와 인천지역의 근본적인 체제 변화에 대한 내용이다.

일본국정부는 한국 황제의 궐하에 1명의 통감을 두어 외교에 관한 사항을 관리하고 한국 황제를 친히 만날 권리를 갖고, 일본국정부는 **한국의 각 개항장과 필요한 지역에 이사관을 둘 권리를 갖고, 이사관은 통감의 지휘 하에 종래 재한국 일본영사에게 속하던 일체의 직권을 집행하고 협약의 실행에 필요한 일체의 사무를 맡는다**(강조-필자).[1]

개항 이후 인천지역은 여러 가지 측면에서 큰 변화가 이루어졌다.

---

1) 을사늑약의 전문은 다음과 같다(현대어로 바꾸었다). "일본국 정부와 한국 정부는 양 제국을 결합하는 이해 공통의 주의를 공고하게 하기 위해, 한국이 부강해졌음을 인정할 수 있을 때가 올 때까지 다음 목적을 위하여 아래와 같은 조관을 약정한다. 제1조. 일본국 정부는 도쿄의 외무성을 경유하여 앞으로 한국과 외국과의 관계 및 사무를 감리/지휘할 수 있고, 일본국의 외교대표자 및 영사는 외국에 있는 한국 신민과 이익을 보호할 수 있다. 제2조. 일본국 정부는 한국과 다른 나라 사이에 현존하는 조약의 실행을 완전히 하는 책임을 지며, 한국 정부는 앞으로 일본 정부의 중개를 거치지 않고 국제적 성질을 띠는 어떠한 종류의 조약이나 약속을 하지 않기로 한다. 제3조. 일본국 정부는 그 대표자로서 한국 황제 폐하의 궐 아래에 1명의 통감을 두고, 통감은 완전히 외교에 관련된 사항을 관리하기 위해 경성에 주재하며 친히 한국 황제 폐하를 알현할 권리를 가진다. 일본국 정부는 또한 한국의 각 개항장(開港場)과 그 외 일본 정부가 필요하다고 인정하는 곳에 이사관을 둘 권리를 가지며, 이사관은 통감의 지휘 아래 지금까지 재 한국 일본 영사에게 속하던 모든 직권을 집행하고, 또한 본 협약의 조관을 완전히 실행하기 위해 필요한 일절의 사무를 맡아 처리할 수 있다. 제4조. 일본국과 한국 간에 현존하는 조약과 약속은, 본 협약 조관에 저촉되는 것을 제외하고는 계속하여 모두 그 효력을 지닌다. 제5조. 일본국 정부는 한국 황실의 안녕과 존엄을 유지할 것을 보증한다. 위의 사항을 증거로 하여, 아래의 인물은 각기 본국 정부로부터 상당한 위임을 받아 본 조약에 기명 조인한다. 광무 9년 11월 7일 외부대신 박제순 메이지 38년 11월 17일 특명전권공사 하야시 곤스케"(이 내용은 위키문헌의 〈제2차 한일협약〉 항목에서 인용하였다. 여기에는 체결당시 국한문혼용 원문과 일본어 원문도 함께 첨부되어 있다).

특히 행정적으로 인천지역을 관할하던 인천도호부는, 새롭게 설치된 인천감리서(또는 인천항감리서)에 대부분의 기능을 넘기고 유명무실한 기관이 되었다. 그런데 그 인천감리서 역시 이사청(理事廳)이라는 새로운 기구가 창설되면서 기능을 상실하게 되었다. 바로 이 이사청이 을사늑약의 결과로 설치된 기관인 것이며, 인천지역뿐만 아니라 전국의 모든 개항장에도 설치된 것이다.

위에서 인용한 을사늑약의 내용은 바로 이사청 설치의 근거가 되는 내용이다. 이로 인해서 막대한 관세(關稅) 수입과 외국과의 주요 교통 지역인 개항장은 철저하게 일본이 설치한 조선통감부에 통제된 것이다. 그러니까, 대한제국의 주요 지역들이 대한제국 황제의 지배력에서 벗어나 일본왕에게 귀속되었다는 의미이다. 곧, 대한제국이 불법적으로 체결된 을사늑약의 조약 내용으로 인해 망하기 시작하였다고 할 수 있는 것이다.

인천이사청은 1906년 2월 1일 설치되었고, 1906년 12월 20일에는 인천이사청 해주지청이 개청되었다. 해주지청을 포함한 인천이사청의 관할 구역은 옹진, 해주, 배천(白川)과 경기도 서부 일대 지역 그리고 충청도 서북 일대를 포괄하는 광범위한 지역이었다. 이사청의 지청 체제는 1908년 12월 31일 자로 폐지되었다. 1907년 7월 24일, 이른바 정미조약 체결로 대한제국 내정 전 부문에서 일본인 차관을 두어 모든 행정을 장악하였기 때문이다. 그리고 이사청 지청의 부이사관 전원을 각도의 서기관으로 임명하였다. 일본인이 직접 지방관이 된 것이다. 그리하여 조선통감부, 내부차관, 이사관 혹은 각도서기관으로 이어지는 일사분란 한 통치체계가 이루어지게 되었다.

2. 학교설립과 국채보상운동

을사늑약을 전후해서 인천지역사회의 중요한 변화 중 하나는 사립학교 설립이 증가하였다는 점이다. 이른바 교육구국운동이라는 형태의 항일운동이 전개된 것이다. 인천의 자본가는 의연금을, 노동자는 노동력을 동원하여 사립학교를 건립하고 운영하였다. 뿐만 아니라 인천지역의 학습 열기는 다양한 형태의 야학도 함께 설립되어 구국교육운동의 한 축을 담당하고 있었다.

이를테면, 화도리에 설립된 화도의숙이 대표적인 사립학교이다. 화도의숙에 대한 자세한 정보는 없지만, 『대한매일신문』의 보도(1908년 10월 24일자, 10월 25일자, 11월 14일자)와 『황성신문』(1910년 3월 18일) 보도에 의하면, 이 학교는 특이하게도 주간과 야간에 함께 운영된 것으로 보인다. 화도의숙에 재학하는 학생의 수는 주야간 모두 합해서 130명으로 기록되어 있는데, 인천지역에서는 가장 많은 학생이 재학 중이었다.

그런데 화도의숙은 다른 사립학교나 야학교와 마찬가지로 곧 운영 및 경영난으로 폐교에 직면하게 되었다. 이에 인근의 초동과 목부 등은 운영비 마련을 위해 주민들에게 의연금을 모집하게 되었다. 이때 화도의숙에 의연금 및 운영비를 지원했던 이 지역의 유지신사인 조경찬이 적극 나섰고, 조경찬의 활동에 감화를 받은 유치홍과 유재명 등은 각각 교사 건물로 1채 가옥과 책상과 걸상 각 50개씩을 기증하였다.

또한 인천부윤을 지낸 김윤정은 화도의숙을 방문하여 이들을 격려하고 근대 교육의 중요성을 선전했다고 한다. 게다가 인천의 여러 지

역에서 일하던 근로청소년들은 일제히 단발한 후 130여 명이나 화도
의숙의 야학에 지원하는 등 급격한 교세 확장으로 이어졌다는 것이
다. 화도의숙의 설립자가 유치홍과 유재명을 비롯한 다양한 형태의
노동에 종사하는 노동자로 보도되고, 교사로는 조경찬과 박찬현이
재직하였다는 신문의 기사는, 아마도 이러한 화도의숙의 역동적인
변화의 결과로 보인다.2)

　인천지역 교육운동을 보여주는 또 하나의 사례는 송림동에 설립된
이문학교와 야학이다. 신문 보도를 중심으로 이 학교와 야학의 사정
을 재구성해 보면 다음과 같다(『대한매일신보』 1910년 4월 9일자, 1910년
4월 9일자, 1910년 2월 20일자, 1910년 2월 23일자 ; 『황성신문』 1910년 3월
18일자를 참조).

　이문학교가 언제 설립되었는지는 잘 알 수가 없지만, 원래 이문학
교는 노동자 교육기관으로 출발한 것으로 보인다. 그런데 1910년 송
림동 인근에 거주하는 허환과 이갑규, 이명호, 신영우 등이 이문학교
를 복설한 후 야학을 세웠는데, 이 야학에 송림동과 인근 청소년을
비롯해서 일반 사숙 생도들도 50여 명이나 호응을 하였다고 한다.

　이러한 형태는 아마도 사립학교에 정식으로 다닐만한 시간과 비용
이 부족한 마을에서, 주민이나 유지들이 자신들의 자제나 노동자들
의 계몽 교육을 위해 야학 설립에 적극적으로 나서고 있다는 것을 말
해주는 듯하다. 자제 교육을 위한 학교 설립의 경우 심지어 섬 지역
에서도 일부 보이고 있다. 『황성신문』 1909년 3월 12일자 보도에 의
하면, 덕적도에서 청년교육에 대한 열망으로 학교 설립이 시도되었

---

2) 김형목, 『대한제국기 야학운동』, 경인문화사, 2005를 참조.

다는 점이다. 덕적도 유지이면서 신사(紳士, 문명개화인들을 이렇게 표현하기도 하였다)인 문성기, 김영식, 문현길 등 28명이 가옥과 토지 등을 출연해서 학교 설립의 기본을 적립하였고, 강화도 신사인 박현일이 명예교수를 자임했다는 것이다. 이 학교 설립의 목적 역시 청년교육의 중요성을 인지하였기 때문이었다.

인천 문학동 지역에서도 이와 비슷한 경우가 나타나고 있다. 신문보도에 의하면, 문학동의 김재옥과 하석현, 채룡명, 정태준 등은 야학교를 설립한 후 농업에 종사하는 청년자제 30여 명을 가르쳤다고 한다는 보도가 있다.[3] 그리고 학생들 역시 스스로 운영비를 조달하는 방안을 모색할 만큼 설립취지에 부응하는 분위기를 알 수가 있다. 그리고 야학 및 사립학교의 재정이 어려워 운영이 어려울 경우에는 지역의 민족상인들이 직접 나서 의연금을 기부하였고, 주민들은 자녀들을 학교에 보내거나 혹은 직접 교사로 나서는 유사한 형태를 보이고 있다. 이는 곧 교육을 통해 나라를 구하고자 하는 교육구국운동의 한 형태인 것이다.

이러한 야학운동 형태도 실력양성을 통한 중요한 국권회복운동의 일환이었지만, 정식 규모의 학교설립이 인천지역에 나타난다는 점이 매우 중요하다. 『대한매일신보』 1907년 9월 29일자 〈보명유망(普明有望)〉이라는 제목으로 다음과 같은 기사가 보인다.

> 富平郡毛月串面黔巖里私立普明學校는 有志人士諸씨가 今年正月分에 設立ᄒ엿는대 校長鄭洪錫監督沈相德教師鄭泰憲諸氏가 熱心教育흠으로 學徒가 日益漸進에 必有前進之望이라고 該郡人에 贊頌흔다더라.

---

3) 『대한매일신보』 1910년 2월 20일자, 1910년 2월 22일자.

그러니까 지금의 검암동 지역 유지인들이 힘을 모아 보명학교(普明學校)를 설립하였으며, 교장에는 정흥석이 선임되었고, 감독에는 심상덕, 교사로는 정태헌이 직무를 맡았다는 것이다. 그리하여 이들에 의해 교육 사업이 번창하여 학생 수가 날로 늘어가 반드시 문명의 진보가 있게 될 것이라는 보도이다. 물론 인천지역 사립학교로는 박문학교와 제녕학교 등이 설립되어 운영되었지만, 이들 학교는 인천항의 상업자본과 인천지역의 공공기관과 연결된 학교들이었다. 그러므로 온전하게 지역민의 힘으로 건립되고 운영되었으며, 본격적인 국권회복을 목적으로 설립된 사립학교는 오직 보명학교가 최초라는 점이다.

이 신문의 보도 내용에서 알 수 있는 것은, 검암동의 보명학교 역시 구국계몽운동의 일환으로 설립되었다는 사실이다. 또한 이 지역은 다음에 기술할 국채보상운동의 의연금 납부에서도 알 수 있듯이, 검암동 인민들의 열렬한 애국심이 보명학교 개교라는 쾌거를 이루는 데 중요한 기반이 되었다는 사실이다.

한편, 국권회복운동의 두 번째 형태는 국채보상운동 형태로 등장하고 있다. 국채보상운동은 말 그대로, 대한제국이 일본한테 진 빚을 갚자는 운동이다. 1905년 이후 일본은 경제적으로 대한제국을 예속시키기 위해 차관을 제공한다는 명목으로 다량의 빚을 강요하였다. 정당한 차관 제공이라면 문제가 없지만, 일본의 차관 공여는 아주 치밀하고 침략적인 계획 하에 진행되었으며 결국은 대한제국의 경제가 일본에 완전히 예속당하는 결과를 초래하게 된 것이다.

우선 일본은 1905년(광무 8)에 일본인 재정고문 목하전종차랑(目賀田種大郞, 메가타 다네타로)를 조선에 보내 화폐정리사업을 실시하였다. 이때 대한제국에서 통용되는 화폐는 백동화와 엽전이었다. 그런데 일본은 대한제국의 화폐를 더 이상 사용하지 못하게 하고, 일본이 국내에 설립한 일본 제일은행이 발행한 화폐로 대체하였던 것이다. 그러니까 대한제국이 자체적으로 제작하여 사용하던 화폐를 일본은행권으로 바꾼 것이다. 이는 대한제국의 주권 중 하나인 화폐발행권을 정지시켰다는 의미이다. 이 자체가 경제적 침략의 대표적인 예이며, 대한제국의 돈줄을 일본이 장악하게 된 것이다.

그리하여 대한제국의 은행들은 일본 은행에 종속되었고 차츰 대한제국의 금융을 장악하기 시작했다. 일본은 대한제국의 백동화를 갑·을·병 종으로 나누어, 갑종은 본래 값인 2전 5리로, 을종은 1전으로 교환해주고, 병종은 교환 없이 폐기하였다. 그리하여 기존 백동화 가치는 크게 폭락하였으며, 병종의 백동화를 가진 인민들과 상인 및 무역인들은 완전히 몰락하게 되었다. 결국 화폐정리사업으로 일본은 대한제국의 재정 및 금융 그리고 유통체계를 완전히 장악하였던 것이다. 일본은 러일전쟁 기간 동안 자신들의 필요로 건설한 여러 시설물들의 개선을 명목으로 대한제국 정부에 차관을 강요하여 재정의 예속화를 심화시켰다.

1905년 이후 일본이 강요한 차관은 일본이 한국에서의 지배력을 강화하는 데 사용되었는데, 1907년 현재 누적 외채는 1300만원에 달했다. 대한제국의 1905년도 세출액은 1,910여 만 원이며, 1906년도에는 800여 만 원 그리고 1907년도의 세출액은 1500여 만 원이었다. 대한제국의 세출액으로 보아, 일본이 강요한 차관의 액수가 어느 정도인지 짐작할 수 있을 것이다. 그리고 대한제국의 1907년도 예산은 세입액에 비해 세출 부족액은 77만여 원이나 되는 적자를 기록해기 때문에 외채상환은 불가능한 처지였다.

이처럼 대한제국이 일본에 막대한 외채를 지어 재정적으로 위기에 빠지자 전국민적인 국채보상운동이 일어났다. 국채보상운동은 1907년 2월 대구에서 처음으로 시작되었다. 1907년 2월 대구지역의 대표적인 구국계몽단체인 광문사(廣文社)의 명칭을 대동광문회(大同廣文會)라 개칭하는 특별회의에서 서상돈이 국채보상운동을 전개하자고 제의하였으며 이에, 참석자 전원의 찬성하였다. 발기인은 서상돈을 비롯하여 김광제·박해령 등 16명으로, 이들은 국채보상 모금을 위한 국민대회를 열고 국채지원금수합사무소를 설치하여 활동을 시작하였다.

대구에서 시작된 이 운동은 곧 바로 서울로 파급되었다. 서울에서는 김성희·유문상 등이 국채보상기성회를 설치하여 운동을 본격화했으며, 『황성신문』·『대한매일신보』·『제국신문』·『만세보』 등 각종 신문이 후원하여 신문 캠페인을 벌임으로써 적극 지원하였다. 그리고 여기에 기탁되는 의연금을 보관하고 운동을 추진하기 위한 통합기관의 필요성에 따라 4월 8일 대한매일신보사에 국채보상지원금총합소를 설치하고, 한규설·양기탁 등의 임원을 선출하여, 보다 체계적인 조직을 갖추게 되었다.

국채보상운동의 본취지는 전국민이 주권 수호운동으로 전개하여 국채를 상환하고 국권을 회복하자는 것이었다. 국채보상기성회(國債報償期成會)를 비롯하여 당시의 많은 언론기관이 참여하였고 남자는 담배를 끊고, 여자는 비녀와 가락지를 내면서까지 국채를 갚으려는 인민들의 열망은 뜨거웠다.

한편으로, 이 운동이 전국적으로 퍼진 데에는 특히 『대한매일신보』

의 영향이 컸다. 이 신문에 실린 다음과 같은 취지서가 전 인민의 공감
을 얻었기에 가능하였다.

> 지금 우리들은 정신을 새로이 하고 충의를 떨칠 때이니, 국채 1천
> 3백만원은 우리나라의 존망에 직결된 것입니다. 이것을 갚으면 나라가
> 보존되고 갚지 못하면 나라가 망함은 필연적인 사실이나, 지금 국고에
> 서는 도저히 갚을 능력이 없으며 만일 나라가 못 갚는다면 그때는 이
> 미 3천리 강토는 내 나라 내 민족의 소유가 못 될 것입니다. 국토가
> 한번 없어진다면 다시는 찾을 길이 없을 뿐만 아니라, 어찌 베트남 등
> 의 나라와 같이 되지 않을 수 있겠습니까? 일반 인민들은 의무라는 점
> 에서 보더라도 이 국채를 모르겠다고는 할 수 없을 것입니다. 그런데
> 이를 갚을 길이 있으니 수고롭지 않고 손해 보지 않고 재물 모으는 방
> 법이 있습니다. 2천만 인민들이 3개월 동안 흡연을 금지하고, 그 대금
> 으로 한 사람에게 매달 20전씩 거둔다면 1천 3백만원을 모을 수 있을
> 것입니다. 만일 그 액수가 다 차지 못하는 일이 있더라도, 응당 자원해
> 서 일원, 십원, 백원, 천원을 특별 출연하는 사람도 있을 것입니다.
>
> _『대한매일신보』 1907년 2월 21일자

이 취지서는 인민의 애국심 발휘에 관한 구체적인 방법을 제시하고
있다는 점에서 주목을 끈다. 그것은 바로 단연(斷煙), 곧 금연이다.
당시 성인 남자는 대부분 담배를 피웠으며, 여성들의 흡연 역시 일반
화되었던 때이다. 외채로 나라가 망해 가는데, 금연을 함으로써 그
돈을 기부하면 나라를 구할 수 있다는 논리는 굉장한 효과를 보았다.
인천지역에서도 이러한 국채보상운동의 취지에 공감하여, 인천항
용동에 거주하는 박삼홍이라는 인물이 『황성신문』에 다음과 같은 글

을 보내 인천지역 인민들의 참여를 촉구하고 있다.

生은 本以草野魯鹵으로 聞見이 未廣ㅎ온 則 豈足與論於時務哉리오
만은 人無智愚히 稍俱彝性者면 熟無愛國熱誠이리오 槪見年來時事之蹉
跎ㅎ고 痛心落淚者 爲日久矣러니 近閱申報에 大邱 徐相敦氏가 國債報
償事로 斷烟同盟會을 發起ㅎ야 使全國同胞로 熱血을 鼓動ㅎ야 至於 閭
巷孺婦와 勞働愚夫도 樂而向應ㅎ야 立會義捐이 逐日增加ㅎ고 乃若仁
川은 烟草을 難售ㅎ니 衆心之團合을 從此可知이오며 古語에 云호딕 衆
心成城이라 ㅎ니 顧我二千萬同胞가 團結若此則 何患底事之不成이리오
然則 國債之報償還이 必有其期오 國權之回復도 計日可待이오며 竊念土
壤成山ㅎ고 細流就海라 ㅎ니 謂其合小聚大之義也라 我大韓人口가 二千
萬中에 無用吸烟者 畧六百萬名可量而每日 每人費가 新貨 二錢五里 每
日計가 十五萬元이오 一年計之則 五千四萬元이오 且以戶総言之라도 原
四百萬戶에 每日 每戶 食粮中 二匙米式 貯置ㅎ면 一朔 六十匙作一升에
價新貨 十錢 一年計 一元二十錢 総戶合計 四百八十萬元이오 且以飮酒
者로 言之라도 畧三百萬名可量인 즉 每人 每日 酒用이 新貨 十錢인 즉
一日合 三十萬元 一年合 一億〇八百萬元인 則 總都合 一年觀컨딕 一億
六千四百八十萬元也라 此三件事은 不爲則已어니와 爲之則 非不能也니
若使同胞로 合心强作ㅎ야 做過一年則 內有合資之實ㅎ고 外有輸出之益
ㅎ리니 然則 國債 一千三百萬元償還은 綽綽有餘地오 至若鉄道 等 土地
讓與權도 次第 可推ㅎ깃습기 生亦國民之一數 故로 提此蒭蕘之說ㅎ오
니 勿以人廢言ㅎ시고 揭諸報上ㅎ야 使全國同胞로 各自留神ㅎ야 一以
償國債ㅎ고 一以復國權을 千萬千萬. 仁港龍洞 朴三洪.

_『황성신문』 1907년 3월 9일자

박삼홍의 이 기고문은 취지서에서 강조한 금연을 통한 국채보상

뿐만이 아니라, 매일 먹는 쌀과 마시는 술을 줄이면 더욱 많은 자금을 마련할 수 있다는 주장이다. 취지서보다 더욱 적극적인 국채보상운동을 제안하고 있는 것이며, 이렇게 국채를 빨리 갚아 국권을 회복하자는 명쾌한 논리를 보여주고 있다.

이 기고문은 인천 지역에 곧 바로 큰 방향을 일으킨 것으로 보인다.[4] 우선 제녕학교 학생과 교사들 대다수가 다음 보도와 같이 국채보상 의연금을 보내고 있으며, 제녕학교 내에서 따로 운영하는 야학연구회까지 의연금 납부에 동참하고 있는 것이다.

> 仁川濟寧學校
>
> 徐丙斗 徐廷冕 徐丙薰 金榮洙 安成淳 林昌鉉 元容喆 朴泰元 李北星 沈宜根 金相勳 沈宜哲 李甲成 朴仁興 沈大錫 崔英洙 姜斗星 林冠玉 趙學奉 各六十錢 崔昌植 朴閏興 成昌福朴順興 各五十錢 成煥鏞 金哲洙 趙東赫 各四十錢 崔七龍 李相俊 咸昌成 各三十錢 金奉吉 卄五錢 金今錫 金福仁 朴上龍 崔景玉 方大熙 崔德奉 金今用 李在珪 各二十錢 鄭壽童金其星 梁貴男 金仁吉 李三鳳 金弘成 尹成得 沈南極 崔五將 鄭命釗 各二十錢 朴河振 徐福成 金松雲 各十五錢 崔順成 十三錢 朴壽福 周命用 姜恩男 姜奇男 李萬元 孔富吉 金興石 羅聖突 朴元植 朴善明 朴仁明 周喜龍 金陳甲 梁元伊 各十錢 李甲㐣 任興洙 金良雲 各二十錢 南慶俊 十五錢 李一男 七錢 李又男 五錢 徐廷璨 六十錢 崔泰吉 朴壽童 各十錢 本校內夜學演究會義捐金 四환 合 二十七환

_『황성신문』 1907년 3월. 14일자 보도

---

4) 이상근, 「인천광역시 지역의 국채보상운동」, 『인천학연구』 제2권 제1호(2003.12), 인천대학교 인천학연구원, 137-161쪽을 참조. 이 글 151-154쪽에 인천지역의 몇 차례 사례들이 소개되어 있다.

 뿐만 아니라, 이튿날에는 인천항의 노인들 모임으로 보이는 노인계(老人契)에서도 다음과 같이 의연금을 납부하고 있다.

 仁川港老人契

 李琿綱 六圜 韓肯鎬 二圜 李基東 彭翰周 李永均 金鍾岳 合一圜 林昌根 姜華錫 朴明珪李用錫 林昌茂 李學仁 皮熙術 徐相潤 安浩然 崔禹政 金昌植 李時永 鄭春一 朱明瀿 沈能賢 朴希洙 張東昱 李演興 盧謙洙 李光祥 各六十錢

 妓 彩姬 暎月 月出 明玉線城紅 各六十錢 合 金二十七圜.

_『황성신문』 1907년 3월 15일자 보도

 여기 의연금 납부자 명단 중 강화석은 1896년 인천부 경무관과 1897년 인천감리를 지낸 인물이며, 박명규는 1899년 10월 인천항신상협회를 결성한 주역이었다. 이학인은 앞서 살펴보았듯이 인천 해관에 근무하면서 박문협회 회원으로 인천 최초의 사립학교 교사로 봉사하였던 인물이다. 이학인은 인천노인계에서 의연금을 납부하였을 뿐만 아니라 인천해관회(仁川海關會)를 통해서도 의연금을 납부하고 있다. 인천해관회에서 의연금을 납부한 인물중에는 이학인과 같이 영어 교사로 활동하던 강준도 있다.[5]

---

5) 『황성신문』 1907년 4월 11일자 기사. "仁川海關會同 姜準 리學仁 張箕彬 李敎永 各二元 李熙敏 姜繼鶴 李容仁 李裕寬 沈膺澤 閔箕鎬 박 瀅錫 金永鎭 玄根 姜範植 李東現 朱錫鳳 각 一元 高丙翼 金圭永 秦學民 朴定實 各五拾錢 洪弼鉉 三拾錢 金龍安 리 聖江 각 三拾錢 韓英俊 姜壽命 許炳五 劉始童 洪永雲 洪承權 各二拾錢 韓春鳳 韓泊錫 각 三十錢 金相云 리 昌鉉 朱云西 박 允敬 洪永順 張俊植 河永九 金壽鳳 車창 允 金昌昊 各二拾錢 安成萬 朱華益 各廿五錢 金永秀 二十錢 羅永鉉 三十五錢 리 鳳翼 嚴守奉 각 三十錢 尹亨祿 鄭順敬 李慶春 朴萬成 각 二拾錢 呂守창 金才瑞 洪永學 各三十錢 合 三十圜十錢". 여기 의연금을 납부한 인물 중 장기빈은 장면의 부친으로 부산세관장

또한 서상윤은 인천항 상업계의 거물인 서상집의 동생이다. 그리고 안호연은 인천항의 유명한 객주로, 백범 김구가 김창수이던 시절 인천감리서 내 인천 감옥에서 수감 생활을 하고 있을 때 많은 도움을 주었다는 인물이다.

그렇지만 위 기사에서 누구보다도 주목해야 할 인물들이 있다. 기(妓)라고 기재되어 있는 채희, 영월, 월출 그리고 명옥선성홍(?) 등의 이름이다. 이 인물들은 인천 지역에서 활동하였던 기생들이다. 앞에서 살펴보았듯이, 인천 기생들 중 상당수는 독립협회에 기부금을 내고 있었다. 1897년 독립협회에 기부금을 냈던 기생들 명단이 없기 때문에, 1907년 국채보상 의연금을 기부한 인천 노인계의 기생들과 연관성을 추론하기에는 무리가 있다. 하지만, 최소한 위 기사는 인천항에서 활동하는 인물군(人物群) 중, 많은 사람들을 접하는 직업인 기생들이 문명개화에 관심을 보였으며, 나아가서는 국권회복운동에 적극적으로 참여하였다는 사실을 시간 계열로 확인할 수 있다는 매우 중요한 증거가 된다. 그만큼 인천지역의 국권회복운동에 다양한 계층의 인물군이 참여하였다는 의미가 된다고 하겠다.

한편 취지서에서 제시한 방법인 단연동맹을 통해 의연금을 납부한 단체들도 여럿 있다. 이를테면 대한운수회사 인천지점과 인천항신상회사 같은 데서는 단연동맹회가 조직되었으며, 그 회원들이 국채보상지원금총합소에 기부금을 납부하고 있다.

특히 대한운수회사 인천지점에서는 두 번에 걸쳐 의연금을 납부하여, 『대한매일신보』에서는 다음과 같이 그들의 성의에 감격하고 있

을 지낸 인물이다.

을 정도이다. "大韓運輸會社仁川支店斷烟同盟人金明煥氏等三十六
人이 국채報償에 對ᄒ야 第二回義金七圖二十錢을 期成會로 送致ᄒ
얏다 ᄒ니 同氏等의 애국誠은 實로 感歎홀 事더라"(『대한매일신보』
1907년 4월 17일자 기사). 이러한 분위기는 전국적인 조직인 대한자강
회 인천지회에서 본격적인 보상운동을 결의하면서 더욱 확산되었다.

국권회복운동의 중요한 형태인 국채보상운동은 위 지역 이외에도
인천의 광범위한 지역에서 적극적이고도 조직적으로 전개되었다. 그
리고 의연금 납부 시기도 2월부터 7월까지 장기간에 걸쳐 진행되었
다는 점도 주목할 만 하다. 특히 다른 곳에 비해 비교적 이른 시기인
1907년 2월 검단지역(마전동·왕길동·불로동·당하동·원당동·대곡동·오
류동·금곡동)에서 국채보상 의무서 발기대회가 되었다. 그리하여 이
지역을 중심으로 활발한 모금 활동이 전개되었던 것이다. (이하 인천
각 지역에서 전개된 의연금 납부 운동 양상에 대해서는 〈부록〉에서 제시한
다). 다음은 인천지역에서 가장 먼저 국채보상 의연금을 납부한 기사
이다. 기사에 나오는 부평 석곶면은 지금의 가정동 일대이다.

> 富平石串面浦里
> 김聖有 五拾錢 崔明變 최聖喜 朴仲壽 ᄀ四十젼 朴士叔 朴福同 朴士
> 恩 ᄀ卅錢 崔圭喜 崔春燁 韓壯三 朴仲浩 김明善 金億甫 李順卜 각廿젼
> 姜德允 金聖玉 각拾錢 合四圜二십션.
>
> _『대한매일신보』 1908년 2월 28일자

이처럼 인천지역의 국채보상 의연금 납부는 광범위한 지역에서 이
루어졌다. 특히 주목되는 점은 인천지역에서 부녀자들의 납부 내역
이 확인된다는 점이다. 사실 국채보상운동은 출발부터 여성들의 적

극적인 참여하에 진행된 것으로 보인다.

1907년 2월 21일 대구에서 국채보상을 위한 국민대회에 참여한 부녀자 7명의 발기로 대구패물폐지부인회(大邱佩物廢止婦人會)가 조직되었다. 이후 2월 28일에 식생활을 절약하여 국채보상금에 보태자는 뜻으로 서울지역에서 부인감찬회가 조직되었다.

인천 지역 역시 적성회(仁川積誠會)가 결성되어 부녀자들의 국권회복을 위한 조직이 결성되었다. 인천지역 적성회는 1907년 3월 14일 이전, 국미(掬米)적성회라는 명칭으로 다음과 같이 등장하고 있다.[6]

> 仁港耶蘇教中夫人들이 可賀홀 事가 有하니 烟艸라 하는 거슨 夫人이 本是喫하는 者ㅣ 小호 則 斷烟하얏다 하고 每朔 二十錢式 出捐홈이 不美라 하야 每人每時에 粮米中에 一匕式을 每朔聚合하면 烟價에 優過하고 食口數디로 一匕式을 計除홀 時에 祝願하기를 此愛國米를 收合하야 國債를 報償하고 國權을 回復ㅎ야 쥬옵쇼셔 耶蘇教名號로 每日誠祝ㅎ니 此會가 勝於斷烟會오 會員이 已至五百餘名인디 會名은 掬米積誠會오 收米委員 二人이 每週日에 收合ㅎ며 何許婦人은 或 自親傳ㅎ며 入會ㅎ는 婦人이 日加時增혼다더라,
>
> _『황성신문』 1907년 3월 14일자 기사

---

6) 『제국신문』 1907년 4월 1일자에는 〈인천적성회취지서〉라는 것이 실려 있다. "우리나라 여자로 말하면 규중(閨中)에서 밖의 일을 말하지 않는 것이 당연한 도리로 알았는데 지금 세계 각국을 보면 남녀의 분별은 있으나 권리는 남자와 조금도 등분이 없는 것을 본 즉 이것이 떳떳한 이치다. 여자도 우리 대황제 폐하의 적자는 일반이온데 어찌 녹녹히 예법을 지키고 안연히 부동하오리까"라고 하여, 여성 역시 떳떳한 신민의 자격으로 국채보상운동 참여를 촉구하고 있다. 그리하여 인천적성회 회원은 처음에 80명 정도였는데, 며칠 지나지 않아 500여명으로 늘어났고, 한 달 여간 모집한 의연금이 쌀 19섬, 동화 252원, 은 2량이었다. 『제국신문』에 보도된 인천 지역의 부녀자들이 국미적성회 회원들이었는지는 확인할 수 없지만, 인천 지역에 폭넓게 자리 잡았던 국채보상 의연금 납부의 분위기를 잘 말해주는 증거라 하겠다.

아마도 '적성회'라는 명칭으로 실제 조직되어 의연금을 납부한 사
례는 전국적으로도 처음인 듯하다. 이 조직의 행동 방식은, 기독교를
신앙하는 부인들이 애국미라는 명목으로 각 가족수대로 일정 분량의
쌀을 수합해서 나라 빚을 갚고 국권을 회복하자는 것이다. 적성회가
구성된 지 얼마 되지 않아 회원수가 5백명에 이를 정도로 국권회복
에 대한 의지를 보였던 매우 드믄 경우로 주목된다. 또한 1907년 5월
에는 인천항에 거주하는 김종대의 어머니가 병중임에도 국채보상운
동에 대한 소식을 듣고 사용하던 바늘을 팔아 의연금을 납부하는 일
도 있었다.[7]

3. 의병항쟁[8]

1907년 8월 1일 대한제국의 군대가 일제(日帝)의 강압으로 해산당
하였다. 이는 일본에 항거할 수 있는 마지막 공적인 기구가 사라지게
되었다는 것을 의미하는 것이다. 그렇지만 이대로 무력하게 끝난 것
은 아니었다. 역사학자이자 독립운동가인 박은식이 언명하였듯이,
조선에는 목숨을 돌보지 않고 오직 나라와 인민을 외적의 침략으로

---

7) 『대한매일신보』 1907년 5월 12일자 기사 : "仁川港曆峴居ᄒᄂ 前教官金鍾大氏에 大夫
人許씨가 積月吟病中에 開國債報償事ᄒ고 賣針錢一元을 出捐ᄒ얏더라."
8) 이 부분은 필자가 『인천광역시 부평사』와 『인천광역시 서구사』에 서술한 내용을 바탕
으로 작성되었다. 특별한 경우가 아니면 따로 주석을 표기하지 않는다. 그리고 당시
자료로 활용된 문서는 다음과 같다. 「富川郡 桂陽面 萬歲事件 判決文」, 『每日申報』,
독립운동사편찬위원회 편; 『독립운동사자료집』 6(3·1운동사자료집), 국가보훈처 편;
『독립운동사』 제2·3권; 『독립운동사』 자료집 제5집(삼일운동 재판기록); 『독립유공
자공훈록』 제9권, 경기도사편천위원회 편; 『경기도항일독립운동사』; 『조선독립신문』
(천도교 발행).

부터 구하기 위해 기의(起義)했던 민군(民軍)으로 의병(義兵)이 남아있었다. 임진왜란과 정묘·병자호란 그리고 1895~1896년에 걸쳐 일어난 다양한 형태의 의병이 그것이다.

1905년 이후 전개된 의병투쟁은 1907년 고종의 강제 퇴위와 군대해산을 계기로 더욱 치열해졌다. 이를 정미의병이라 부르는데, 이때의 의병은 그 규모와 성격면에서 이전과 비교할 수 없을 정도로 조직화되어 의병 전쟁으로 발전되어 갔다. 일제의 군대 해산으로 시위대 제1 대대장 박승환의 자결을 시발점으로 하여 일본군과 시가전을 벌였던 해산 군인들이 그 후 의병에 합류함으로써 조직과 화력이 강화된 것이다.

군대해산 이후 시위 보병 제1연대 제1대대장 참령 박승환은 군대해산에 반대하고 훈련원 한 막사에서 자결하였다. 이에 해산식에 참가하였던 시위대 일부 중대는 탄약고를 파괴하고 탄약을 분배, 혹은 몰래 감추어 가지고 있던 탄약으로 곧 일본 교관을 향해 옥상과 창에서 사격을 개시하였다. 본격적인 대일 투쟁의 서곡이었다.

이들 애국적인 군인들은 비록 화력과 인원의 열세로 일본군에 의해 밀려났으나, 대한제국 정규군이 침략군에 맞서 싸운 최초의 전투라는 점에서 역사적 의의가 있다고 하겠다. 이후 전국 각지의 대한제국 군인들은 의병부대에 합류, 일본 침략군에 맞서 본격적인 대일(對日) 전쟁을 개시하였다.

군대해산 이후 부평을 축으로 하는 경기도 각 지역들에서도 민군인 의병이 일어나 일본군에 맞서 치열한 대일 항전을 전개하였다. 부평 지역에 의병이 처음 등장한 시점은 1907년인 듯싶다. 1907년 11월 16일 조선주차군 북부수비관구사령관인 남작 강기생삼(岡崎生三, 오카자

키 세이소우)가 통감부 경무국장인 송정무(松井茂, 마쓰이 지게루)에게
부평 등지에 출몰한 의병에 관한 보고를 한 기록이 남아 있다. 이 보
고에 의하면 강화와 통진, 장단 등 경기 서북부 지역에서 활동하던
의병진의 일부가 경성(서울)으로 진출하는 통로인 부평 지역에까지
진출하고 있음을 추측케 한다.

또한 1908년 5월에는 부평의 외각 지역인 김포 검단의 봉화리 부
근에서 의병을 접하였다는 첩보가 있기도 하였다. 경성 헌병 분대 김
포분견소의 상등병 2명이 순찰 도중에 봉화리 동남쪽의 소나무 숲속
에서 십 수 명의 의병이 집결하였음을 발견하고 교전하였다는 것이
다. 20여분 동안의 이 교전에서 양쪽 모두 전사자나 부상자가 없는
것으로 보아 의병측에서 일종의 탐색전을 벌인 것으로 생각된다.

각 지역의 의병이 부평 지역에 본격적으로 진출한 것은 1908년에
들어와서이다. 1908년 6월 일본군 보고에 의하면 부평 읍내에 20여
명 가량의 의병이 출몰하자 부평 주재 일본 수비병 13명과 순사 3명
이 출동하여 의병과 교전하였다는 내용이 있다. 보고서에는 이 때 일
본군과 교전한 의병이 어느 의진(義陣) 소속인지는 밝히지는 못한 것
으로 보인다. 보고서에는 일본군과 교전 중 불리해지자 총 7자루와
탄약 200발 등의 무기를 버리고 후퇴한 것으로 기록되어 있다. 이 교
전이 부평 지역에서 의병이 전개한 기록에 보이는 최초의 교전인 것
이다.

이때 부평지역에서 일본군과 교전한 의병은 정용대(鄭用大, 1882.2.
28~1910.1.26) 의진으로 보인다. 정용대는 대한제국군에서 정교(正校
출신)를 지낸 것으로 알려져 있다. 군대해산 이후 국권 회복을 위한
투쟁에 나서, 창의좌군장(倡義左軍將)을 칭하고 무장한 수십 명에서

많게는 수백 명의 부하를 이끌고 일본군과 교전하였다. 주요 활동 지역은 강화와 파주, 통진 지역이었다.

특히 정용대 의진은 인근 지역에서 활동하던 의병 부대와 연합 작전을 펼치기도 하였다. 윤인순(尹仁淳) 의진과 이은찬(李殷贊) 의진과 연합을 모색하기도 하였고 실제 연합 작전을 전개하기도 하였다. 이 중 정용대 의병은 이은찬 의진과 함께 1908년 2월 27일 양주 석적면(石積面)과 동년 3월 2일 회암면(檜巖面)에서 일본 경찰 및 헌병들과 교전하여 큰 전과를 올렸던 것이다. 정용대 의진은 정용대의 체포와 이은찬이 의병 전쟁의 지역을 확장을 모색하기 위하여 경성으로 향하다가 용산역에서 일본 경찰관에게 체포된 이후 전력이 약화되었다.

부평 습격은 이처럼 전력이 한 상황에서 전력 보충의 일환으로 계획된 것으로 보인다. 정용대 의진 중 일부 의병은 일본군 혹은 일본인과 친밀한 관계를 맺고 있었던 것으로 알려진 부평군 읍내 이모(李某) 집에 들어가 보급품을 확보하다가 일본군 수비대와 순사들의 공격을 받았던 것이다. 이 때 의병 4명이 생포되었고 다수의 무기들을 빼앗기고 후퇴하게 된 것이다. 이 교전으로 정용대 의진은 상당한 타격을 받은 것으로 보인다. 일본군은 이때의 의병의 전력 손실이 커서 정용대 의진이 당분간 다시 습격하지 못할 것이라는 평가를 하고 있다.

정용대 의진에 가담하여 활동한 인물 중에 이학선(李學善, 1885~미상)이 있다. 이학선은 1908년 2월 경(음력) 정용대 의진에 투신하여 소 부대장으로 활약하였다. 이학선이 참여한 기간은 3월까지로 짧았지만 동지 수 십 명과 함께 부평 지역과 김포 통진 등, 주로 경기도 서·중부 지역을 중심으로 활약하였다. 이학선은 이후 일본 경찰에 체포되어 1908년 10월 13일 경성지방재판소에서 유형(流刑) 5년형을 받았다.

부평 지역 의병 항쟁과 연관된 또 하나의 인물은 이능곤(李能坤)이다. 이능곤은 일찍이 강화의 지홍일(池洪一) 의진에 가담하여 활동한 것으로 알려져 있다. 지홍일은 강화도에서 태어나 강화도의 전 진무영진위대 병정으로 복무하다가 2년 만에 부교(副校)가 되었고 제주도에서 근무하다가 3년 역을 마치고 제대하였다. 강화로 돌아온 지홍일은 1908년 군대해산 이후 4월 말 경부터 비밀리에 동지 4, 50명을 규합하여 의병활동을 전개하였다.

지홍일 의진은 1908년 5월 경 부터 8월까지 주로 황해도 배천, 연안 등 지역과 강화 지역 여러 섬들을 중심으로 활동하였다. 9월에는 또 다른 의진을 이끌었던 김봉기(金鳳基)와 호응, 연합하여 스스로 돌격진대장(突擊陣大將)으로 자칭하였더고 한다. 10월에는 강화 간점면(艮岾面)에서 강화분견대의 일본 헌병과 그 보조원 등으로 구성된 부대와 3시간에 걸친 치열한 접전을 벌였다. 또 같은 달에도 강화 외가면(外可面)에서는 문화재를 도굴하여 일본으로 반출하려던 일본인 고려자기 도굴범 6명을 처형하기도 하였다.

지홍일 의진은 1908년 말부터 개성과 해주 주둔 일본수비대의 집중적인 공격을 받아 1909년 초에는 일시적으로 부대를 해산하다시피 하였다. 이즈음 지용일은 군자금을 모집하려 동지 2명과 함께 경성을 향하다가 일본인을 1명을 살해한 일로 검문을 받은 자리에서 돌격진대장(突擊陣大將)이라 새긴 인장이 발각되어 개성서(開城署) 순사들에게 체포당하고 말았다.

이능곤은 지홍일 의진에서도 주도적으로 활동한 인물로 알려져 있다. 1908년 9월부터 10월 중에 이능곤이 인솔하는 일단의 의병은 강

화 위량면(位良面) 인근과 서사면(西寺面) 증산지역에 나타나 강화주
재 일본군의 동태를 살폈다. 이후 이능진 의병은 강화 전역에서 일본
군 및 일본 경찰들과 여러 차례 교전을 벌여 큰 전과를 올렸다. 이
일로 일본군과 일본 경찰에서는 이능곤을 수괴(首魁)라 하여 그 체포
에 혈안이 되어 이능곤과 그 부대를 추적하였다.

지홍일과 이능곤의 항쟁에 막대한 피해를 입은 일본군경은 많은
병력을 동원하여 이들 의진을 압박하였다. 이 중 이능곤 의진은 일본
군경의 집중적인 공격을 받아, 1908년 11월경에는 일시적으로 각각
의 부대를 분할하여 강화와 배천, 연안, 부평 등지에 잠복하는 전술
로 이에 대응하였다. 이후 이능곤은 11월 하순 부평에 잠입하여 추적
하는 일본군경의 동태를 살피고 있었다. 이능곤은 다음 달(12월) 경성
으로 피신하였다가 추적해 온 일본 경찰에 의해 12월 14일 체포되어
인천경찰서로 이체되었다.

인천에서 신문을 받았던 이능곤은 부대 분할 때 비밀 무기 은닉 장
소를 일본 경찰의 고문에 못 이겨 자백하게 되었다. 이 때 일본 경찰
이 압수한 무기류는 엽총 2정, 탄약 470발, 양총(군용) 12정, 보병용
33년식 군총 1정, 엽총용 탄알 20발, 피스톨 탄환 10발 , 30년식용
탄약 66발, 탄약고 2개, 총검 1본, 혁대 3개, 조선식 화약입 1개, 카
키색 옷 10벌, 일본식포대 5개, 부대자루 7개 등이다.

이처럼 정용대 의진과 지홍일 의진 그리고 이능진 의병부대는 지
휘부의 체포 등으로 거의 붕괴 상태에 놓여있거나 소집단으로 분할
되었다. 이를 반영하듯 1909년 이후 부평 지역에는 소규모의 의병만
이 출몰하고 있다.

1908년 12월 25일에는 부평 주화곶면 내촌리의 한 민가에 의병 5

명이 들어와 소 한 마리를 가져갔다는 보고가 있었다. 부평 경찰서 순사들이 수색하였지만 의병들의 종적을 찾지 못하였다는 것이다. 그런데 이들 의병 중 한명은 총기를 휴대하였다고 한다. 또한 같은 해 1월 중순 경에는 부평군 수탄면 고척리에 의병 2명이 곤봉으로 무장하고 민가에 들어와 쌀과 이불, 은수저 등을 빼앗아 갔다는 보고가 있다. 이들은 또한 군자금까지도 요구한 것으로 보인다. 역시 일본 순사들이 추적, 수색하였지만 종적을 찾을 찾지 못하였다는 것이다.

이와 같은 시기 부평 황어면의 한 민가에도 의병 6명(이 중 한 명은 권총으로 무장하였고, 나머지는 곤봉으로 무장하였다고 한다)이 들어와 옷가지 등 의류 11점과 소 한 마리를 가져갔다는 보고가 있었다. 이어 1909년 2월에 들어와서도 부평 지역에는 의병의 출몰이 계속되고 있다. 2월 14일쯤 부평 동면 박촌리에 의병이 출몰하였는데, 의병 4명이(이 중 2명은 권총으로 무장하였다) 민가에 들어와 소 한 마리를 가져갔다는 보고가 있는 것이다. 이러한 의병들의 행동은 일본군과 경찰들의 토벌 그리고 의병 지휘부의 부재로 인해 원활한 보급이 어려웠음을 보여주는 사례라 하겠다.

한편, 1911년 원산에서 체포된 의병장 강기동(姜基東, 1884~1911)의 참모 중에 부평 사람 성복동(成福童)이라는 인물이 있었다. 성복동은 강기동 의진에서 이복인(李福仁), 고양 출신의 김문석(金文錫)과 함께 주축을 이룬 인물이다. 강기동은 경성 출신으로 대한제국군 기병부위(騎兵副尉)를 지냈다. 1907년 군대해산 이후 해산군을 규합하여 의병항쟁을 전개하다가 일본 헌병대에 일시적으로 위장 귀순하여 장단 일본 헌병대의 헌병보조원으로 있었다.

강기동은 헌병대의 여러 상황들과 일본군의 동태를 살피면서, 장

단 헌병대에 포로로 있던 10여 명의 의병 동지 다른 지역 의병들과
함께 헌병대의 무기와 탄약을 탈취하여 본격적인 의병항쟁을 전개하
였다. 강기동 의진은 경기도는 물론이고 황해도와 강원도까지 그 활
동 범위가 광범위하였다. 주로 포천, 양주, 회양, 통구 등을 다니면
서 많은 일본군과 헌병 및 일본 경찰과 교전을 벌여 큰 전과를 올렸
다. 강기동 의진의 규모는 대략 1백명 쯤 되었는데, 이 정도의 규모
로 그처럼 광범위한 지역에서 항쟁을 전개하였다는 것은 그만큼 성
복동을 비롯한 참모진의 우수함을 입증하는 것이라 하겠다.

강기동 의진은 1909년 3월 경, 남학서, 오수영, 임명달 등과 함께
연합 의진을 구성하는데 성공하였다. 그리하여 주로 경기 중·북 지
역을 중심으로 일본군과 교전하거나 친일파들을 처단하는 활동을 하
였다. 특히 1909년 9월 21일에는 양평 서종과 양주 마석에서 일본 헌
병대와 교전하여 격퇴시키는 등 큰 활약을 하였다. 또한 11월에는 강
화의 대표적인 의병 부대인 연기우(延起羽) 의진과 연합하는 데 성공,
포천 등지에서 일본 헌병대와 장기간에 걸쳐 교전하는 등 막강한 전
투력을 유지하였다.

강기동 의진은 1910년에 들어서도 포천과 양주를 중심으로 지속적
으로 일본 헌병대와 교전을 벌이고 있었다. 그리하여 대한제국의 지
사(志士) 황현(黃鉉)이 지은 『매천야록(梅泉野錄)』에 "천금의 상금이
걸려 있었다"라는 기록이 있을 정도로 일본에게 위협적인 활동력을
보여주었던 것이다.

강기동과 그 가족의 원래 거주지는 경성이었는데 1909년 부평군
수탄면으로 이주한 것으로 알려져 있다. 일본측 보고서에는 가족 간
의 불화가 그 원인이라 하였지만, 부평군 이주 이후 강기동과 그 가

족의 행적을 보면 신분을 위장하려는 의도가 큰 것으로 보인다. 이를
테면 강기동의 부친은 손자의 아비를 일본어를 잘하는 헌병보조원이
라 마을 사람들에게 소개하고 있다. 또한 마을 사람들에게 몸이 불편
한 것처럼 하면서 10여 일 동안이나 경성에 다녀온 후 그 일에 대해
명확한 시말(始末)을 말하지 않는 등 석연치 않은 행적이 일본 경찰의
주목을 받고 있는 것이다. 강기동 역시 야간에 비밀리에 부평 집을
방문하여 가족을 만나고 가는 등, 이들 가족의 행적은 마을 사람들이
나 일본 경찰에 의문을 사고 있지만, 의병진을 이끄는 강기동은 결정
적인 흔적을 남기지는 않았던 것이다.

이상에서 살펴 본 것처럼, 군대해산 이후 인천지역에서는 부평과
그 인근 지역을 중심으로 해산당한 대한제국 군인과 애국적인 인민
들이 조직한 의병이 활발하게 항쟁을 벌인 것이다. 그리하여 일본 제
국주의 세력은 대한제국 군인과 민중들의 저항을 탄압하고자 일본에
서 보다 많은 군인들을 파병하지 않을 수 없었다.

3·1독립운동

1. 3·1독립운동의 배경[1]

대한제국은 1905년 을사늑약과 1907년 이른바 정미조약(한일신협약)을 강요당하면서 급속하게 일본의 식민지로 재편되었다.[2] 민중들

---

1) 이 부분은, 『3·1민족해방운동연구』(청년사, 1989), 『1919년 3월 1일에 묻다』(성균관대학교 출판부, 2009), 『광복 70년, 독립운동사 연구의 성과와 과제』(국사편찬위원회, 2016) 등을 참고하여 작성하였다.

2) 일반적으로는 '나라가 망했다'라고 했지만, 엄밀하게 말한다면 완전히 망한 것은 아니다. 형식적으로는 일본제국과 합병되었기 때문에, 대한제국의 군주가 바뀐 것이다. 대한제국은 황제가 주권자였다. 1910년 8월, 대한제국의 주권자인 황제는 이른바 일본 천황에게 대한제국의 주권을 넘겨주는 조약을 체결하였다. 그러니까 대한제국은 일본국의 일부로 편입된 것이다. 그래서 1910년부터 1945년 8월까지 그려진 동북아시아의 지도를 보면 대한제국의 영토는 일본국의 영토와 같은 색깔로 되어있다. 또한 일부 제국주의 향수를 갖고 있는 일본인들과 한국인들은, 일본이 나라를 빼앗은 것이 아니라 일 대 일로 나라가 합쳐진 것이라고 주장하기도 한다. 물론 이 조약은 강압적으로 체결된 것이었지만, 대한제국 고위 관직자들의 적극적인 동의로 이루어 진 것도 사실이었다. 우리는 이들을 '경술국적(庚戌國賊)'으로 부른다. 합방조약에 대표로 서명한 이완용을 비롯하여, 윤덕영·민병석·고영희·박제순·조중응·이병무·조민희 등이 바로 그 국적들이다. 이 국적들이 체결하였다는 조약은 다음과 같이 시작되고 있다. "한국황제폐하와 일본국황제폐하는 양국간의 특수하고도 친밀한 관계를 회고하여 상호행복을 증진하며 동양의 평화를 영구히 확보코자 하는바, 이 목적을 달성하기 위해서는 한국을 일본제국에 합병함만 같지 못한 것을 확신하여 이에 양국간에 합병조약을 체결하기로 결하고, 일본국황제폐하는 통감 자작 데라우치 마사다케를, 한국황제폐하는 내각총리대신 이완용을 각각 전권위원으로 임명함. 이 전권위원은 회동협의한후 좌의 제조를 협정함". 이어서 조약문 제1조에서는, "한국황제폐하는 한국전부에 관한 일체의 통치권을 완전하고도 영구히 일본국황제폐하에게 양여함"이라고 한 다음, 제2조에

의 항쟁에도 불구하고 1910년 이완용을 비롯한 매국노들은 나라를
일본 식민지로 만드는데 앞장섰다. 그들 매국노들은 저항하는 민중
들의 의지를 배반하고 1910년 8월 22일, 대한제국의 통치권을 일본
왕에게 넘긴다는 이른바 '한일합병조약'을 통감인 사내정의(寺內正毅,
테라우치 마사타케)와 체결하였다. 이로써 한반도는 유사 이래 처음으
로 이민족의 폭압 통치에 시달리게 되었던 것이다.

일본은 1906년 2월 1일 설치된 통감부를 대신하여 1910년 10월 1
일 이른바 조선총독부를 설치하고, 정치·경제·문화·군사 등 사회
모든 분야에서 한반도의 모든 것을 그들의 이익을 위해 침탈하였다.
이에 비례하여 민중들은 단순히 먹고 자는 것을 뺀 모든 것을 빼앗기
게 되었다. 물론 나라를 일본에 바친 고위 관리들은 일본의 주구(走
狗)가 되어 새로운 주인을 맞아 여전히 권력과 호사를 누렸다.

1914년 유럽을 중심으로 자본주의 국가들 사이에 식민지 이권을
놓고 전쟁이 벌어졌다. 유럽전쟁 혹은 제1차 세계대전이다. 4년 여
동안 벌어진 이 전쟁은 그 때까지 인류 역사상 가장 많은 사상자를
내고 1918년 독일의 항복으로 막을 내렸다. 일본은 영국과 프랑스를

서는 "일본국황제폐하는 전조에 게재한 양여를 수락하고, 또 전연 한국을 일본국에
병합함을 승낙함"이라 하여, 일본왕은 내키지 않은데, 마치 대한제국 황제가 자진해서
넘겨준 통치권을 일본왕이 억지로 받아주는 것처럼 기재하고 있다. 이런 식의 내용을
조약이라고 체결한 대표자가 바로 대한제국 내각 총리대신이라는 이완용인 것이다.
그리하여 대한제국이 일본국에 합쳐진 것을 이 국적들은 합방이라 하였지만, 대부분의
대한제국 인민들과 지사(志士)들은 그것을 국치(國恥)라 하였다. 경술국적이 있으면,
경술국치가 있는 것이 논리적으로도 맞다. 1910년은 전통적인 연대법으로 경술년이니
까, '경술년에 당한 나라의 큰 치욕'이라는 의미로 '경술국치'인 것이다. 자연스럽게
대한제국의 명칭은 사라졌고, 황제는 이왕(李王)으로 신분이 낮아졌다. 바로 조선의
이왕이 된 것이다. 여기서 말하는 조선은 태조 이성계가 건국한 나라가 아니라, 일본과
구분하기 위한 지역적 단위로서의 조선이다. 곧 일본과 합쳐진 대한제국의 영토를 지
칭하는 용어인 것이다.

중심으로 하는 연합군 측에 가담하여 승전국이 되었다. 그리하여 다른 승전국들처럼 아시아에서 많은 이권을 획득하였고 또 그만큼 강력하게 되었다. 한반도 민중들에게는 더욱 암울한 상황이 벌어진 것이다.

이 때 미국 대통령 우드로 윌슨의 이른바 민족자결주의라는 정치사상적 조류가 전세계에 퍼졌다. 1918년 1월, 미국 의회에서 발표한 '14개조 평화 원칙'에서 제시된 내용인데, 식민지를 포함한 각 나라는 자신들 스스로의 의지에 따라 나라를 통치할 권리가 있다는 것이다. 학생을 포함한 종교 지도자 그리고 국권 회복을 위해 한반도 외각에서 투쟁해 온 많은 지사들은 이러한 세계적 조류에 민감하게 반응하였다. 여기에 1917년 2월과 10월, 러시아에서 민중들에 의한 공산주의 혁명이 발발하였다. 여기서도 물론 공산주의 이론에 입각한 민족해방이 제시되었다. 세계는 민족자결주의와 민중해방이라는 사상적 흐름에 고무되었다.

그러나 시간이 흐르면서 민족자결주의의 한계가 노출되었다. 선언의 희망적인 내용에도 불구하고, 실제로 그 내용은 식민지지역에게 적용되지 않았던 것이다. 그럼에도 불구하고 국권을 회복하기 위해 노력해 온 많은 민족운동 세력들에게 해방의 이론적 근거가 되었다. 국내와 국외를 막론하고 민족운동세력에게 민족자결주의는 독립운동에 대한 보편적 타당성을 부여하였고, 독립운동의 역량을 확대하고 강화하는데 일정한 영향을 주었다. 특히 유구한 역사기간동안 자주국으로 지내왔던 조선 민족에게 그러하였다. 비록 한반도에는 적용되지 않았다고 해도, 한반도와 인접한 국외 항일 독립 운동 세력들에게 민족자결주의 원칙은 이론적으로나 사상적으로 큰 영향을 주었다.

그런데 3·1독립운동을 실질적으로 촉발시킨 중요한 사건이 있다. 제2차 세계대전의 전후(戰後) 처리 문제를 논의하기 위해 1919년 1월 18일부터 개최된 파리강화회의가 바로 그것이다. 국망(國亡) 이후, 중국 상해지역을 중심으로 활동하던 신한청년당은 파리강화회의에서 전후처리문제가 열린다는 소식을 접하고, 이 회담에 대표자를 보내 조선독립문제를 정식으로 제기하기로 하였다.

이들은 일본으로부터의 해방이 구체적인 목표였고, 이를 추진하기 위해서는 식민지 민중들의 절대적인 지지를 강화회담 주요국에 각인시킬 필요가 있었다. 비록 일본이 승전국이고 회담의 5개 주요국(영국·프랑스·미국·이탈리아·일본) 중 하나였지만, 일본의 강압적인 통치와 이에 저항하는 식민지 민중들의 의지를 보여줄 수 있다면 민족자결주의에 입각해 조선의 독립문제를 회담의 주요 논제로 제기할 수 있다는 희망을 가졌다. 이때 필요한 것이 바로 식민지 민중들의 독립에 대한 열망이었다. 그것도 구체적인 열망이 필요한 것이다. 이런 목적을 달성하기 위해 신한청년당은 일본과 국내 그리고 연해주 등 조선인이 많이 거주하는 곳으로 단원들을 보내 구체적인 결과가 있기를 기대하였다.

그리하여 1919년 1월, 유학생이 가장 많았던 일본지역에 조소앙과 장덕수 이광수 등을 차례로 파견하였으며, 조선인들이 가장 많아 거주하였던 만주와 연해주지역에는 신한청년당 당수 여운형을 파견하였다. 이들의 목적은 파리강화회의 관련 지원과 구체적인 독립운동 실행을 촉구하는 것이었다. 전적으로는 아니지만, 1919년 2월 1일 대한독립선언서 발표와 2월 8일 동경 2·8독립선언서 발표는 바로 이러한 신한청년당의 활동과 매우 밀접한 관련이 있는 상황에서 나온

것이다.3)

한편, 신한청년당은 국내에도 대표자를 파견하여 입장을 전달하려 했으나, 파견된 장덕수가 인천에 도착하자마자 체포되고 말았다. 그렇지만 1919년 1월 다시 선우혁과 김철을 파견하여 파리강화회의 대표자 파견을 알리고 국내에서 독립운동 실행을 촉구하였다. 선우혁은 과거 신민회 동지들을 접촉하고 만세운동 및 자금 염출 활동을 하였고, 김철은 천도교측과 접촉하여 구체적인 독립운동 방략을 논의하였다. 물론 천도교에서도 자체적인 자금력과 조직망 그리고 대중성을 바탕으로 독립운동을 준비하고 있었다. '3·1독립운동은 천도교 측에서 기획한 운동이다'라는 말이 나올 정도로, 초기 3·1운동은 기획, 포섭, 자금, 인쇄 등 거의 모든 영역에서 천도교가 영향을 미치고 있는 것도 사실이다. 이렇게 본다면 3·1운동이라는 역사적 사건은 적어도 1918년 11월 말 쯤 부터 태동되었다고 볼 수 있겠다.

이를 다시 정리하면 다음과 같다. 1918년 11월 11일 제2차 세계대전 종결로 전후처리문제를 위한 파리강화회의가 확정되었다. 1918년 초 민족자결주의는 민족의 자주적 정치결정 원칙을 제시하였다. 중국 상해에서 결성된 신한청년당에서는 1918년 11월 28일자로 독립에 관한 청원서 2통을 작성하여 크레인을 통해서 한 통은 미국 대통령 윌슨에게 또 한 통은 파리강화회의에 전달하기로 결정하고, 그 2통의 편지를 미국 대통령에게 보냈다. 이보다 앞서 신한청년당에서는

---

3) 〈대한독립선언서〉는 조용은이 작성하였고 작성자 포함 39명의 대표자 이름이 있다. 일반적으로 '무오독립선언'으로 알려져 있지만, 이는 잘못된 정보이다. 1919년 2월 1일은 양력으로도 1919년 1월 1일이다. 2·8독립선언서는 1919년 2월 8일 동경의 기독교청년회관에서 유학생들이 조선청년독립단 명의로 발표한 독립선언서이다. 이광수가 작성하였다.

파리강화회의 관련 일체의 준비를 하였다. 결과 1919년 2월 1일 만주 길림지역에서 〈대한독립선언서〉가, 1919년 2월 8일 일본 동경에서 〈독립선언서〉가 발표되었다.

국내에서도 신한청년당의 대표자들이 주요 종교 지도자 및 민족운동 지도자들과 접촉하여 일정한 공감대를 형성하였다. 거의 동시에 천도교 자체적인 독립운동이 기획되었으며, 이러한 움직임은 기독교와 불교계로 확산되었다. 결국 3·1운동의 촉발은 1918년 11월부터 기획된 전계급적, 전종교적인 운동이었으며, 그래서 전민족적(全民族的)인 독립운동이 되었다.

2. 인천 중부 지역의 3·1운동

1919년에 들면서 일제의 강압 통치를 종식시키려는 노력이 한반도는 물론이고 간도 및 연해주를 비롯하여 세계 각지에서 전개되었다. 그 중에서 가장 광범위하고, 가장 많은 인원이 참여하고, 가장 지속적으로 전개된 독립운동이 바로 3·1독립운동이었다.

1919년 3월 1일 오후 2시, 서울 종로 태화관에서 이른바 민족대표 33인이 서명한 선언서가 낭독되었다. 종로 파고다공원에서는 2시가 조금 넘은 시점에서, 수천 명의 학생들이 별도로 독립선언서를 낭독하고 시내로 진출하여 시위를 전개하였다. 독립만세를 외치고 태극기를 흔들면서 일본의 폭압 통치에 직접적인 항거를 시작하였다. 남녀학생들의 독립만세 시위운동이 시작되자, 전국에서 상경하여 대기하던 시민과 민중이 가담하였고 독립에 대한 의지와 열기는 더욱 고

조되었다.

3월 1일부터 5월 말까지 약 3개월 동안의 운동 양상을 정리해보면 다음과 같다(박은식, 『한국독립운동지혈사(韓國獨立運動之血史)』, 『박은식전서』상, 534-555쪽에서 정리). 총 집회 회수는 1,542회이며, 참가 인원 숫자는 202만 3,098명, 사망자 수 7,509명, 부상자 수는 1만 5,961명, 체포된 자는 모두 4만 6,948명이었다. 물론 이 통계가 정확한 것은 아니지만, 최소한 사실에 가깝다고 생각된다. 그리고 경기도에서의 시위 현황을 보면, 집회는 297회, 총 참여자는 665,900명, 사망자 수 1,472명, 상해자 3,124명 그리고 수감된 자는 4,680명이었다.

인천 지역에서 처음으로 독립운동이 발발한 지역은 당시 인천부이다. 3월 6일, 공립보통학교와, 공립상업학교 학생들이 동맹휴업을 하였고, 지역 주민 300여명이 합세하여 인천 시내를 중심으로 경인가도(京仁街道)와 만국공원 등지에서 항일 독립운동을 개시하였다. 인천 시내에서 벌어진 이 독립운동은 매우 치열하게 전개되었다. 인천의 중심 지역은 조선의 그 어떤 지역보다도 일본의 영향력이 큰 지역이었다. 그럼에도 불구하고 인천의 학생과 민중들은 식민 통지를 종식시키기 위한 첫 시위운동을 나흘 동안이나 인천 심장부에서 전개하였던 것이다.

1919년 3월 6일, 인천공립보통학교 3학년 김명진은 다른 생도와 함께 동맹 휴교를 주동하였다. 인천 지역에서 일어난 최초의 저항 운동이었다. 본격적인 독립운동은 휴교를 감행한 인천공립보통학교 학생들과 송림동에 위치한 인천공립상업학교[4] 학생들의 동맹시위에서 시작되었다. 이 두 학교 학생들은 만세를 부르며 인천부의 중심도로

김명진 지사(국사편찬위원회, 일제감시대상인물카드)

동쪽 끝까지 만세시위운동을 전개하였다.

　　인천공립보통학교의 교직원들은 이러한 상황을 실시간으로 인천부 경찰서에 전화로 보고하였고, 한편 동맹휴교를 주도하고 있는 김명진을 비롯한 학생들을 감시하고 그들의 행동을 제어하고 여러 가

---

4)　인천공립상업학교는 1895년 인천감리서 안에 설립되었던 관립 한성외국어학교 인천지교로 개교한 이후, 1909년 관립 인천실업학교에 이어 인천고의 3번째 교명이다. 일본인이 다니던 인천남공립상업학교에 비해 조선인만 다니던 학교이다. 2016년 7월, 인천고 1층 서가에서 1912년부터 1933년 인천남공립상업학교에 흡수, 통합 될 때 까지의 학적부가 발견된 바 있다(『기호일보』, 2016년 7월 29일자). 현 송림초등학교(1933년 4월 5일 인천송림국민학교로 설립인가를 받았으며, 1933년 5월 1일 개교하였다) 자리에 있었던 것으로 알려져 있다. 현재 이 학교 관련 인물들의 편지와 사진 등이 남아 있다.

지 형태로 제어하고 감시하였다. 다음날에도 보통학교 3–4학년 학생들은 저학년 학생들의 등교를 막으면서 계속 만세시위운동을 이어가고자 하였고, 하급생들은 교직원의 강압적인 설득으로 오전 11시 수업을 진행하였다. 이른바 전형적인 분리–통제 방식이었다.

상급반 학생들은 이러한 교직원들의 설득에 전혀 동조하지 않고 학교 등교를 거부하고 자신들의 의지를 꺾지 않았다. 뿐만 아니라 3월 8일부터는 '독립선언서'가 인천부 전체에 배포되기 시작하였다. 인천부 곳곳에서 시위운동이 전개될 수 있는 계기가 더 늘어난 것이다.

이런 상황에서 인천공립보통학교 학생들은 시위운동을 보장하고 확산시키는 방법 중 하나로 폭압적인 경찰서 개입을 막기로 하였다. 이에 김명진과 이만용 그리고 박철준 등은 학교 직원과 경찰서 사이의 통신을 방해하자고 논의하였다. 저항이 성공하기 위해서는 학교의 사정이 외부 특히 무단통치하의 엄혹한 경찰서에 알려져서는 안 되기 때문이었다. 3월 8일 밤 9시쯤 김명진을 비롯한 학생들은 우각리에 위치한 학교에 들어가 소기의 목적을 달성하고자 하였다.

동료 학생 박철준이 외부 간섭을 막는 역할을 하고, 김명진은 전선 절단용 가위를 이용해서 학교 2층에 가설된 전화선을 절단하였다. 전화선 절단에 성공한 김명진은 이어 1층으로 내려가 사무실에 비치된 전화 수화기를 박살내 버렸다. 외부로 연결되는 학교의 통신망을 부숴버린 것이다. 일제의 판결문에 의하면, 이때 같이 행동하던 이만용은 일이 엄중하다는 것을 깨닫고 스스로 집에 가버렸다고 한다. 이만용의 이러한 행동은 나중 재판에서 소위 정상 참작이 될 것 같았지만 실형을 받기는 마찬가지였다. 다음 날, 김명진은 다시 학교로 돌아가서 전날 밤에 부순 전화기 잔해가 학교 변소 뒤에 떨어진 것을 보고 주워서 박철진 집에 감춰 두었다.

이러한 사정은 이른바 인천부 경찰서의 사법경찰관이라는 자가 작성한 판단서를 재판부가 모두 인정하였기에 밝혀진 것이다. 이때 사법경찰관이 누구인지는 구체적으로 지목할 수 없지만, 대한민국이 재건된 1948년, 대한민국 국회에서 통과된 '반민족행위특별법'에 의해 구성된 이른바 반민특위가 인천에서 벌인 활동으로 대체적인 추정을 할 수가 있다. 여기 민족적인 만세시위운동이 있고 그리고 그 중심에 김명진을 비롯한 인천공립보통학교 학생들이 있다면, 그 만세시위운동을 강압하고 학생들을 체포한 인물은 당연히 이른바 반민족적인 인물이 되는 것이다.[5]

인천공립보통학교를 중심으로 인천공립상업학교들이 연합하여 전개한 이때의 시위운동은 학교와 인천부 경찰서의 유기적인 대응으로 단기적으로 끝나고 말았다. 그리고 이 과정에서 많은 학생들이 체포되어 구금되고, 심지어 고문까지 받았다.

그 결과 1919년 6월에 판결이 나왔는데, 김명진은 징역 2년, 피고 이만용·박철준을 각각 징역 3월에 처해졌다. 다만, 김명진은 미결구류일수 중 60일을 본형에 산입하였고, 이만용과 박철준은 정상이 참작되어 각각 태 90에 처해졌다. 그러니까 징역형은 오로지 핵심 역할을 했던 주동자인 김명진(최종적으로 1년 6월)만 받은 것이다. 그런데 3·1운동 전체를 놓고 보아도 징역형 2년(실형 1년 6월)은 대단히 높은 형량에 속한다. 아마도 김명진이 받은 혐의중 하나인 통신장애 죄목에 해당되어 전신법 적용을 받았기 때문으로 보인다. 전신법 위

5) 여기서 말하는 사법경찰관에 대해서는 나중에 자세하게 다룰 것이다.

반은 최고 형량이 2년인 보안법의 적용을 받는 것이었다.

이어 만국공원에서 3월 9일 오후에 기독교신자와 청년학생들이 주도하는 시위운동이 있었지만, 헌병경찰에 의해 강제로 해산당하고 말았다. 또 같은 날 오후 8시 30분경에는 인천부 동쪽 경인가도를 중심으로 50여명이 모여 만세운동을 벌이다가 인천부 경찰들과 충돌하여 시위자 한 명이 구속되기도 하였다.

여기서 한 가지 언급할 것은, 인천 중심지에서 본격적인 3·1운동이 전개되는 것과 거의 동시에 독립선언서가 인쇄되거나 배포되는 상황이 발생하였다는 점이다. 이를테면 서울에서 일단의 학생들이 인천에 내려와 독립선언서를 조선인 마을에 배포한다든지, 기독교와 관련된 장소 등을 중심으로 독립선언서를 전달하는 움직임이 포착되고 있는 것이다.[6] 물론 이러한 움직임은 사전 혹은 사후 조선총독부의 경찰기구나 정보기구들에 의해 면밀하게 파악되고 있었다. 또한 인천지역에서는 각종 시위에 대한 정보가 계속 총독부나 관련기관에 전해지고 있었다. 이를테면 1919년 3월 1일부터 4월 30일까지의 사건들이 기재되어 있는 〈소요사건경과일람표〉에는 인천지역 외리에서 20여명이 모여 시위를 계획하고 있다는 보고도 기재되어 있다. 이러한 정황은 아무래도 인천이라는 서울과 인접한 지역적 특성이 반영된 결과라고 생각된다.

인천부에 이어 3월 23일에는 문학의 관교리에서도 독립만세운동이

---

6) 이른바 독립운동 초기에 '조선소요사건' 등의 명칭으로 총독부에 보고된 여러 서류들에 학생들의 움직임이 자세하게 기술되어 있는 것이 확인되고 있다. 그리고 실제로 오은영, 강봉희 등 학생들의 이름과 인천 용리 신태영병원 등, 독립선언문 배포와 관련된 구체적인 움직임이 당일 총독부에 의해 파악되고 있었다(국사편찬위원회, 삼일운동데이터베이스에 실려 있는 보고서 등을 참조).

일어났다. 3월 23일 밤 관교리의 이보경(李輔卿)·이무경(李武卿)·오주선(吳周善)·최선택(崔善澤)·이창범(李昌範)·이재경(李載卿)·이상태(李相台)·최개성(崔開城) 등이 주동이 되어 인근 마을 민중들까지 모여 횃불을 들고 만세시위를 하였다.

이외에도 인천지역에 충격을 주었던 사건이 발생하였다. 대략 3월 26일부터 시내 곳곳에 격문이 배포되었는데, 그 내용은 상점 철시에 관한 것이었다. 경기도책임자가 총독부 정무총감에게 보고한 문서 〈소요사건에 관한 보고〉에 의하면, '3월 27일 조선인 상가에 대한 협박문서와 조선독립신문이 배포되어 인천부윤과 경찰 관헌이 협력해서 각 상점들이 폐점하지 않도록 설득하였지만, 3월 29일 아침에 이르자 각 상점의 폐점하는 자가 속출하였다'는 것이다.[7]

이 사건을 주동한 인물은 김삼수와 임갑득 등 인천 상인들이었다. 이들은 4월 1일과 2일에도 협박문을 작성하여 상인들에게 배포하였지만, 실제 상점 폐쇄는 더 이상 일어나지 않았다. 임갑득은 객주조합급사, 김삼수는 보부상으로 재판기록에 나오는 것으로 보아, 인천 상업계의 주류는 아니었던 것으로 보인다. 다만, 이 사건은 학생들 주도의 독립만세운동 추이와 더불어 상점 철시라는 또 다른 형태의 저항이 있었음을 전해주고 있는 것이다.

그런데 인천지역 3·1운동과 관련해서 특이한 인물이 있다. 『독립운동사』(제2권, 삼일운동, 상, 151-152쪽)에는 다음과 같은 기사가 있다. 〈남동면(南洞面) 서창리(西昌里)에서는 송성용(宋聖用) 등이 중심이 되어 3월 31일에 면 전체를 동원하여 만세시위를 하고자 계획하

---

7) 『大正八年 騷擾事件二關スル道長官報告綴 七冊』, 「騷擾事件二關スル件報告」 중, 仁川府內 情況.

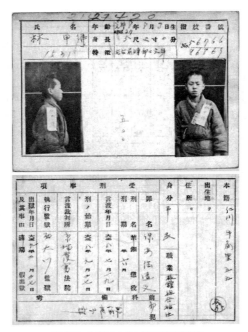

임갑득 수형카드(국사편찬위원회)

였다. 먼저 동면 동리 송윤중(宋潤中) 방을 본부로 삼고 구창조(具昌祖)가 중심이 되어 동면 내 각 동리의 구장에게 다음과 같은 통지서를 내도록 하였다. '4월 1일 질천(蛭川)시장에서 전 면민이 집합하여 조선 독립만세를 제창할 터이니 많이 참석하라.' 이러한 통지서를 작성한 후 김춘근(金春根)·윤용택(尹容澤)·박중일(朴重一)등과 협의한 후 각리의 주장에게 보내도록 하였으나 미수에 그쳤다〉. 여기서 유의할 것은 인천 서창리에서 3·1독립운동을 하려는 계획을 수립하였다가 실행하지 못했다는 것이다. 이 서술은 송성용의 판결문과 동일한 내용이다.[8]

　그러니까 서창리 독립운동은 실제 상황이 아니라, 독립운동을 할 계획만 세워놓고 체포일본 경찰에 체포되어 재판을 받은 사건이다. 그리고 같이 일을 계획한 송윤중·구창조·김춘근·윤용택·박중일 등 인물들에 대한 재판 기록이 전혀 없다.

　무엇보다 이상한 점은, 아무리 주범이라고 해도 미수에 그친 주동자에 대한 형량이 징역 1년이라는 점이다. 3·1운동 관련 인물들의 형량을 분석해 보면, 징역형 1년은 꽤 높은 형량에 속한다. 이를테면, 덕적도에서 여러 차례 치열한 시위를 주도하며 독립운동을 전개한 인물인 이재관·윤영규·차경창 등의 형량은 징역 8개월이다. 또한 인천 그 어느 곳 보다 일제에 대한 저항이 강했던 황어장터에서의 독립운동 관련자들에 비해서도 송성용의 형량은 지나치게 높게 나타난다는 점이다.

---

8) 『독립운동사자료집』 5(삼일운동재판기록, 312쪽. "판결. 경기도 부천군 남동면(南洞面) 서창리(西昌里) 농업 송성용(宋聖用) 37세. 위 보안법 위반 피고사건에 대하여 조선총독부 검사 최호선(崔浩善) 관여로 판결함이 다음과 같다. 주문. 피고를 징역 1년에 처한다. 압수물건은 이를 몰수한다. 이유. 피고는 손병희(孫秉熙) 등이 조선독립선언을 한 이래로 조선 각지에서 이 시위운동이 치열함을 전하여 듣고서 크게 그 거사에 찬동하여 정치변혁의 목적으로 많은 사람들을 규합, 조선독립만세를 부를 것을 꾀하여 대정 8년 3월 31일 경기도 부천군 남동면 서창리 송윤중(宋潤中) 집에서 오창조(吳昌祖)란 자로 하여금 그면 내의 각 동리 구장 앞으로 '4월 1일이 면 질천(蛭川)시장에 이민을 모아 조선독립만세를 외치라'는 취지의 통지서 수 매를 작성케 한 다음 김춘근(金春根)·윤영택(尹永澤) 및 박중일(朴重一)이란 자와 협의 후 그 문서를 위의 각 동리 구장들에게 배부함으로써 민심을 선동하여 안녕 질서를 방해한 자이다. 위의 사실은 피고가 당 법정에서 말한 판시함과 같은 취지의 공술 및 압수한 판시 서면의 내용에 부합되는 구장 앞으로 보낸 통지서의 존재에 의하여 이를 인정한다. 법에 비추건대, 피고의 소위는 보안법 제7조, 조선형사령 제42조에 해당하는 바, 위의 범행 후에 발포된 제령 제7호에 의하면 동 제령 제1조에 해당하므로 형법 제6조·제8조·제10조에 의하여 신·구 양법을 비교 대조하건대 구법인 보안법 제7조의 형이 경하므로 동 법조를 적용하여 소정형 중 징역형을 선택, 그 범위 내에서 처단할 것이며, 압수 물건은 본건 범죄의 공용물로서 범인 이외의 것에 속하지 않으므로 형법 제19조에 따라 몰수할 것으로 여겨 주문과 같이 판결한다".

송성용의 재판 기록에 의하면, 직업은 농업, 나이는 37세, 거주지는 서창리 381번지이다. 그리고 주동자 이외 나머지 인물들에 대해서는 그 어떠한 정보도 없다. 거주지, 나이, 직업 등등에 대한 기록이 전무하다는 것이다. 그러니까 이 인물들은 송성용의 체포된 이후, 송성용의 진술이나 혹은 어떤 경로를 통해 얻은 정보에 의해 구성된 인물들이라 하겠다.

그런데 국가보훈처에서는 서창리 독립운동 모의사건 관련자 전원을 독립유공자로 선정하여 포상하였다. 물론 송성용을 제외한 나머지 인물들에 대한 공훈록이라든지 공적조서 등은 확인되지 않는다. 종합적으로 볼 때, 서창리에서 계획된 3·1 독립운동은 실행되지 않은 미수의 독립운동이다. 그리고 주동자로 재판을 받은 송성용은 실제 독립운동 이상의 징역형을 선고 받았다. 또한 이 사건과 관련된 나머지 인물들이 모두 실제 존재하는지 아닌지도 현재는 확인할 길이 없다. 그럼에도 불구하고 이러한 사실에 대해 그동안 그 어느 기관에서도 의문을 제기하지 않았다. 앞으로 이에 대한 보다 치밀한 조사가 필요할 것으로 생각된다.[9]

---

9) 인천 서창리 3·1운동 계획 주동자인 **송성용(宋聖用)**은 독립운동계획과 관련된 그 어떠한 정보도 짧은 재판기록 외에는 없다. 다만, 1908년(융희 2년), 군대 해산 이후 전국적으로 벌어진 의병 항쟁 기간에 충청도 당진 지역에서 활동한 인물 중 **송성용(宋成用)**이 있다. 충청도 지역 의병 활동으로 알려진 정주원(鄭周元)과 함께 의병 활동을 한 것으로 파악되는 인물이다. 1908년 당시 나이는 22세, 직업은 보상(褓商, 또는 상업으로 되어 있기도 하다), 거주지는 당진군 하대면으로 기재되어 있다. 홍주경찰서에서 통감부 경무국장인 송정무(松井茂, 마쓰이 지게루)에게 보고한 내용이다. 송성용은 정주원의 부하로 당진 하대면에서 농업을 하고 있는 한순일(韓順一)과 함께 하대면 민가에서 체포되었다는 보고서이다(『폭도에 곤한 편책』 1, 1908년 8월 10일). 물론 의병활동(1908년) 하던 송성용의 나이는 22세이고, 3·1운동을 계획한 송성용의 나이는 37세, 그리고 이름에 들어간 한자도 다르기 때문에, 동일인으로 보기에는 무리가 있다. 다만, 의병 송성용의 직업이 여기저기 다니면서 물건을 파는 보상(褓商)이었다는 점을

3. 황어장터의 3·1운동

한편 다른 지역과 마찬가지로, 인천지역의 3·1운동이 활발하게 전
개된 곳이 바로 시장이었다. 그리하여 사람들이 많이 모이는 장소에
는 어김없이 일본 경찰이 파견되어 상주하다시피 하였다. 특히 황어
장은 3·1독립운동이 아니더라도, 1914년 9월 총독부가 『시장규칙(市
場規則)』에 의거, 행정 기관 및 경찰 기구로 하여금 장시에 대한 관리
와 통제가 가능할 수 있는 지역으로 상시적으로 탄압과 감시가 이루
어지는 곳이었다.

그럼에도 불구하고, 3월 24일 오후 2시 쯤, 황어장(黃魚場)에서 독
립운동이 시작되었다. 황어장은 3일장과 8일장이 서는 정기 시장이
었는데, 그 역사가 매우 오래된 장시였다. 조선 후기 대표적인 지리
서인 『여지도서』에 의하면, 황어장은 부평부(富平府) 황어면(黃魚面)
에 속해 있었다. 지리적으로는 부평의 부평 북쪽에 위지하고 있어 김
포와 맞닿아 있었다. 황어면에 속한 지역은 둑실리, 역동, 간산리, 오
류동, 이화촌, 노오지리, 선주지리, 장기리 등 9개 동리를 관할하였
다. 지금의 인천 서부 지역 일부를 포괄하고 있는 넓은 지역임을 알
수 있다. 황어장은 1910년대에 가장 번창해서 이용주민이 하루 1천여
명에 달하는 인천지역의 대표적인 시장이었다. 이곳은 본래 조선시대
부터 잡화 및 곡물뿐만 아니라, 1일 거래량이 500~600두에 이르던
인천지역의 대표적 우시장이기도 했다. 잉어과의 민물고기인 황어의
산지라 하여 그 이름이 붙여졌다. 그리고 1800년대의 여러 『읍지』를

감안할 필요는 있겠다. 결국 인천 서창리에서 계획되었다고 하는 3·1독립운동계획에
대해서, 현재 우리가 확인할 수 있는 유일한 기록과 증인들은, 송성용(宋聖用)이라는
인물과 그 재판기록일 뿐이라는 사실이다.

심혁성 지사(일제감시대상인물카드, 국사편찬위원회)

보면, 이 지역에는 발아장(發阿場, 3일과 8일), 기탄장(歧灘場, 4일과 9일), 신기장(新基場, 2일과 7일) 등이 있었다.

이 중 황어장은 1910년 국치(國恥) 이후까지 활발한 교역을 이루는 부평 지역의 대표적인 장시로 남아 있었다. 따라서 인천 서부지역 일부를 포괄하는 황어면의 가장 중심은 황어장터라고 하겠다. 황어장의 이러한 역사성은 그만큼 사람들이 정기적으로 모일 수 있는 공간의 역사성이라는 것을 의미한다. 곧 황어장은 인천지역 3·1 운동의 특성 중 하나인 공개성과 집합성을 충족시키고 있는 장소인 것이다.

그리고 황어장이 위치한 지역은 천도교를 믿는 사람들이 비교적 많은 곳이라는 전문도 있다. 천도교는 1919년 독립운동의 촉발과 진행과정에서 매우 중요한 종교적 요소였다. 공인된 자료로 확인된 사실은 아니지만, 황어장터 독립운동을 주도한 인물 중 한 명인 심혁성(沈爀誠)이 천도교와 관련되어 있다는 설도, 그런 전문을 뒷받침 해준다고 하겠다.10)

　여러 관련 기록에 의하면, 1919년 3월 24일 오후 2시 쯤 황어장에서 심혁성을 비롯한 두 세 명이 태극기를 휘두르며 그 곳에 모여든 민중들을 함께 '조선독립만세'를 외치고 시위를 벌임으로써 독립운동이 시작된 것으로 보인다. 이 운동이 사전에 조직된 것인지 아니면 자연적으로 발생된 것인지는 확인할 수 없지만, 중요한 것은 서울에서 시작된 국권수복운동이 인천 서구 일부를 포괄하는 지역에서도 일어났고, 많은 인원이 참여하였다는 사실이다.

　그리고 인천 서부 지역에서는 이미 3월 22일, 마전리에서 300여명의 주민들이 일으킨 대규모의 독립운동 시위가 있었다. 마전리는 지금의 인천광역시 서구 마전(麻田)·당하(堂下)·원당(元堂)·불로(不老)·대곡(大谷)·금곡(金谷)·오류(梧柳)·왕길(旺吉) 등 8개 동리에 해당하는 지역으로, 인천지역에서도 빛나는 독립운동이 일어났던 황어장과도 그리 멀지 않은 지역이었다. 따라서 3월 24일 전개되었던 황어장의 독립운동은 인근 지역에서부터 이미 전개되었던 독립운동의 연장선에서 이해되어야 한다는 것이다. 그러니까 김포지역에서 서구 오류동을 본적으로 하고 거주하던 심혁성의 독립운동 거사가 단순히 우발적인 사건이 아니라, 조국의 완전한 독립을 위한 열성(烈誠)의

10) 이원규 편저, 『인천 서구지역의 설화』, 인천광역시 서구문화원, 2003을 참조.

결과였다는 의미이다.

일제의 판결문에 의하면, 운동을 주동한 심혁성은 일본제국주의의 국권탈취에 대해 늘 불만을 갖고 있었고, 조선독립을 희망하고 있었다고 하였다. 그리하여 3·1독립운동이 서울에서 시작되고 전국 각지에서 독립시위운동이 전개되자, 그 취지에 적극 찬동하여 서구 지역에서도 독립운동을 계획하고 이 날 실행에 옮겼다는 것이다. 실제로도 태극기를 준비하거나 민중들을 고무시키기 위한 방법 등을 모색하는데 심혁성이 중심에 있었던 것은 사실로 보인다. 또한 시위 장소나 사람들이 많이 모이는 장날을 거사 날로 잡은 것 등도 역시 심혁성을 비롯하여 알려지지 않은 활동 모임이 작용하였다고 보는 것이 합리적일 것이다. 이를테면 다른 지역에 보이는 학생 혹은 천도교 조직 등이 사전에 준비했을 가능성이 있다.

일제 경찰에 체포되어 재판을 받을 때, 심혁성은 이 당시 상황에 대해 다음과 같이 진술하고 있다.

> 자기는 전부터 일한합병을 좋아하지 않아 항상 조선독립을 희망 하고 있던 사람인데, 대정 8년 3월 1일 천도교주 손병희 등이 조선독립선언을 발표한 이래로 조선 안 각지에서 태극기를 휘두르고 조선독립만세를 외치며 조선독립시위운동을 하고 있음을 알고서 자기도 그 취지에 찬동하여 이와 동일한 행동을 취하고자 하여 동년 3월 24일 오후 2시 경 경기도 부천군 계양면 장기리 시장에서 증 제1호의 구 한국기를 휘두르면서 그 곳에 모인 군중에게 대하여 "조선독립만세를 부르라"고 선동, 이들과 함께 조선독립만세를 절규하여 조선독립시위운동을 하였다. 그 때 부내경찰관주재소에 근무하는 순사 이궁희삼차 및 응원하는 순사부장 화뢰훈(花瀨勳) 이외 2명이 경비하기 위하여 이 시장

에 출장나왔다가 자기를 보안법 위반 혐의자로서 체포하여 면사무소로 연행하였다가 그 곳에서 주재소로 인치하기로 되었는데, 그 때 곧 오후 5시 경 술에 취한 자 5, 6명이 자기를 순사에게서 탈환하였다. 그랬더니 순사들은 자기를 군중에게서 다시 탈환하려고 칼을 빼어서 군중 속의 이은선(李殷先)을 잘라 죽이고, 다른 1명도 부상을 입혔다.

그런데 국가보훈처에서 작성한 공적조서와 일제측의 재판 기록을 보면, 심혁성은 1884년 8월 15일 태어난 것으로 되어 있다. 부천군 계양 오류리(지금의 서구 오류동)가 본적이며, 1919년 현재 32세로, 같은 곳에 거주하고 있다. 사망 연도와 일자는 1953년 12월 14일인데, 일부에는 1957년 사망한 것으로 전해지기도 한다. 그러니까 공식 기록과 전문 기록이 일치하지 않는다. 이는 심혁성이 3·1독립운동으로 1년 3개월 5일을 복역한 후의 행적이 확실하지 않은 것이 그 이유인 듯하다. 심혁성은 3·1독립운동에 헌신한 공적으로 건국훈장 애족장을 추서받았다. 그리고 서훈과 관련된 심혁성의 공적조서는 다음과 같이 기록되어 있다.

> 1919.3.24 富川郡 桂陽面 場基里 장터에 모인 300餘名의 示威群衆을 糾合하여 太極旗를 휘두르며 獨立萬歲를 高唱하면서 示威를 主動하다 被逮되어 懲役 8月을 받았으나 未決期間을 合算하여 1年餘의 獄苦를 치른 사실이 확인됨.

심혁성이 처음 주도하에 벌어진 독립운동은, 심혁성이 일본 경찰에 체포되면서 본격적으로 전개되었다. 1919년 3월은 전국적으로 독립을 요구하는 시위와 저항이 치열하게 전개되고 있었다. 그리하여 사람들이 많이 모이는 장소에는 어김없이 일본 경찰이 파견되어 상주하다시피 하였다. 특히 황어장은 3·1독립운동이 아니더라도, 1914년 9월 총독부가 '시장규칙(市場規則)'에 의거, 행정 기관 및 경찰 기구로 하여금 장시에 대한 관리와 통제가 가능할 수 있는 지역으로 상시적으로 탄압과 감시가 이루어지는 곳이었다.

심혁성이 일본 순사들에 끌려가자 시위대들 일부가 그를 구하려 몰려들었다. 이때 함께 시위를 하던 임성춘(林聖春)이 평소 황어장에서 약을 팔면서 얼굴을 익힌 순사들에게 심혁성의 석방을 교섭하였다. 그리고 시위 군중들에게는 계속 시위하도록 고무시키며 심혁성을 빼내도록 민중들의 기세를 고취시켰다. 이에 시위 민중들은 기세를 올리며, 심혁성을 연행하는 순사들을 일거에 둘러쌓고 그를 구하려 몸싸움을 하였다.

이 과정에서 일부 군중들이 순사들 일행을 포위하고 심혁성을 풀어줄 것을 요구하였다. 이에 순사들이 저항을 하며 무기로 위협을 가하자, 순사들을 둘러싼 일부 군중들이 자기 방어 차원에서 주먹으로 순사들의 머리를 치는 등 저항을 하였다. 그리고 심혁성을 묶은 포승을 풀고 그 곳에서 함께 탈출하고자 하였으나 일본 순사들이 극력 저지하였다. 이에 군중들은 맨주먹과 돌맹이로 추적하는 순사들을 가로 막았다.

이 때 순사들은 갑자기 무기를 무차별적으로 휘둘렀다. 순사들의 칼이 난무하였고, 이에 저항하던 민중들이 피하는 과정에서 시위 중이던 윤해영이 머리에 심한 자상을 입는 등 민중들 몇몇이 칼에 맞아 부상당하였고, 이 중 이은선(李殷先)은 칼에 찔리고 신체 일부가 잘려 그만 그 자리에서 숨을 거두고 말았다. 평화적 시위에 대해 잔인하게 칼로써 응답한 것이다. 심혁성은 체포된 상태로 인천경찰서 소속의 부내주재소(富內駐在所)로 끌려갔고 시위대는 참혹한 광경에 놀라 일단 해산하였다.

평화롭고 정당한 독립만세 시위를 지휘하던 심혁성을 일본 경찰이 체포한 것은, 이른바 보안법을 위반한 현행범이라는 명목이었다. 그렇지만 만세를 부르고 태극기를 흔드는 일이 그렇게 위협적인 행위는 아닐 것이다. 더구나 일제의 공공 기관을 공격한 것도 아니고, 일본 순사들의 생명을 위협한 것도 아닌 시위 현장을 단순히 주도하였다는 이유만으로 현행범 취급을 하며, 순사 4명이 한꺼번에 달려들어 온 몸을 포승줄로 묶고 불문곡직 심혁성을 체포, 끌고간 것은 과잉 진압에 해당하는 것이다. 게다가 심혁성 연행에 항의하는 시위 민중들을 잔인하게 칼로 찌르거나 몸을 잘라 살해한 것은 일본 경찰의 포악성을 그대로 드러낸 것이다.

이은선이 순사들의 포악한 진압으로 사망한 사건은 큰 파장을 불러왔다. 그날 저녁 이은선의 친척 이담(李潭)이 이은선 사망 소식을 듣고 같은 마을 사람들을 동원, 일본 경찰에 항의 시위대를 조직하였다. 심혁성이 부재한 상황에서 시위대를 조직하는 역할을 이제 친족인 이담이 맡게 된 것이다. 이담은 그날 밤 계양면장 안병혁(安炳赫)과 서기 이경응(李敬應)에게 부탁하여 통문(通文)을 작성하였다. 그 내용은 이은선의 죽음을 애통하는 자는 밤 12시까지 면사무소 앞으로 나오라는 것이었다. 밤 12경, 통문을 받은 각 마을 사람들 약 200명이 면사무소에 집결하였다. 이때 이응경이 아무런 연락 없이 사라졌으므로, 많은 사람들은 그가 변절하였다고 의심하였다. 그리하여 면사무소 앞에 모인 200여 명 중, 100여명의 시위대를 이끌고 이경응의 집을 부순 이담은 다시 면사무소로 향하였다. 이때 전원순과 최성옥, 최춘일, 이금산(살해당한 이은선의 조카) 등이 선두에 섰다. 면사무소에 도착한 이담과 시위대는 이은선의 죽음에 대해 항의하고 책임자 처벌을 요구하는 집회와 만세운동을 벌이면서 면사무소를 습격하는 등 격렬한 시위를 벌였다. 시위는 다음 날까지 계속 이어졌다.

민중들의 항의와 격렬한 시위운동에 대해 부평 경찰주재소는 결국 인천경찰서에 원군을 요청하였다. 인천경찰서에서는 경부 1명과 순사 10명을 부평에 급파하여 시위대와 대치하였다. 순사들의 증원에도 불구하고 시위대는 이에 굴하지 않고 계속 만세운동을 벌이다가, 순사들이 무기를 동원하며 압박을 가해오자 그때서야 해산하였다. 이후 일본 경찰은 황어장 독립운동에 참여한 민중들 중 야간 시위에 적극적으로 가담한 100여명을 체포, 검거하였으며 이 중 32명이 인천경찰서로 압송되었다. 이렇게 황어장에서 벌어진 독립운동은 일제 경찰의 가혹한 탄압으로 막을 내렸다.

그렇지만 심혁성이 주도한 황어장에서의 독립운동은 인근 지역에는 큰 영향을 주어, 심혁성의 거주지인 서구 오류동 지역에서도 3월 28일 150여명의 주민들이 모여 독립만세운동을 벌였던 것이다. 그리하여 2006년 국가보훈처 인천지청에서는 그 해 8월의 '우리 고장 국가유공자'로 심혁성을 선정하여, 심혁성의 숭고한 독립정신을 계승하고 있다.

4. 섬 지역의 3·1운동 – 용유·덕적도를 중심으로

인천도서지역에서 3·1독립운동은 주로 용유도와 덕적도 그리고 인근의 울도, 문갑도를 중심으로 전개되었다. 인천 용유도에서 발생한 독립운동은 보다 구체적이고 치밀하게 계획되고 전개되었다. 3월 23일과 24일, 용유 남북리에 거주하는 조명원(趙明元)의 주도로 조종서(趙鍾瑞), 최봉학(崔鳳鶴), 문무현(文武鉉) 등은 비밀리에 회합을 갖고 독립운동 계획을 세웠다. 이들은 논의 끝에 자신들의 활동 모임 명칭을 혈성단(血誠團)이라 칭하였다.

이들은 거사 일을 3월 28일로 정하고 무명천을 구입하여 옛 대한제국 국기를 만들었다. 여기에다 이들은 '혈성단 주모자 조명원·조종서·문무현·최명교'(최명교는 최봉학의 별명이다)라고 적어, 자신들이 거사를 주동하였다는 것을 명확하게 밝혔다. 이어 이들은 격문 80여 통을 작성하였다. 그 내용은 관청리 광장에서 3월 28일 독립운동을 하고자 하니 뜻있는 지사들은 이날 모일 것을 주문하는 것이었다. 조명원과 그 동지들은 이 격문을 같은 면 지역인 남북리와 거잠리, 을왕리, 덕교리 등을 일일이 다니면서 글을 아는 사람에게 나누어 주면서 자신들의 계획에 동참할 것을 호소하였다.

3월 28일이 되자 이들이 준비하고 계획한 대로 150여 명의 민중이 용유도 관청리에 모였다. 이어 을왕리에서도 이난의(李蘭儀)를 비롯한 많은 주민이 합세하여 기세가 매우 충만하였다. 이에 고무된 조명원은 앞서 만들어 두었던 대한제국의 태극기를 흔들며 조선독립만세를 외쳤다. 조명원과 주도자들은 모여든 주민들을 이끌고 관청리 일대를 돌며 식민 통치를 거부하는 항일 시위운동을 전개하였다. 이때

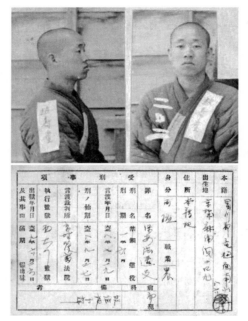

조명원 지사(국사편찬위원회, 일제감시대상인물카드)

만세 시위를 앞장서서 이끌었던 인물은 윤치방, 김윤배, 윤보신, 유
웅렬, 구길서, 오기섭 등이다. 이들은 모두 조명원 등이 거사를 계획
하고 동지들을 규합할 때부터 적극적으로 독립운동에 찬동한 인물들
이다. 그리하여 시위가 시작되자 누구보다도 앞장을 서서 시위 군중
을 고무하고 조선독립만세를 외쳤던 것이다.

한편, 덕적도에서 3·1 독립만세운동을 주도한 인물은 임용우이다.
임용우는 3월 22일부터 시작된 김포지역의 독립만세운동을 주도한
인물이었다. 김포에서 태어나고 수학한 임용우는 덕적도의 명덕학교
에 재직하고 있었지만, 김포에서 독립만세운동이 구상되고 있는 분

위기를 감지하고 김포 지역의 유지들과 만세운동을 준비하였다.

김포지역에서는 3월 22일 월곶면 군하리의 장터에서 독립만세운동이 시작되었다. 임용우가 여기에 어느 정도 개입하였는지는 확인되지 않고 있지만, 3월 29일 월곶면사무소 및 통진 읍내에서 본격화된 독립만세운동에는 확실히 주도적으로 개입한 사실이 확인된다. 일제의 감시와 탄압이 심화되는 가운데에서도 3월 29일에는 갈산리와 조강리 수백 명 주민들이 월곶면 사무소 및 공립보통학교를 돌면서 만세시위운동에 나섰다. 이때 주민들을 조직하고 동원하는데 임용우가 주도적으로 참여한 것이다.

김포지역에서 독립만세운동을 전개하였던 임용우는 일제의 감시와 체포를 피해 재직하던 덕적도로 들어온 시점은 늦어도 4월 4일 혹은 5일경으로 보인다. 덕적도에서는 이미 서울에서 독립만세운동을 목격하고 들어온 이재관의 숙부인 이동응이 독립선언서를 숨겨와 이재관에게 보여주면서 독립만세운동의 단초가 있었다. 덕적도의 합일학교 선생으로 있던 이재관은 독립선언서를 보고, 몇몇 동지들과 함께 독립에 대한 격문을 작성하여 비밀리에 진리와 서포리 등 섬내 곳곳에 붙이는 등 만세운동을 준비하였다.

김포지역에서 독립만세운동을 주도한 임용우가 섬에 들어온 것은 이재관 등이 격문을 써서 뿌린 직후였을 것으로 보인다. 덕적도에서 신학문을 전파하며 신망을 쌓은 임용우가 도착함으로써 독립만세운동이 본격적으로 준비되었다. 만세운동은 임용우와 이재관 그리고 차경창 등 덕적도에서 교사로 재직하며 신학문을 전파하던 인물들이 주동이 되어 계획되었다. 아무래도 덕적도 사회에서 지도적인 위치에 있으면서 신망이 높은 교사들이 주도하는 것이 주민들의 동원과 참여에 유리하였다.

전국적으로도 볼 때도 종교 조직과 학교 조직이 3·1독립만세운동의 중요 구성 요소였다. 특히 임용우가 재직하며 많은 제자를 배출한 명덕학교는 1907년 사립학교로 설립되었다가 송명헌(宋明憲)이 인수하여 자기 집 사랑채를 교사(校舍)로 사용하면서 본격적인 교육이 이루어졌다고 한다. 1912년부터 김포 통진의 창신학교에 재직하던 임용우가 초빙되어 오면서 체계적인 신학문이 전파되기 시작하였다. 학교의 기반시설은 여전히 열악하였지만, 1914년 당시 면장이던 김현호(金顯鎬)가 교장을 겸무하고 송명헌이 교감, 임용우가 교사로 교무조직을 이루면서 본격적인 학교 운영이 개시되었다. 물론 학교의 실질적인 운영은 김포에서 정상적으로 학교 운영에 참여해 본 경험이 있는 임용우에게 일임되어 있었다.

명덕학교는 매년 가을에 거두어들이는 수확 중에서 한말씩을 주민들로 부터 받고, 섬 도선료의 절반을 학교 경비에 충당하여 운영하였다. 그리하여 섬 내 정식으로 인가를 받은 유일한 학교로 덕적도를 대표하는 학교로 성장하였다. 수업 연한은 4년제였으며 학생 수업료는 30전, 임용우 교사의 월급은 15원이었다. 또한 명덕학교는 속성과를 두어 사숙에서 한학공부를 한 학생들은 6개월간 일어와 산수를 가르쳤다. 합일학교에 교사로 있으면서 독립만세운동의 주역인 이재관과 차경창이 바로 속성과를 나왔다. 1920년 중반에는 지금의 덕적국민학교 자리로 옮기면서 합일학교와 통합되었으며, 1933년 관립덕적보통학교가 설립되면서 학생은 보통학교로 편입되고 명덕학교는 중학강습소로 기능하다가 곧 소멸되었다.

한편 이재관과 차경창이 교사로 있던 합일학교 역시 명덕학교와

함께 덕적도에서 신학문 전파에 중요한 기능을 하였다. 특히 합일학
교는 덕적도에 처음 들어온 감리교를 기반으로 설립되었다. 1908년
서포2리에 처음 감리교 교회가 정식으로 세워졌고, 같은 해 교회에
서 합일학교를 설립한 것이다. 합일학교는 감리교도인 문홍근(文洪
根)이 교감이 되어 서포 마을 전체의 기금으로 합일계(合一契)를 조성
하여 그 기금을 바탕으로 학교를 운영하였다. 3·1독립만세운동 때
학생 수는 30여 명이였으며 이재관과 차경창이 진리의 명덕학교 속
성과를 마치고 교사로 있었다. 이후 합일학교는 교사 부족과 운영난
으로 명덕학교에 합쳐졌다.

또 감리교 계통의학교로 명신학교(明信學校)도 있었다. 감리교 목
사 박돗일과 김현호의 주선으로 처음에는 덕적면 북1리(애포[艾浦 :
큰숙개] 라고 하였다)에 있던 김현호의 사랑채를 개조하여 사용하였다
고 한다. 덕적도 사립학교의 실질적인 효시로 볼 수 있는 명신학교는
교장에 박돗일, 교감에 김현호, 교사로 배명선(裵明先)이 시무하였
다. 언제쯤인지는 모르지만 1919년 3월 독립만세운동 때는 북리의
중간지점인 소재마을에 있었다고 한다. 이 명신학교는 정식으로 인
가된 학교는 아니였으며 사숙의 형태로로 운영되면서 산수와 일본
어, 한문 등을 가르치다가, 명덕학교가 1920년대 진2리로 옮겨지면
서 통합되었다.

1919년 3월 밀 혹은 4월 초 독립선언문이 덕적도에 전해졌다. 이
재관을 비롯한 교사 및 독립에 뜻을 둔 인사들이 독립운동에 관련된
격문을 써서 섬내 곳곳에 뿌렸다. 이 사건 직후, 김포에서 독립운동
을 조직하고 실행하였던 임용우가 일제의 검거를 피해 덕적도로 들
어왔다. 이들은 덕적도에서 독립만세운동을 일으키기 위해 계획을

추진하였다. 섬이라는 특성상 김포지역에서 처럼 군중들이 대규모로 모이는 장날 같은 계기가 섬에서는 존재하지 않기 때문에, 이들은 다른 방법을 강구하였다. 임용우가 제시한 방법은 학교운동회를 개최하는 것이었고, 이 제의는 곧 바로 추진되었다.

임용우의 명덕학교 제자인 이재관과 차경창이 덕적도 각 지역을 돌며 4월 9일 운동회 개최 소식을 알렸다. 운동회 장소는 진1리 해변 운동장이었으며, 당일 섬 내 유지들과 많은 학생 및 주민들이 참여하였다. 오전 중에 운동회와 관련된 줄다리기와 달리기, 씨름 등이 진행되었고 행사가 끝나자마자 운동회는 그 자리에서 독립만세운동으로 성격이 변하였다. 독립만세운동은 임용우의 독립 연설과 이재관의 격문 낭독 그리고 만세삼창으로 이어졌다. 이때 만세운동 참가자 수는 명덕학교에서 50여 명, 합일학교 30여 명이었다. 명신학교에서 참여한 학생 수는 확인할 수가 없지만, 명덕과 합일학교의 예로 보아 다수의 재학생과 교사가 참여했을 것으로 보인다. 여기에 덕적도 주민 역시 다수가 참석했을 것으로 본다면, 적어도 100명은 넘었을 것으로 보인다.

덕적도 3·1독립만세운동과 관련된 재판 기록에는 만세운동 참여자 수가 수 십 명으로 기록되어 있지만, 이는 다른 지역의 예로 보아도 많이 축소된 것이다. 실제로 4월 9일 운동회에 참여하였거나 참여한 인물들과 관련된 인사들은 150명에서 300명 정도로 회고하고 있다. 따라서 4월 9일 진1리 해변가에서 진행된 덕적도 독립만세운동에 동조하였거나 참여한 학생과 주민은 적어도 100여명, 많으면 300여명까지로 보는 것이 합당할 것이다.

덕적도에서 전개된 독립만세운동은 진1리 해변가에서만 진행된 것은 아니었다. 처음부터 계획된 것인지는 모르지만, 운동회가 끝나고 만세운동이 있은 다음에 주민들과 학생들은 각기 자신들의 마을로 돌아가서 운동회에 참여하지 못한 주민들과 합세하여 만세를 불렀다. 진리 해변가의 만세운동이 끝나고 주민과 학생들이 돌아갈 때, 운동회를 주시하던 일본 헌병 주재소에서 주민들을 향해 총을 겨누는 위기가 있었지만, 당시 덕적면장이던 김현호가 중재하여 주민들은 무사히 집으로 돌아갈수 있었다고 한다.

이와 같은 증언과 함께, 만세운동을 주도한 임용우가 일본 경찰과 만세운동과 관련된 사전 약속이 되어 있었다는 주장이 있다. 임용우는 김포에서 만세운동이 폭력화되어 주민과 경찰 사이에 큰 피해가 난 것을 경험하였으므로, 덕적도에서는 그런 일이 발생하지 않을 것이라는 만세운동 이전에 덕적면장 김현호를 통해 백근(白根)이라는 일본 헌병주재원과 약속하였다는 것이다.

실제로 어떤 정황이었는지는 확인할 수가 없지만, 임용우와 일본 헌병주재소 그리고 덕적면장인 김현호가 어떤 식으로든지 관련이 되어 있을 가능성은 충분히 있어 보인다. 왜냐하면 임용우는 이미 김포에서 주도한 만세운동으로 인해 요주의 인물로 수배 중 이었음에도 지리적으로 고립되어 있고 일본 경찰의 통제가 잘 이루어지고 있던 덕적도에서 열흘 가까이 만세운동을 계획하고 실행하였으며, 수일 동안 피해 다녔기 때문이다. 그러므로 그러한 정황은 밀약까지는 아니었다고 해도, 덕적도 만세운동이 실행되는 과정은 일본 헌병주재소에서 일정하게 그 진행과정을 파악하고 있었을 것이라는 분위기를 보여주는 것이라 하겠다.

해변가에서의 만세운동이 끝나고 여기에 참여한 학생 및 주민들은 각자 거주지로 돌아가 다시 만세운동을 일으켰다. 진리에서는 뒷산에서 봉화를 피우며 만세를 불렀으며, 서포리는 국사봉에서, 북리는 주요 거리에서 만세를 불렀다. 그리하여 4월 9일 진행된 덕적도의 독립만세운동은 밤 9시 이후에야 각 마을에서 끝나게 되었다.

한편, 덕적도에서는 4월 9일 독립만세운동이 발발하여 그날 밤에 끝났지만, 인근 울도에서는 하루 이틀 쯤 지난 후에 만세운동이 있었다. 울도는 덕적도 아래 있는 작은 섬으로 서해안 해로의 요충이었다. 이곳에는 일본 해군이 운영하는 망루(望樓)가 있어는데 관리는 인천경찰서가 담당하였다고 한다. 울도에는 학교가 없고 일종의 사숙(私塾)만 있었다. 사숙 교사인 이인응(李仁應)은 울도 학생 2명을 대동하고 본가가 있던 덕적도 서포 2리에 다녀오는 길에 덕적도 운동회에 참가하였다가 만세운동에 동참하였고, 만세운동이 끝난 다음 각자 지역에 가서 만세운동을 전개하라는 지침을 갖고 울도에 들어와 만세를 불렀다는 것이다.

이인응이 울도에서 만세운동을 실행한 날짜는 정확히 알 수 없지만, 이 울도 만세운동으로 인해 덕적도에서의 만세운동이 알려지게 되었다는 것이다. 울도의 관리가 인천경찰서였으므로, 인천 경비정이 정기적으로 울도에 들러 망루를 관리하기 때문에 울도 만세운동의 사실이 인천경찰서에 알려졌고 관련 지사들의 체포가 이루어졌다.

먼저 일본 경찰에 체포된 지사는 물론 임용우였다. 임용우의 정확한 체포 일자는 알려져 있지 않지만, 덕적도에서 만세운동이 있던 4월 9일에서 4-5일 지난 다음으로 보인다. 임용우는 독립만세운동을 주동하고 외진리로 피신하여 낮에는 뒤산에 숨어있다가 밤에는 이정옥의 집에 머물렀다. 이정옥은 명덕학교를 졸업한 임용우의 제자였다. 임용우는 이정옥 집에 머문 지 4일째 되던 날 저녁, 집에 다녀온 다고 나갔다가 바로 체포되었다고 한다.

덕적도 헌병 주재소에서 이미 임용우는 일본 경찰과 조선인 헌병 보조원에 의해 의식을 잃을 정도로 구타를 당하고 철사줄에 묶여 있는 등 잔혹하게 보복을 당하였다. 이어 임용우는 인천경찰서로 이송되었고, 여기서 더욱 가혹한 구타와 혹독한 고문이 계속되면서 결국 덕적도 독립만세운동에 관한 사실을 밝히지 않을 수 없었다.

그리하여 임용우가 체포된 지 일주일 쯤 지난 후, 임용우와 함께 덕적도 독립만세운동을 주동하였던 인사들이 체포되었다. 이재관과 차경창은 수업 중에 조선인 헌병보조관으로 있던 이유문에 의해 체포되었다. 그리고 다음 날에는 이동응과 장기선, 남준기 등이 체포되어 임용우와 함께 인천경찰서로 압송되었다. 인천경찰서에서 심문을 받은 이재관은 사실대로 진술하였으므로 차경창과 함께 심한 고문을 받지는 않고 서대문 형무소로 임용우 선생과 같이 이송되고 다른 사람은 석방되었다고 한다.

임용우는 김포지역과 덕적도 두 곳에서 전개한 독립만세운동의 주역으로 재판을 받았다. 그리하여 5월 9일 경성지방법원에서의 판결 역시 1919년 3월 29일에 있은 김포 월곶 독립만세운동과, 1919년 4월 9일의 덕적도 독립만세운동으로 1년 6개월의 징역형을 선고받았다. 이재관과 차경창은 각각 8개월의 징역형에 처해졌다. 이재관과 차경창은 경성복심법원에 항소하였으나 6월 11일자로 기각되고, 다시 고등법원에 상고하였으나 같은 래 7월 19일 기각됨으로써, 1심대로 형량이 확정되었다. 그렇지만 임용우는 덕적도 헌병주재소에서의 구타와 인천경찰서에서의 가혹한 고문으로 이미 회생이 불가능하여 심문 중에도 들 것에 실려 나올 정도였다. 그리하여 사실상 항소도 제대로 못하고 결국 5월 10일 서울 서대문형무소에서 순국하였다.

이상 덕적도지역에서 진행된 독립만세운동을 다시 정리하면 다음과 같다.

첫째, 덕적도 독립만세운동의 주동인물은 임용우, 이재관, 차경창 등으로 덕적도에서 신학문을 전파하고 있던 학교 교사들이었다. 이들은 사제(師弟) 관계로서 돈독한 신의를 바탕으로 독립운동의 계획과 실행에 이르기까지 철저하게 일관성을 갖고 일을 진행하였다. 이들이 갖고 있던 덕적도에서의 위치는 1919년 4월 9일 학교 운동회가 곧 바로 독립만세운동으로 전환되는데 아무런 무리도 없이 진행되었다는 사실에서도 확인된다. 그리하여 진리 해변가에서의 독립만세운동 이후 주도자들의 계획대로 덕적도 지역학생과 주민들은 물론이고 인근의 울도 지역의 교사와 학생들 역시 각기 거주지로 돌아가 다시 독립만세운동을 전개할 정도였다.

둘째, 임용우 등이 차질 없이 독립만세운동을 진행할 수 있었던 것은, 교사로서 그들이 갖고 있던 지역 사회에서의 명망이 큰 역할을 하였다. 특히 이미 일본 헌병주재소에 노출된 임용우가 섬이라는 제한된 공간에서도 독립만세운동 이후 수일 동안이나 체포되지 않고 활동할 수 있었다는 사실에서도 알 수가 있다. 또한 이재관과 차경창 역시 독립만세운동 이후 정산적인 학생 수업을 진행하였다는 사실도 참고가 된다.

셋째, 명확하게 확인되지는 않지만 덕적도에 기반을 닦은 기독교—특히 감리교—의 역할이 컸다는 점이다. 독립만세운동의 주모자들인 이재관과 차경창이 재직하던 합일학교는 감리교에서 운영을 맡았으며 감리교 교인들의 역할도 컸다. 특히 덕적도에 처음으로 독립선 언서의 존재와 3·1독립만세운동의 소식을 전하였던 이동응은 이재 관의 숙부로 후에 감리교 목사가 되었다. 또한 차경창 역시 이동응의 후원으로 감리교 신학교를 나와 목사가 되기도 하였다.

넷째, 무엇보다도 덕적도 독립만세운동을 실질적으로 이끈 인물은 임용우였다. 김포지역에서 출생하여 김포지역에서 교사로 활동하다 가 1912년부터 덕적도의 유일한 학교인 명덕학교 교사로 부임한 이 래, 임용우는 덕적도 학생들과 주민들의 신망을 얻었다. 그리고 후학 양성에도 전력을 기울여 독립만세운동의 주역인 이재관과 차경창 같 은 교사를 배출하였다.

뿐만 아니라 김포지역에서 이미 독립만세운동을 주도한 경험을 바 탕으로 섬 지역의 특성에 맞는 적절한 독립만세운동 형태를 기획하 였다. 바로 학교운동회가 그것이다. 학교 운동회가 곧 바로 독립만세 운동으로 전환될 수 있었던 것도 임용우가 8년 동안 양성한 학생과 교사들의 전폭적인 지지가 없었으면 가능하지 않은 일이었다. 여기 에는 물론 섬 지역 사회를 주도하는 인물들의 교육에 대한 열정과 믿 음이 크게 작용하였을 것이다.

또한 임용우는 강고한 의지로 김포와 덕적도에서 독립만세운동을 지도하고 주도하였다. 그리하여 결국 체포되었지만, 일제의 혹독한 고문을 받으면서도 결코 압제자들에게 굴복하지 않았다. 3·1독립만 세운동이 진행되는 동안, 당시 많은 이름난 애국자들이 일제의 고문 에 견디지 못하고 전향하거나, 고문 이전에 회유만으로 쉽게 초지(初 志)를 꺾고 침략자들에게 협조하여 민족을 배신하고 자신들의 안락 과 영달을 찾아 오히려 침략자들 보다 더 민족을 고통스럽게 하였던 경우가 비일비재하였다.

　임용우는 그런 부류들에게 한번 죽어 영원히 사는 길이 어떤 것인지를 온 몸으로 보여준 실증적 사례라 할 것이다. 임용우의 훈도를 받은 이재관과 차경창 역시 민족의 독립을 위하여 끝까지 저항하였다. 그리하여 일제 침략자들이 가한 징역형을 오히려 영광스럽게 받아들여, 임용우와 함께 지금까지 후손들의 귀감이 되고 있는 것이다.11)

---

11) 인천광역시 옹진군 덕적면 진1리 136번지에는 덕적도에서 전개된 3·1운동과 관련 다음과 같은 내용의 기념비가 세워져 있어 덕적도를 중심으로 전개되었던 독립운동을 기념하고 있다. "김포군 덕적도에서 전개된 만세운동을 기념하기 위하여 세운 비이다. 1910년 일제에 국권을 빼앗긴지 9년 후인 1919년 3월 1일에 임용우(林容雨, 1884~1919)선생은 고향인 김포 월곶(月串)에서 만세운동을 주도하고 일제에 수배되어 덕적도(德積島)로 들어와 제자인 한일학교 선생 이재관(李載寬)·차경창(車敬昌)등과 함께 만세운동을 전개하기 위하여 태극기를 제작하였다. 이재관의 선창으로 대한독립만세를 부르고, 봉화를 올려 인근 문갑도와 울도까지 독립운동의 여파를 미치게 하였으며, 일제에 체포되어 서대문형무소에서 일제의 모진 고문에 못이겨 35세의 나이로 순국하였다. 덕적도 면민들은 그의 숭고한 애국정신을 기리고자 3·1 독립만세운동 60주년을 맞이하여 덕적면민 일동이 만세를 불렀던 그 자리에 기념비를 세웠다."

만국공원과 정부수립운동

1. 개요

1876년 조선과 일본은 '조일수호조규'를 체결함으로써 정식으로 국교를 수립했다. 조선은 역사상 최초로 이른바 근대조약을 경험한 것이다. 인천(제물포)은 조규에 따라 부산과 원산에 이어 세 번째로 1883년 개항되었다. 이듬해 '각국조계장정'의 체결에 따라 인천은 이른바 국제적 조약항구로 면모를 일신하였다. 최초 개항지인 부산이 일본인의 전관거류지 설치로 일본인에게 독점적 지위를 안겨주었다면, 인천은 청국과 일본 그리고 미국, 영국, 독일, 프랑스, 러시아 등이 공동으로 거류할 수 있는 국제적 개항장이라 하겠다.

만국공원은 1888년 개항장 인천의 응봉산 일대에 조성된 한국 최초의 공원으로 알려져 있다. 처음 각국공원으로 명명되었다가 만국공원으로 이름이 바뀌었고, 조계제도가 철폐된 1924년 이후에는 서공원으로 그리고 다시 1957년 인천상륙작전을 기념하는 동상이 건립되면서 자유공원으로 바뀌어 지금에 이르고 있다. '서공원'이라는 명칭은 일본인의 신사가 있는 동공원과 대칭을 이루는 이름이다. 이러한 명칭의 변화는 바로 만국공원의 역사, 나아가 인천의 역사 그리고 한국의 근대사가 갖는 격변과 굴절을 단적으로 증명해 주고 있다고 하겠다.

만국공원의 역사적 의미를 살펴보기 위해서, 만국공원에 위치하였다는 세창양행 사택 건물과 제임스 존스턴 별장을 중심으로, 이 건축물들이 상징하고 있는 상징성을 살펴보고자 한다. 이는 제국주의 시대, 제국주의의 성격이 갖는 의미를 살피는 것과 맥락을 같이 한다고도 볼 수 있다.

이어 만국공원에는 우리가 겪었던 아픈 기억만이 있는 것이 아니라, 빼앗긴 나라를 회복하기 위해 노력하였던 독립투쟁의 자랑스런 기억도 함께 존재하였음을 살펴보고자 한다. 일제 식민통치기를 독립투쟁기로 설명케 하는 결정적인 계기였던 3·1독립운동으로 확산된 정부수립운동의 구체적인 최초의 사례를 만국공원에서 찾을 수 있는 것이다. '13도대표자대회'가 바로 그것이다.

이러한 작업을 통해 만국공원의 역사적 위치를 보다 구체적으로 점검해 봄으로써, 만국공원이 인천의 역사에서 갖는 의미를 단편적이나마 살펴볼 수 있을 것으로 생각된다. 이는 또한 최근 여러 갈래로 논의가 진행되어 왔던 인천의 근대 문화 복원 작업을 역사적 관점에서 재조명 할 수 있는 계기가 될 것으로 생각된다.

2. 만국공원의 역사성

만국공원은 1884년 체결된 〈각국조계장정〉에 의해 탄생하였다.[1]

---

1) 『고종실록』 고종 21년 8월 15일 : 『고종시대사』 2, 1884년(甲申, 1884, 淸 德宗 光緖 10年, 日本 明治 17年) 9月 20日(辛酉)조에 〈각국조계장정〉의 전문이 실려 있다.

러시아 측량 기 사이자 건축가인 사바찐에 의해 설계된 만국공원은
서울의 탑골공원보다 9년이나 먼저 조성되었다. 각국조계지에 위치
해 있는 만큼 그 조성 목적은 조계지에 거주하는 외국인(일본인 포함)
의 휴식 공간 확보에 있을 것이다.[2] 만국공원이 있는 각국조계지는
일종의 나라 속의 나라였다. 장정에 의해 조선인은 모두 철수되었고,
조선인은 새로 건물을 지을 수도 없게 되었다.[3] 그리하여 만국공원
에는 '외국인의, 외국인에 의한, 외국인을 위한' 건축물만이 존재하
게 되었다.

흔히 양관이라 하는 건축물로는 1884년 완공된 세창양행과 1905
년 준공된 존스턴별장이 유명하다. 일찍이 한 향토사학자가 이에 대
해 언급한 이래[4], 인천을 상징하는 건물들로 유명하다. 이른바 인천

---

2) 지금까지 남아 있는 제물포구락부 역시 외국인들의 휴식 공간으로 건립된 것이다. 현
재의 건물은 1901년 6월 22일에 완공된 것이다. 건물의 정식 명칭은 '濟物浦俱樂部會
館'이다. 인천 거주 미국, 독일, 러시아, 일본인들의 사교장 역할을 하였다. 2층 벽돌건
물이고 지붕은 양철로 덮었다. 1913년 각국 조계가 철폐된 후 정방각(精芳閣)이라 명
칭을 바꿔 일본재향군인 인천연합회가 들어섰고, 1934년에는 부인회관으로 전용되기
도 하였다. 해방후 사병구락부로 이용되다가 1952년 7월 미군으로부터 인수받아 1990
년까지 인천시립박물관으로 이용되었으며, 현재는 인천문화원 건물로 사용되고 있다.
일본인이 쓴 『인천사정』에는 이 건물에 대해 다음과 같이 언급하고 있다. : "인천의
일본, 청나라, 서양 각국 사람들이 서로 의논하여 지난 1891년 8월에 구락부 하나를
열고 제물구락부(Chemulpo Club)라 불렀다. 구락부는 인천항의 山手에 있는데 인천
소학교 옆에 서양풍으로 색칠한 건물이다. 이곳에는 문화적인 오락기구가 제대로 갖추
어져 있어 인천 신사들의 유일한 오락장소로 손색이 없다. 회원은 서양인 6명, 중국인
4명, 일본인이 24명이다. 세계 각처에 구락부가 많다고는 하더라도 외국인들끼리 협
력하여 한 구락부에 모여 친목을 다지며 사귀는 제물구락부와 같은 곳은 드물 것이다."
3) 〈각국조계장정〉 제1조는 다음과 같이 되어있다. "仁川濟物浦各國租界의 位置, 境界,
市街, 道路 및 地區는 附粘 地圖에 紅色으로 表示한 바와 같다. 定章 後부터 2個月
以內에 朝鮮政府는 各國租界內에 現存하는 朝鮮家屋을 모두 撤去시키고 此後에 租界
內에 있어서 朝鮮人民의 家屋建造는 准許하지 않는다."
4) 최성연은 『개항과 양관역정』에서 다음과 같은 문장으로 이 건축물 중 존스턴별장(최성
연이 글을 쓸 때는 인천각이었다)들을 찬미하고 있다. : "아름다운 다각형 지붕 위 짜르

의 랜드마크라는 것이다.5) 그렇다면 만국공원의 양관들은 역사적으로 어떠한 의미가 있는지 세창양행과 존스턴별장을 중심으로 살펴보도록 하겠다.

세창양행 건물은 1884년에 완공되었다. 단층 벽돌집으로, 독일 함부르크에서 온 독일 상사원들의 숙소로 지어졌다. 일종의 사택인 셈이다. 회칠한 하얀 외벽에 붉은 기와지붕을 한 별장형 건물로 외관이 화려한 편은 아니었다고 한다. 다만, 옥상에 전망대가 있었고 아치를 이루며 후렴처럼 반복되는 사각 열주로 건실하고 중후한 멋이 있다는 평가를 받았다. 이후, 인천부립도서관으로 활용되었다가, 해방 뒤에는 인천박물관으로 사용된 바 있다. 굳이 역사적 의미를 찾는다면, 세창양행은 인천에 지어진 최초의 무역인들이 건축한 건축이란 정도의 의의를 지닌다고 하겠다.

그러니까 세창양행은 요즘 식으로 말하면 일종의 무역회사이고, 그 건물은 무역회사 주재원의 숙소였다. 그렇다면 1890~1900년대 세창양행이라는 무역회사가 했던 일은 무엇이었을까. 무역회사니까 당연히 그들의 이익을 극대화하기 위해 노력했을 것이라는 점은 쉽

르 윤이 흘러내리는 새빨간 기와장이며 복잡한 굴곡의 새하얀 벽면과 엇비슷이 두 쌍 세 쌍 바다를 향해 달린 창과 창의 잊을 수 없는 향수여! 응봉산 서쪽마루 비단결 같은 잔디 위에 아담스레 자리 잡은 인천각은 가까이 가면 구석구석 오밀조밀한 건축미의 극치를 이룬 귀족적 향기 높은 영국 근세식 일대 전당이여." 후술하겠지만, 인천각에 대한 이러한 인상은 순전히 개인적 차원으로 이해되어야 한다. 존스턴별장이 인천각으로 불릴 때의 역사적 상황을 생각하면 이런 명문조차도 사치에 가깝다는 생각이다.
5) 이른바 랜드마크란 사전식으로 풀이하면 '어떤 지역을 식별하는 데 목표물로서 적당한 사물(事物)' 정도로 말할 수 있을 것이다. 한 지역의 주위 경관 중에서 두드러지게 눈에 띄기 쉬운 특이성이 있어야 하며, 이때 특이성이라는 것은 주변의 형태나 배경과의 대비성이 뛰어나야 하며, 공간적으로도 우수한 조화미가 있어야 한다. 특히 배경과의 대비성에는 색채·청결감·디자인의 특수성, 움직임·음향 등이 포함되어야 하지만, 무엇보다도 역사적으로 의미가 있어야 한다.

게 생각할 수 있을 것이다. 세창양행에서 수입했던 품목은 초기에는 염료와 면제품이 주를 이루었지만, 1890년대 이후에는 제국주의 침략의 상징이자 국권침탈의 으뜸인 철도 부설과 관련된 화약류가 압도적으로 많았다.

게다가 그 이익 추구가 조선의 일방적인 희생 속에서 창출되었다면 얘기가 달라진다. 만약 세창양행의 활동이 조선 정부를 겁박하고 조선인의 삶을 피폐시켰다면, 세창양행의 무역 행위는 일본제국주의의 경제적 침탈 행위와 별반 다를 것이 없는 것이다. 불행히도 지금 남아있는 자료들은 세창양행이 바로 그러한 일을 수행하면서 그들의 이익을 창출하였다고 확신을 주고 있다.

이를테면, 1904년 평강군수가 군민의 식량 수급 부족을 이유로 군 내에서 곡식의 반출을 금지하는 조치를 취하자, 독일공사는 이 방곡령으로 인해 세창양행이 피해를 보았다고 하며 2차에 걸쳐 손해 배상을 강력하게 요구한 사례가 있다.[6] 이 사건은 세창양행이 채굴하는 금성금광에서 소용되는 쌀의 운반을 평강군수가 임의로 막아 발생한 일이었다.

사건 경위에 대해서는 평강군수의 보고와 세창양행의 보고가 서로 달라 정확한 사태를 파악하기가 어렵다. 평강군수는 정당한 절차를 거쳐 군민의 이익을 지키려 했다는 것이고, 세창양행은 쌀 운반을 못 하게 됨으로써 피해를 보았다는 것이다. 정부에서는 세창양행의 배상 요구가 근거 없다는 판단을 하였지만, 평강군수는 어떤 이유에서인지 겁을 먹고 배상을 한 것으로 보인다.[7] 어떠한 형태든지 세창양

6) 『각사등록』 근대편, 照會 第二十七號(1904년 5월 27일).
7) 『內部來去文』 1904년 5월 27일, 1904년 6월 1일, 1904년 7월 23일자 「조회」 및 「조복」

행의 겁박에 지방 군수가 굴복했음을 짐작케 하는 사례로 볼 수 있을 것이다.

뿐만 아니라 세창양행이 운영하는 금광은 사실 처음부터 조선인과 분쟁이 있었다. 1898년 12월에는 금광에서 일하던 인부들의 인건비 지급을 세창양행이 거부하여, 인부들의 집단 항의가 있었다. 그러니까 임금을 떼먹은 것이다. 그런데 세창양행은 오히려 인부들이 폭동을 일으키려 한다면서 정부에 경찰 파견을 요구하고 있다.[8]

사실 세창양행은 이미 1899년에 대한제국의 국기를 자신들의 상표로 사용해 줄 것을 요구한 적이 있다. 물론 세창양행의 이러한 비상식적 행위에 대해 대한제국 정부는 거부하였지만,[9] 그들의 안하무인격인 행위의 일단을 보여주고 있다.

한편 존스턴별장은 독일인 르트케겔(Rothkegel)의 설계와 중국인 이경통(李慶通, 리 케이 츠)의 시공으로 1903년에 착공하여 1905년에 준공되었다. 영국인 제임스 존스턴의 별장으로 지어진 이 건물은 제1차 대전 이후 일본인에게 매각되어 '야마쥬 별장'으로 불리어졌으며, 1936년에는 인천부가 매입해 '서공원회관'이라 명명하였다. 이후 일제 말기에는 '인천각'으로 개칭되어 고급 여관 겸 요정으로 사용되었다. 또 해방 이후에는 미군 장교들의 기숙사로 쓰이다가 1950년 인천상륙작전 때 미군의 포격으로 일부가 파괴되었다. 따라서 굳이 존스턴별장이 갖는 의미를 찾는다면, 제국주의 시대 한 서양인이 풍치 좋은 만국공원 중앙에 아름다운 건축미를 지닌 한 별장을 지어 놓고,

---

을 참조.

8) 『外部議政府來去文』, 1898년 12월 30일자 「조회」를 참조.

9) 『각사등록』 근대편, 照覆 第二十五號.

제국주의자들 끼리만의 공간을 확보하여, 만국공원의 역사적 주인과
는 관계없이 별세계처럼 지냈다는 정도일 것이다.

　그런데 만국공원의 존스턴별장이 1930년 대 들어 각광을 받게 되
는 일이 벌어진다. 바로 만국공원 관광자원화의 원형이 등장하는 것
이다. 일제강점기『동아일보』보도에 따르면, 인천부에서는 1936년
만국공원중앙에 위치한 산십별장(山十別莊)을 이십만 이천여원의 막
대한 공사비를 들여 가능한 원형을 유지하는 것을 목표로 대수선을
할 계획을 세웠다고 한다. 이는 결혼 피로회장과 귀빈의 숙박, 외국
인 숙박 등을 위한 공사비라는 것이다. 그런데 이 건물이 영국식으로
지어진 것이므로 벽 장식과 계단의 조각 같은 것은 조선 내에서는 찾
아볼 수 없는 치밀우미한 것이므로 그에 맞는 가구 등만 비치한다면,
조망까지 고려할 때, 당시 조선 최고의 호텔로 알려진 조선호텔을 능
가할 최고의 회관이 될 것이라 한다. 다만 이와 같은 조건을 충족시키
려면 프랑스에서 물품을 주문해야하기 때문에 인천부의 형편상 그럴
수는 없고, 그와 유사한 모조품으로 대체할 예정이라는 것이다.10) 이
른바 짝퉁으로라도 내부 일부를 복원하겠다는 것이다. 이 별장은 '인
천각'을 말하며, 최초 이름은 '존스턴별장'이다.

　인천부의 존스턴별장(산십별장, 인천각) 복원계획에 대해서는 당시
에도 그 복원의 타당성에 대한 논의가 있었던 것으로 보인다. 이를테
면 공사비가 인천 시민들에 부담을 주지는 않는지, 막대한 공사비
를 들여 복원해 놓았는데 이용자가 적지는 않은 지, 조선 타 지역민
들에게 홍보는 잘 되겠는지, 이용료는 어떠한 지 등에 대한 의구심이

---

10)『동아일보』1936년 3월 21일자 기사.

있었던 것이다.[11]

　이러한 의문은 같은 날 보도되었던 인천부내 노동자의 실상과 대비
되면서 그러한 의문제기가 타당함을 보여주고 있다. 인천부회 의원인
김윤복(金允福)과 황윤(黃潤)은 공사장 노동자들이 겪는 삶의 참상을
전하면서 인천 발전의 원동력은 노동자인데 인천부가 이를 방치하고
있음을 맹비난하면서 이에 대한 대비책을 세우라고 촉구하였다.

　이들에 의하면 인천부의 관급 공사에 동원된 노동자들은 하루에
30 내지 40전을 받고 일하는데, 이 임금도 당일 받는 것이 아니라
15일 간격으로 받기 때문에 이들은 할 수 없이 50전 당 5전씩을 토목
청부업자와 결탁한 자산가(고리대업자)에게 뜯기고 전표를 받는다는
것이다. 게다가 인천부에서는 노동자들이 공사 중 부상을 당하거나
심지어 목숨을 잃어도 그대로 방치하고 있다는 것이다. 이에 대한 인
천부윤의 답변은 '그러한 사실이 있다면, 경찰과 협력하여 조치를 취
하겠다'라는 것이었다.[12] 엄혹한 일제강점기, 인천의 조선인 노동자
들이 겪어야했던 신산(辛酸)과, 인천 민중들의 희생을 담보로 제국주
의시대 지어진 별장을 복원하여 관광자원화 하려는 식민당국의 기도
(企圖) 그리고 그와 결탁한 일부 자본가들의 횡포가 대비되는 한 사례
인 것이다.

　만국공원은 1950년대와 1980년대 또 한 번 변화된 모습을 보인다.
이름부터 자유공원으로 바뀌면서, 새로운 조형물이 새로운 랜드마크
로 자리 잡은 것이다. 해방 후 한민족은 통일 국가를 이루지 못하고
남북에 각각 단독 정부를 수립하였다. 남쪽에서는 미국의 지원을 받

---

11) 위의 신문, 1936년 3월 27일자 기사.
12) 위의 신문. 같은 곳.

는 대한민국이 민주주의를 이념으로 세워졌고, 북쪽에서는 소련의 지원을 받는 조선민주주의인민공화국이 사회주의를 이념으로 건립되었다.

물론 단독정부 수립을 반대하며 통일정부를 구상하고 노력하였던 정치 세력도 있었지만, 대세를 돌리기에는 남북 모두에서 외면 받았다. 필연적으로 남북의 두 정부는 각자의 이념으로 한반도 통일을 추구하였고, 그 수단은 공히 무력이었다. 북쪽에서 먼저 공격을 개시하였다. 3년간 지속된 전쟁은 남북한 모두에게 전 부문에 걸쳐 회복하기 힘든 피해를 입혔다. 무엇보다 전쟁이 지속되는 동안 상호간 증오와 멸시가 정치 사회적으로 확고부동한 진실로 자리 잡았다. 또한 휴전 후에는 남북한 모두 외세의 압도적인 영향력 하에 놓이게 된 것도 전쟁이 초래한 결과였다.

특히 대한민국은 많은 희생자를 내며 유엔군을 지휘한 미국에 큰 빚을 졌다고 인식하고 있었고, 이는 지금도 마찬가지이다. 미국은 3만 9천 여 명의 사망자(실종자 포함)와 만 명이 넘는 부상자를 내면서 유엔군의 주축을 이루어 전쟁을 이끌었다. 당연히 한국의 정치가와 국민들 사이에 이른바 재조지은(再造之恩)이라는 전통적인 인식이[13] 고정 관념으로 각인되었다. 그 결과 1957년 인천의 만국공원에는 인천상륙작전을 성공시켜 재조지은을 완성시킨 전쟁 영웅, 맥아더의 동상이 세워졌고, 공원 이름도 '자유공원'으로 개칭되었다. 또한 1982년에는 1882년 체결된 조미수호통상조약 100주년을 기념하여 자유공원내에 한미수호100주년기념탑이 세워졌다.

---

13) '재조지은(再造之恩)'은 임진왜란 때 나라가 거의 망한 것을, 明나라가 원병을 보내 다시 나라를 만들어 주었다고 하는 인식의 표현이다.

그러나 1980년 대 이후 혈맹으로 표현되었던 미국에 대해 새로운 인식이 확산되었다. 이어 지방자치시대가 열리고 지역사에 대한 관심이 높아지면서 지역의 정체성을 찾으려는 노력들이 전개되었다. 근대 도시라는 성격이 강한 인천이 특히 그러했다. 그리하여 자유공원을 중심으로 하는 개항장에 대한 민관(民官)의 새로운 인식이 자리 잡게 되었다. 그중에서도 자유공원에 있는 조형물들이 문제가 되었다. 근래에는 자유공원을 각국공원(만국공원) 당시로 회복시켜는 움직임도 활발하게 나타나고 있다.

자유공원의 미국과 관련된 여러 조형물들에 대한 인식의 일단을 보면 다음과 같다.

> 원래 이자리에는 인천항의 랜드마크 인천각이라는 아름다운 양관이 있었다. 인천각은 당 초에 영국인 존스턴의 별장으로 1905년에 건립되었으나, 1936년 인천 부청이 사들여 고급 레스토랑으로 일반에 공개되었던 것인데, 이 역시 인천 상륙작전 때 파괴되었다(최성연, 151-156면). 인천항의 상징 인천각 자리에 금속성의 기념탑이 들어서다니, 인천각 복원을 꿈꾸던 시민들의 좌절감은 깊어만 간다'14)

여기서 말하는 금속성의 기념탑이란 한미수교100주년기념탑을 말한다. 그리하여 '인천항의 얼굴이 이 지경으로 우리의 자존심을 뭉개고 있는 줄은 꿈에도 몰랐다'는 결론이 도출되는 것이다.15) 견해에 따라 일견 충분히 분노를 느낄 만한 상황으로 이해된다.

---

14) 최원식, 「자유공원은 자유를 주는 공원인가?」, 『해반문화포럼 95년-03년 발제문, 문화로 바라보는 인천』, 사단법인 해반문화사랑회, 2003, 44쪽.
15) 위의 글, 44-45쪽.

　이러한 인식은 '인천의 정수리에 해당하는 응봉산 일대에는 개항 이래의 다양한 역사·문화적 적층이 형성된 장소임에도 불구하고 다양성들은 제거되고 일국적·냉전적 표상만 두드러져 있다는 점이 극복되어야 한다고 보았다'로 발전하여,16) 결국에는 만국공원(자유공원)의 복원작업을 위한 논리적 토대가 되었다고 하겠다. 복원은 '창조적 복원'이라는 유명한 용어의 탄생을 가져왔고, 재생이라는 희한한 용어로 대체되기도 하였다. 물론 창조적 복원이라든지, 재생은 존스턴별장과 세창양행 숙사만이 아니라 인근에 있었던 영국과 러시아 영사관도 포함된다.

　그런데 여기 한 가지 이상한 점이 있다. 한 논자가 적절히 지적하였듯이, '전자의 두 상징물(맥아더 동상과 한미수호100주년기념탑―필자)이 잘못 세워진 것이라면 세창양행 숙사와 존스턴별장은 새로 복원할 만큼 정의로운 문화유산이란 말인가'.17) 그야말로 정곡을 찌른 논평이 아닐 수 없다.

　앞에서 살펴본 것처럼, 자유공원과 그 인근에 있었던 건축물들은 거의 모두 제국주의시대의 산물이었다. 특히 세창양행과 존스턴별장은 그 역사성으로 보아 논란의 여지가 많은 역사적 근거가 분명히 존재하고 있다. 만약 이 두 건물이 인천의 랜드마크로서 재생시킬만한 역사성이 있다면, 그와 같은 논리로 동상이나 기념탑에도 역사성이 있다는 것을 인정해야 한다. 오히려 우리의 의지와는 아무런 관계가 없는 건물이 바로 앞의 두 건축물이다. 그에 비해 국제 정세와 주변 상황이야 어떻든, 후자의 두 조형물은 사실적으로 보아 우리가, 우리

---

16) 인천대 인천학연구원, 『각국공원(만국공원) 창조적 복원 사업 타당성 검토』.
17) 김윤식, 「금요논단」, 『기호일보』 2007년 7월 28일자.

에 의해서, 우리를 위해서 세운 것이라고 내세울 수 있는 것이다.

해방 전후와 전쟁 시기에 이르기 까지 미국이 제국주의적 속성을
갖고 우리를 대한 측면도 있을 것이다. 그렇다면 각국공원과 만국공원
시대, 미국을 비롯하여 독일과 영국, 러시아, 프랑스 그리고 일본은
우리에게 무엇이었나를 생각할 필요가 있다. 더욱이 각국공원을 비롯
한 조계지역에는 조선인이 접근하기조차 어려웠다는 역사적 사실을
외면한다면, 역사의식에 심각한 문제가 있다고 하지 않을 수 없다.

3. 13도대표자대회와 만국공원

1919년 3월 1일, 일본 제국주의 침략에 맞서 전국적으로 전 계층의
참여하에 독립을 목표로 만세운동이 전개되었다. 독립운동가이며 역
사가인 백암 박은식 선생은 세계 역사상 유례가 없는 치열한 운동이
었다고 전하면서, 피압박 민족이 할 수 있는 모든 것이 여기에 있다
고 하였다. 또한 선생은 조선 독립의 희망을 3·1운동에서 보았으며,
세계의 다른 피압박 민족에게 크나 큰 자극을 준 운동이라고 높이 평
가하였던 것이다. 선생의 불후의 명저『한국독립운동지혈사(韓國獨立
運動之血史)』는 그 증언집이라 하겠다.

이에 의하면 3월 1일부터 5월 말까지 경기도내에만 25개 지역에서
303회에 걸쳐 만세시위운동이 일어났으며, 참가 인원은 68,100명,
이 중 사망자는 1,409명, 부상자는 2,677명, 체포자는 4,220명에 달
하였다. 전국적으로 볼 때, 길게는 3개월여 동안 전개된 3·1운동은
인천 지역에서도 많은 민중의 참여하에 전개되었다. 특히 인천은 일

본 동경에서 있었던 2·8독립선언의 경과가 국내로 전달되는 통로로 활용되었다는 점에서도 중요한 위치를 점하고 있다.

무엇보다도 인천 지역이 3·1운동과 관련하여 발언권이 있다면, 그 것은 독립 운동의 구체적인 결과물인 임시정부 수립을 위한 집합지 였다는 점에 있을 것이다. 바로 4월 2일 오후, 만국공원에서 개최되 었다는 13도대표자대회가 그것이다. 이 대회는 3·1운동 기간 동안 국내에서 조직된 임시정부 수립을 위한 유일한 사전 협의였다는 점 에서 주목된다.[18) 이른바 한성정부의 수립 과정에서[19) 만국공원 집 회가 갖는 의미는 간단치가 않다.

일본 총독부의 주시 속에, 더욱이 3·1운동이 계속 확산되는 과정 에서 독립정부를 수립한다는 것은 결코 쉽지 않은 일이다. 독립선언

---

18) 3·1독립운동 기간 동안 국내외에서 임시정부를 수립하기 위한 움직임이 있었다. 서울 에서는 한성정부, 상해의 임시정부, 연해주 대한국민의회가 주도하는 노령정부가 각각 조직되고 수립되었다. 각 정부가 발표한 정부 요인을 보면 다음과 같다.

	정부 요인 명단
대한국민의회 (1919년 3월 17일)	대통령 손병희, 부통령 박영효, 국무총리 이승만, 탁지총장 윤현진, 군무총장이동휘, 내무총장 안창호, 산업총장 남형우, 참모총장 유동 렬, 강화대사 김규식,
한성정부 (1919년 4월 23일)	집정관총재 이승만, 국무총리총재 이동휘, 외무부총장 박용만, 내무 부총장 이동녕, 군사부총장 노백린, 재무부총장 이시영, 법무부 총장 신규식, 학무부총장 김규식, 교통부총장 문창범, 노동국총판 안창호, 참모총장 유동렬. *홍진은 한성정부의 법무차관에 선임되었다.
상해임시정부 (1919년 4월 13일)	대통령 이승만, 국무총리 이동휘, 내무총장 안창호, 외무총장 김규 식, 군무총장 이동휘, 법무총장 이시영, 재무총장 최재형, 교통총장 문창범.

19) 국내에서의 임시정부 수립운동에 대해서는, 고정휴, 「세칭 한성정부의 조직주체와 선 포경위에 대한 검토」(『한국사연구』 97, 1997)와 이현주, 「3·1운동직후 '국민대회'와 임시정부수립운동」(『한국근현대사연구』 6, 1977) 그리고 한시준, 「한성정부의 수립과 홍진」(『한국근현대사연구』 27, 2003) 등의 논의가 있다. 본고는 이러한 선행 연구에 크게 의존하여 작성되었지만, 한성정부의 수립과정 보다는 인천 만국공원의 '13도대표 자대회'에 주목하여 작성되었다.

을 주도했던 지도부가 와해된 상태에서는 더욱 그렇다. 이런 악 조건 속에서 독립 정부 수립을 위해 많은 지사들이 많은 노력을 했고, 그 중 하나가 바로 '13도대표자대회'라 하겠다.

독립 정부 수립을 위한 움직임은, 3·1운동 확산에 큰 영향을 준 「조선독립신문」(이하 독립신문)을 통해 일반에게 알려졌다. 13도 각 대표자를 선정하여 3월 6일 오전 11시 경성의 종로에서 조선독립대회를 개최한다는 사실이 3월 6일자(제3호) 독립신문에 공지되었다. 독립대회가 3·1독립운동 이전 이미 계획된 것인지는 명확하게 확인할 수는 없다. 그렇지만 독립신문 발간과 배포에 민족대표 인사가 관여한 것이 확실한 만큼, 사전에 계획된 프로그램의 일환일 가능성이 높다.[20] 독립대회는 임시정부 수립을 목표로 한 것이다. 독립대회를 계획한 인물이 누구인지는 명확하지 않지만, 3·1운동으로 일제의 감시가 삼엄한 상태에서 대회가 열릴 수는 없었다.

이를테면 3·1운동의 확산에 지대한 영향을 주었던 「조선독립신문」의 발간과 배포에 있어서도, 3월 하순이 되면서부터는 그 주도권이 천도교측으로 부터 학생층으로 넘어갔다. 이와 함께 활발한 운동성을 갖는 학생과 청년들은 격문류 등을 작성, 무작위로 배포함으로써 사실상 시위운동을 주도하였다. 당연히 일제에 의한 서울과 인천 지역의 경계는 그만큼 삼엄하게 전개되었다.

3·1운동을 기점으로 국내 여러 곳에서 정부 수립의 움직임이 나타

---

20) 『조선독립신문』은 천도교에서 운영하는 보성사에서 창간되었다. 3·1독립선언서를 인쇄한 곳으로 유명한 보성사는 종로구 수성동 44번지에 위치하였던 보성법률상업학교 구내에 있었다. 이 신문의 창간을 주도한 인물은 33인 중 한 명인 이종일이었고, 그의 명을 받은 『천도교월보사』 주필이던 이종린이 창간호의 원고를 집필하였다고 한다. 이에 대해서는 윤병석, 『증보 3·1운동사』(국학자료원, 2004), 189~211쪽을 참조.

났는데[21] 독립대회 역시 그러한 움직임 중의 하나 일 것이다. 주목할 사실은 독립신문에서 제시한 계획이 시차는 있었지만, 실제로 실행되었다는 점이다. 홍진(홍면희)[22]과 이규갑, 한상수, 김사국, 안상덕, 권희목 등이 주동이 된 것으로 보이는 13도대표자대회는 위에서 언급한 바와 같이 일제의 삼엄한 경비망을 뚫고 만국공원에서 개최된 것이다.

그런데 유감스럽게도 홍진을 비롯한 지사들이 어떤 과정을 거쳐 만국공원의 대회를 계획하고 실행하였는지에 대해서는 구체적으로 확인할 수가 없다. 일제의 신문조서와 판결문, 회고록[23] 그리고 기

---

21) 이를테면, 강대현과 이춘숙 등이 중심이 되어 조직한 '경성독립단본부' 명의의 정부가 그것이다. 이들은 독자적인 각료 명단과 헌법 초안을 갖고 4월 8일 중국 상해에 도착하여 상해임시정부 조직에 관여하고 있다(『한국독립운동사』 임정편, 207~208쪽을 참조). 각료의 명단으로 보아 이들이 구성한 정부가 평안북도에서 조직되었을 것으로 보이는(지금은 전단 형태로만 남아 있다) 신한민국정부로 추정하고 있다(한시준, 앞의 글 참조).

22) 1946년 9월 10일부터 14일까지, 서울의 각 신문에는 晚悟 洪震의 별세와 영결식을 전하는 기사가 실렸다. 이들 기사에서 눈에 띄는 것은 홍진의 장지가 '인천 선영'이라는 내용이다. 홍진의 연보에 의하면, 이때 홍진의 유해는 인천 관교동 선영에 안장되었다가 1984년 서울 동작동 국립묘지 애국지사 묘역으로 이장되었고, 1994년에는 다시 임시정부정부요인 묘역 내 임정수반 묘소로 천장되었다고 한다. 별세 당시 신문기사에 실린 홍진의 약력을 보면 다음과 같다 ; 서울車洞(지금의 서소문－필자)出身으로 본명은 冕熹 號는 晚湖. 己未獨立萬歲 當時 上海로 건너가 臨時政府에 加擔하여 獨立運動에 從事하였다. 舊韓國時代엔 檢事와 辯護士를 지냈으며 特히 外交에 能하여 重慶臨時政府 議政院 議長 司法府長, 國務領 等을 歷任하였다. 한때는 滿洲로 가서 獨立軍을 組織하야 滿洲事變 當時 日本軍과 交戰한 일도 있었다. 臨時政府 議政院 議長으로 還國하여 今年 二月 非常國民會議議長에 被任 活躍中이었다'. 이상의 약력을 보면, 홍진의 삶은 1919년을 기점으로 국내에서의 활동과 국외에서의 활동으로 뚜렷하게 구분될 수 있다. 국외에서의 활동은 거의 대부분 임시정부 요인으로 독립을 위해 헌신한 삶이었다.

23) 이 때의 정황을 전해주는 당사자의 기록으로는 이규갑의 회고록이 유일하다(「한성임시정부수립의 전말」, 『신동아』, 1969년 4월호). 상당히 중요한 기록인 이규갑의 회고록은 그러나 회고록 자체가 갖는 한계가 있으므로 인용에 주의를 요한다. 그리고 이규갑과 함께 13도대표자대회를 구상하고 개최하는데 주도적인 역할을 하였던 홍진의 경

존의 연구 성과 등을 활용하여 그 과정을 제한적으로 나마 재구성해 보면 다음과 같다.[24)]

3·1운동 발발 이후, 홍진과 이규갑을 중심으로 하는 지사그룹이 독립정부 수립을 목표로 구체적인 활동을 개시한 시점은 3월 중순이다.[25)] 그런데 이규갑의 회고록에서는, 3월 초부터 홍진, 한남수 등과 극비리에 임시정부수립을 위한 국민대회 개최를 논의하였다고 한다.[26)] 어쨌든 이들은 비밀독립운동본부를 만들어 자신들의 취지에 공감하는 지사들을 규합하였다고 한다.[27)]

'비밀독립운동본부'라는 용어는 아직까지 이규갑의 회고록에만 유일하게 보이는 표현이다. 따라서 그 실체를 입증할 길이 지금까지는 없다. 아마도 자신들의 모임을 임시로 비밀독립운동본부라는 명칭을 쓴 것으로 보인다. 그런데 이때까지 홍진과 이규갑이 규합한 지사들은 다양한 계층과 종교 그리고 지역적으로 고루 분포되어 있다는 점에 주목할 필요가 있다.

이를테면 전직 변호사였던 홍진은 주로 법조계(한성오, 권혁채)와 유교계(김규, 본명은 김교훈) 인사들을 접촉하여 성과를 거두고 있다. 김규는 이후 의병에도 참여한 바 있는 이만직과 최전구 등을 추가로 포섭하였다. 이규갑은 주로 천도교계(안상덕)와 기독교계(장붕, 박용

___

우, 임시정부 시절과 귀국 후 여러 문건을 남겼음에도, 유독 이 대회와 한성정부 수립과 관련해서는 아직까지 관련 문서 내지 문건이 없다.

24) 이에 대해서는 『독립운동사』 2, 130쪽과 『독립운동사』 4, 132-133쪽에도 단편적으로 기술되어 있다.

25) 『독립운동사자료집』 5, 재판기록, 78쪽과 114쪽을 참조.

26) 이규갑의 앞의 글 참조. 그리고 이 논의에는 신숙 등도 참여하였다는 기록이 있다(신숙 회고록, 『나의일생』을 참조).

27) 이규갑, 위의 글, 176쪽.

희) 인사들을 접촉, 회합에 참여시키고 있다. 또한 이규갑은 학생층
의 규합에도 성과를 거두었다. 후에 장채극과 김유인 등은 이규갑이
포섭한 김사국을 통해 참여하게 되는 것이다. 이들은 모두 일본 명치
대 재학생들이었다고 한다. 이들 이외에도 많은 지사들이 독립정부
수립에 참여하였다. 결국 독립정부수립 운동은 3·1운동에서 제시된
전민족적 계층의 대표를 포괄한다는 이념과 크게 어긋나지 않는다고
하겠다.

　그런데 홍진과 이규갑을 비롯한 지사들이 독립정부수립의 구체적
인 일정과 정부 수립 이후의 계획에 대한 논의를 하였던 시점이 문제
이다. 관련 기록이 한 달 정도 차이가 있기 때문이다. 먼저 이규갑의
회고록에 따라 일정을 재구성 하면 다음과 같다.

　3월 17일 서울 한성오의 집에서 홍진(홍면희), 이규갑, 한남수, 김
사국을 비롯하여 이교현, 윤이병, 윤용주, 최전규, 이용규, 김규(김교
훈), 이민태, 민강 등 독립정부 준비를 위한 준비위원 거의가 참석하
였다. 여기서 '한성정부'라는 명칭과 정부 각원들이 결정되었다. 또
한 국민대회 취지서와 임시정부 약법을 정하였으며, 파리강화회의에
참석할 대표도 경정하였다. 특히 이 회합에서는 4월 2일 13도 대표
자 대회를 인천 만국공원에서 열고 임시정부를 수립하여 이를 국민
에게 공포할 것을 결의하였다고 한다. 그런데 4월 2일 만국공원 집회
에는 홍진, 이규갑, 권혁채, 한남수, 장붕, 박용의, 김규, 이종욱, 안
상덕 등 18-19명 정도의 지사들만 참석하였다. 그래도 이 **만국공원
회합에서 국민대회를 조직하고 임시정부를 만들어 파리강화회의 및
각국에 조선독립의 승인을 요구할 것 등을 결정**하였다는 것이다.

　이어 4월 어느 날(4월 19일?), 김사국의 주도로 김유인, 안상덕, 민

강, 현석철 등이 회합하여, 4월 23일 정오 서린동 춘추관에서 13도 대표자가 모여 임시정부를 선포하고 집회와 시위를 연다는 계획이 세워졌다. 4월 23일, 계획이 사전 누설되어 춘추관에서의 정부 선포식은 실패하였다. 대신 전단으로 한성정부의 수립이 선포되었고, 참석자들 주도로 국민대회 깃발 아래 대규모 시위운동이 있었다.

다음은 한성정부 관련 인물들의 신문조서 및 공판시말서를 통해 사건을 재구성하면 다음과 같다. 먼저 3월 상순 쯤 부터 홍진과 이규갑을 중심으로 정부를 수립하려는 구체적인 계획이 있었다. 3월 상순 경, 홍진은 자신의 집에서 한남규에게 임시정부 조직에 대해 설명을 하고, 동의를 얻는다. 이어 3월 20일 경 한남수는, 홍진의 변호사 사무실에서, 독립운동의 각 단체를 모아 국민대회를 조직하고 독립에 대한 협의를 위해 각 단체의 대표자가 인천 만국공원에서 회합하다는 소식을 듣고 이에 찬동하였다. 또 3월 31일과 4월 1일 이규갑은 안상덕에게 인천 만국공원에서 회합이 있다는 사실을 알리고 각 방면의 대표자로 참석해 줄 것을 권유하였다. 3월 중순 경, 이규갑은 김사국에게 한남규와 함께 국민대회를 조직하고자 하니 가입할 것을 권유하였다. 김규(김교훈)는 3월 말 쯤 인천에 있을 때 홍진을 만났는데, 여기서 홍진은 국민대회를 조직하여 독립운동을 계획하는데 있어 각지의 대표자들을 인천 만국공원에 모이게 하였는데, 유교계의 대표로 참석해 달라는 부탁을 받았다. **4월 2일 오후, 인천 만국공원에서 13도대표자대회가 개최**되었다. 일제의 감시가 심한 상태에서 그리고 상호 인식을 위해 엄지 손가락에 흰 종이나 헝겊을 감아 면식이 없는 사이에도 무언 중에라도 서로 알게 하는 등의 방법을 취하였**다. 만국공원의 회합에서는 임시정부의 조직, 파리평화회의에 대표**

파견 그리고 국민대회를 개최하여 정부를 수립하는 데 합의를 보았다. 이어 4월 8일 이전 어느 날 서울 한성오의 집에서 홍진, 이규갑, 한남수, 김시국 등이 모여 임시정부 및 국민대회에 관한 구체적인 토의를 하였다.

이상 각기 상이한 자료를 토대로, 4월 2일 만국공원에서 개최된 13도 대표자대회 전후의 상황을 살펴보았다. 사실 두 가지 모두 날짜만 빼면 내용 면에서는 거의 차이가 없다고도 하겠다. 다만, 발표 주제인 만국공원의 역사적 위치를 논의하자 할 때, 후자의 기록이 좀 더 의미를 부여할 수가 있을 것이다. 그런데 우선 전제되어야 할 것은 만국공원 회합이 철저하게 비밀회합이었다는 점이다. 게다가 참석 대상도 사전에 모두 결정되지 못한 집회였다. 은밀한 방법을 통해 참석자를 인식할 정도였으니까, 누가 참석할 지에 대한 결정이 지도부를 제외하고는 사전에 거의 알려지지 않았다고 보는 것이 합리적일 것이다.

더욱이 이 시점은 인천을 비롯하여 전국 각지에서 3·1운동의 확산이 최고점을 향하던 때였다. 따라서 일제의 경계망도 그만큼 치밀하게 작동되었다. 이런 상황에서 3월 17일 회합에서 4월 2일 만국공원 집회를 결정하였다는 것은 좀 생각하기 어렵다. 왜냐하면 4월 23일 정부수립을 선포하는 국민대회 개최가 불과 4일 정도를 앞두고 결정되었는데도, 일제의 감시망에서 벗어나질 못했기 때문이다.

그렇다고 한다면, 4월 2일 만국공원에서 개최된 13도대표자대회에는 다음과 같은 의미를 부여할 수 있다. 3·1독립운동으로 고양된 독립의식으로 국내외 각지에서는 독립정부수립운동이 일어났다. 국외에서의 정부수립운동이 일제의 감시망에서 어느 정도 자유로울 수 있었다면, 국내에서의 정부수립운동은 일제의 탄압과 감시로 매우 어려운 상황이었다. 게다가 3·1운동이라는 전민족적 독립운동이 전개되는 상황이라면 더욱 그렇다.

이럴 때, 홍진과 이규갑을 비롯한 일군의 지사그룹은 3월 상순경부터 독립정부 수립을 위한 치밀한 계획을 세웠다. 그에 따라 은밀하게 동지를 포섭하였고, 그 결과 4월 2일 인천 만국공원에서 대표자대회를 열게 되었다. 이 대회는 일제의 감시망을 뚫고 독립정부를 수립하려는 의지를 가진 다수의 독립운동가들이 모인 최초의 회합이었을뿐만 아니라, 정부의 조직이 결정되었고, 파리강화회의 대표 파견 문제가 결정되었으며, 국민대회를 개최하여 정부를 수립하겠다는 것이 결정된 대회였다.

여러 가지 다른 성향에도 불구하고, 만국공원 회합 참석자들은 독립정부 수립을 위한 구체적인 방안을 수립하였으며, 그에 따라 국내에서는 유일하게 독립정부를 수립할 수 있었다. 일제의 삼엄한 감시망 속에서, 계획과 추진 그리고 결과를 보았다는 점은 독립운동사상 기념비적인 성과라고 하겠다. 이러한 정부수립운동에 인천의 만국공원에서 개최된 대표자대회가 중심에 있었다는 점이, 바로 만국공원의 역사적 위치라고 하겠다.

자유공원은 한국 최초의 공원이라는 역사적 위치를 갖고 있다. 그것이 비록 제국주의시대 유산일지라도 나름대로 큰 의의가 있다고 하겠다. 1880년대 이후, 한반도는 제국주의 열강들의 침략이라는 도전에 맞서게 되었다. 의병전쟁, 문명개화운동, 구국계몽운동 그리고 3·1독립운동과 독립투쟁은 이에 맞선 응전의 형태였다.

이런 와중에 1880년대부터 1910년대 전반기까지 인천에는 조계지라는 형태의 나라가 존재하였다. 이 나라는 분명 인천에 있었지만, 조선인들은 그 곳에서 주인 노릇을 할 수가 없었다. 주인은 커녕 조계장정에서 규정된 권리마저 제대로 행사하지 못했다. 그 중에서도 각국조계는 정도가 심했다. 같은 침략자인 일본인이 오히려 그곳의 주인 노릇을 했다. 각국조계 거주민의 대부분이 일본인이었기 때문이다. 사실은 그런 일본인들도 각국조계에 조성된 만국공원과 그 주변만큼은 범접하지 못하였다. 아름답고 숲이 우거진 그 지역에는 영국과 독일, 미국 등 외국인의 건축물이 상징하는 좀 더 강한 근대가 있었기 때문이다.

여기서는 만국공원의 역사적 위치를 있었던 그대로 살펴보고자 했다. 이를 위해 첫 번째로 세창양행과 존스턴별장이 선택되었고, 그 건축물이 상징하는 역사성에 대해 역사적 자료를 이용하여 살펴보았다. '역사란 과거의 자료들과 현재 역사가와의 끊임없는 대화'라는 명제가 맞다면, 우리는 지속적으로 만국공원과 만국공원에 있는(혹은 있었던) 역사적 실체들과 대화를 해야 한다. 여기서의 발표는 그러한 대화를 하기 위한 준비과정에 불과하였지만, 결과는 역시 제국주의 침략이라는 대세를 벗어나지 못하였다.

그렇지만, 만국공원의 역사성이 반드시 제국주의에 대한 경배만이 있었던 것은 아니다. 1919년 4월 2일, 만국공원에서 개최된 대표자 대회는 바로 그 강한 근대, 곧 제국주의를 이 땅에서 몰아내려는 이 땅의 주인들이 펼쳤던 응전이었다. 이 대회는 홍진을 중심으로 하는 일단의 지사들이 정부수립을 목표로 인천의 만국공원에 모여, 3·1독립운동 이후 고양된 독립의식을 바탕으로 식민통치를 종식시키기 위한 회합을 가진 사건이다. 만국공원의 역사성을 제국주의시대 건축물이 아닌 다른 차원에서 조명할 수 있는 구체적 사례인 것이다.

대한민국임시정부와 지역사회

1. 독립지사 김원흡과 윤응념

"尹應念金馬利亞事件의革命鬪士金源흡氏의歸國-祖國脫出二十四星
霜北滿放浪記."

1947년 3월 1일자 『대중일보』[1]에 보도된 김원흡 귀국에 관한 기사
의 제목이다. '윤응념과 김마리아사건에 관련된 혁명투사 김원흡씨
의 귀국-조국을 탈출한지 24년 동안 북만주를 방랑한 기록' 정도의
의미겠다.

이 보도에 의하면, 김원흡이 출생한 지역은 만석동이다. 비록 인천
에서 3·1운동을 전개하였다는 흔적은 보이지 않지만, 3·1운동으로
탄생한 대한민국임시정부에서 김원흡은 연통제와 관련한 중요한 역
할을 하였다. 또한 당시 윤응념 관련 사건에서 연관된 다른 인물들은
모두 체포되었는데, 김원흡만이 유일하게 탈출에 성공하였다는 점에

---

1) 『대중일보』는 1945년 10월 7일 고주철(高珠澈)이 인천부 궁정(宮町)에서 창간하였으며,
편집 겸 발행인은 최상철(崔相澈)이었다. 이 신문은 창간사에서 "사회정의의 옹호와
시민문화의 건설을 도모하여 결연히 인천을 기반으로 한 일간신문"이 될 것을 표방하였
던 것처럼, 인천시민에게 새로운 국내소식과 국제정세를 신속하게 보도하여 자유민주주
의국가의 시민이 갖추어야 할 식견을 함양하는 데 길잡이가 될 것을 표방하였다.

유의해서, 간략하게 김원흡에 대한 내용을 살펴보고자 한다.

『대중일보』위 기사 제목에 있는 윤응념은 아직 공식적으로 독립유공자 공인은 받지 못한 상태이지만, 그의 독립운동 활동에 관한 자료는 매우 많다. 특히 윤응념의 독립운동 활동에 대해서는 '진실화해를 위한 과거사 진상규명회'(2005년 5월 국회에서 관련법 통과, 2005년 12월 출범)에서 '민족독립규명위원회사건' 중 하나로 상정되었다. 이후 위원회의 철저한 조사 결과, 2008년 '윤응념의 활동은 항일독립운동이므로 본 건을 진실규명으로 의결한다'라는 최종 결론이 난 상태이다.

위에서 언급한 대로, 위원회에서는 윤응념의 활동을 항일활동으로 분명하게 인정하고 있다. 그럼에도 김원흡의 역할에 대해서는, 윤응념의 군자금 모집과 관련된 여러 활동 중 일부 혹은 주도적 역할 중 일부 혹은 그런 활동 중 많은 부분이 김원흡의 활동에서 초래되었거나, 김원흡의 활동이 윤응념에게 전가되었을 가능성이 있다고 하였다.2)

---

2) 진실화해를 위한 과거사 진상규명회 2008년 상반기 보고서, 『민족독립규명위원회사건』, 138쪽의 각주를 참조(판결문에 따르면, 이 사건으로 함께 활동했으나 미체포된 김원흡의 행적은 그저 망을 보는 정도라고 한다. 하지만 김원흡은 중국으로 탈출에 성공하고, 해방 후 1947년 2월 1일 귀국하였다. 귀국 한 달 후 대중일보에서 그를 인터뷰하는데, 김원흡은 교통총장 손정도의 명령으로 "내지책임집사"로서 "모종의 계획"을 세우고 있었고, 군자금이 필요해서 개성에서 수삼을 "수"한 뒤 기술자를 초빙하여 홍삼을 적으로 제조하여 상해로 "매"하다고 한다. 이 기사에는 김원흡의 활동이 "윤응념사건"과 관련된 활동이었는지 여부가 분명하게 드러나 있지 않다. 다만 이러한 정황에서 볼 때 김원흡의 활동이 윤응념에게 전가되었을 가능성도 배제할 수 없다). 그리고 필자 역시 위원회의 이러한 의견에 전적으로 동의하고 있으며, 이 점에 대해서 지속적으로 관심을 갖고 있다. 그 이유 중 한가지로, 일제 판결문 등과 당시 보도 자료들을 면밀하게 살피면, 윤응념 관련 기록들에 보이는 여러 연결 고리가 끊기는 지점을 발견했기 때문이다.

이제 『대중일보』의 기사와 윤응념사건의 판결문 등을 토대로 김원흡에 대해 간략하게나마 사적을 구성해 보면 다음과 같다.

김원흡이 인천으로 돌아왔을 때(1947)의 나이는 67세이다. 따라서 출생 연도는 1879–1881년경으로 추정할 수 있다. 본적은 만석동(萬石洞)이며, 아마도 국내를 탈출하기 까지는 만석동에 집이 있었던 것으로 보인다. 김원흡이 기록에 등장하는 시기는 인천중대사건 혹은 윤응념사건으로 알려진, 대한민국임시정부의 국내 군자금 모집 사건 때이다.

1923년 윤응념을 비롯해 10명이 이 사건에 연루되었는데, 이중에서 9명이 체포되었다. 이때 김원흡만이 유일하게 일제 경찰의 추적을 피해 목포를 거쳐 오키나와로 갔다가 다시 현해탄을 건너 부산으로 왔고, 이어 간도 연기로 탈출에 성공한다. 이때의 과정을 『대중일보』 기사는 다음과 같이 생생하게 보도하고 있다.

> 尹應念 사건이 발각되자 선생은 梧柳洞 모처에서 밤을 타서 경인철도를 도보로 다름질쳐 朱安염전을 가로질러 만석동 자택에서 다시 필목장사로 변장하고, 群山으로 왔을 때 윤씨 사건을 신문지상을 통해 알게 됐다. 선생은 일이 이미 인천으로 돌아갈 수 없음을 깨닫고 木浦에서 1주일, 일본 大阪에서 이틀 만에 다시 현해탄을 거쳐 釜山에 그리고 그길로 四十六일 만에 豆滿江을 건너 間島省 延吉로 갔다.

김원흡이 만주로 탈출로를 잡은 것은 그곳이 그의 첫 번째 망명지이자 독립활동을 개시한 지역이기 때문이다.

김원흡은 청년기에 내리교회에 설립된 영화학교에서 교사로 활동하였다. 정확한 시기는 확인이 안 되지만, 만석동 출신의 김원흡 역시 영화학교에 다녔을 가능성이 있다. 영화학교 출신들이 그대로 남아 교사로 활동하는 경우가 종종 있기 때문이다. 이어 신민회에도 가입하여 구국운동을 하였고, 아마도 신민회의 해외독립기지 건설 계획에 따라 만주로 건너가 활동을 한 것으로 보인다.

이후 김원흡은 도산 안창호와 연락이 닿아 아마도 대한민국임시정부의 연통제와 관련된 활동을 하게 되었던 것으로 보인다. 이 과정에서 시베리아에 보내는 모종의 문서 관련 사건으로 일시 체포되었다가 증거불충분으로 풀려나 인천 만석동 집으로 돌아왔다. 하지만 곧바로 대한민국임시정부 국무원 교통총장(『대중일보』 기사에서는 교통부총장이라 하였다)이었던 손정도의 지령으로 인천 내지책임자로 모종의 비밀 활동을 하게 되었다. 여기서 언급된 내지의 의미는, 아마도 김원흡이 만석동 출신이면서 영화학교에서 교사 활동을 하였기 때문에, 인천 지역을 중심으로 하는 듯하다.

손정도 목사가 임시정부 교통총장으로 있던 시기는 1921년 8월부터 1922년 2월까지였다. 그러니까 김원흡은 1921년 8월 이후 인천을 중심으로 대한민국 임시정부와 긴밀한 연락관계를 맺고 비밀 과업을 수행한 것이며, 이는 김원흡이 인천에서 상당한 기반을 형성하고 있었음을 의미한다. 이때 김원흡의 활동을 보면, 첫째, 덕적문전도(德積文典島)에 학교를 설립하는 일과 둘째, 개성에서 수삼을 밀수하여 기술자를 초빙해서 홍삼을 제조하여 상해에 밀매하여 필요한 군자금을 확보하는 일 그리고 이렇게 확보한 군자금으로 무기를 구입하는 등 맹렬한 비밀직접투쟁을 이어갔다.

뿐만 아니라 김원흡은 상해에서 파견된 윤응념이 애국부인회를 이끌던 김마리아를 피신시키는 작업과 군자금 모집 활동에도 깊이 관

여하였다. 인천에 확실한 근거지를 확보하고 있었기에 가능한 일이
었다. 따라서 윤응념의 거의 모든 활동에는 반드시 김원흡이 관여하
였고, 어쩌면 앞에서 언급한 '민족독립규명위원회사건' 보고서에서
도 지적한 바와 같이, 윤응념의 활동 이면에는 김원흡의 비밀이 숨겨
져 있는 지도 모르는 것이다.

윤응념사건으로 만주로 피신한 김원흡은 이후 연길 명동중학교에
서 교사 일을 하면서, 1931년 만주사변 전까지 연길에서 항일활동을
벌인다. 김원흡은 1931년 만주사변 이전까지 연길 지역을 중심으로
옛 신민회 조직을 재건한다든지 촉진회(促進會)를 만들어 교과서와
선전책자 등을 제작하기도 하였다. 만주사변 이후 일본제국주의 세
력이 맹렬하게 만주로 들어오게 되었고, 김원흡은 또 다시 벽촌에 몸
을 숨기면서 이곳저곳을 전전하기에 이른다. 이때 다섯 번이나 이름
을 바꾸고, 이 중에서 이기창(李基昌)이라는 성명이 만주 동지들한테
통용되었다고 한다.

1945년 8월 20일 만주가 해방이 되자 김원흡은 한민회위원장이
되어『한민일보』를 발행하였지만, 곧 소련군의 탄압으로 창간 3일만
에 폐하고 말았다. 이후 김원흡은 좌익의 숙청대상자로 몰리게 되었
고, 만주사변의 희생자인 오준승[3]의 딸 도움으로 도문을 탈출하여
1947년 2월 1일 고향에 돌아오게 되었다. 그리하여 국내에 들어와서
는 옛 동지 김대련(金大鍊, 당시 경동 대정여관 주인)의 집에서 부자상
봉의 감격을 맞게 되었다고 한다.

한편, 앞에서 잠시 언급한 이른바 인천중대사건으로 알려진 군자

---

3) 만주사변과 오준승에 대해서는『만주군벌 장작림』(쉬처(徐徹) 지음, 유가원 옮김, 도
  서출판 아지랑이, 2011)을 참조.

금 모집 사건이 있다. 윤응념사건으로 알려진 것이다. 이 사건의 주인공인 윤응념의 초기 생활에 대해서 알려진 바는 별로 없다. 윤응념은 1917년쯤 중국으로 건너가 영어 공부를 하다, 3·1만세운동이 벌어지자 상하이로 옮겨간다. 윤응념은 1920년 10월 대한민국임시정부 교통부 참사로 임명되었고, 1920년 가을 평안남도 진남포부(鎭南浦府) 및 황해도 송화군(松禾郡) 방면에 도착하여 조선독립을 널리 알리고자 독립신문과 신한청년(新韓靑年)을 배포하고 중국으로 돌아갔다. 이어 윤응념은 1921년 4월, 국내에 들어와 임시정부 비서국장 도인권(都寅權)의 가족과 한민국애국부인회(大韓民國愛國婦人會) 회장 김마리아를 상해로 탈출시켰으며 1922년 4월에는 인천에서 범선 한 척을 구매하여 상해임시정부와의 연락을 도모하기도 하다. 이어 윤응념은 1922년 4월경에는 국내로 들어와 인천항 부근 여러 섬을 중심으로 독립운동자금을 모집하였다(이른바 '인천중대사건'이라는 것이다). 윤응념은 1923년 경기도 경찰에 체포되어 경성지방법원에서 12년형을 선고받고, 복역 중이던 1925년 5월 폐병으로 인한 병보석으로 풀려나와 요양 중에 1926년 1월 경 중국으로 탈출하였다.

1923년 5월 19일부터 9월 9일까지 『매일신보』에는 윤응념사건에 대한 기사가 6건이나 보도되고 있다. 그만큼 비중이 컸던 사건이라는 증명이 된다. 특히 1923년 5월 20일자 보도의 주요 표제어만 보더라도 이 사건의 모든 것을 미리 말해줄 정도로 신문 기사가 보도되고 있는 것이다. 〈인천군도에 출몰하던 해상강도단 일망검거〉, 〈尹應念은 交通擔任, 지부진남포 사이에 수차 왕래, 金瑪利亞 밀항의 參謀長은 일반 방침이 모두 윤응념 책략이오〉, 〈제1차로 흉기 사용, 육혈포를 가지고 군자금을 모집하려고 결심한 윤응념〉, 〈罪極運窮,

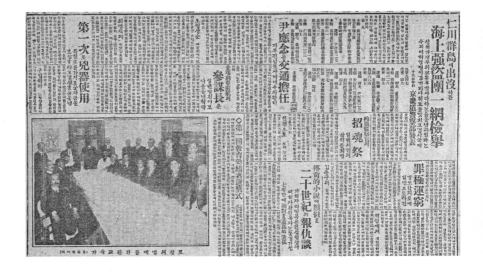

강도 한회로에 일망으로 타진〉 등이다. 그러니까 윤응념사건 보도가
표제어만 갖고도 그 사건의 경위와 내용 및 결과를 알 수 있게 배치
될 정도로 자세하게 보도가 되고 있는 것이다(위 사진은 『매일신보』
1923년 5월 20일자 3면의 머리기사에 해당한다).

윤응념사건은 『동아일보』에서도 기사화 되었다. 『동아일보』 1923
년 9월 27일자에는 윤응념을 비롯한 독립자금 모집 사건 관련 인물
들에 대한 최종 재판과 관련, 〈仁川을 中心한 군자금모집事件 言渡,
尹應念 십이년〉이라는 기사 실려 있다. 이 기사는 최종적인 것이고,
사건 발생 직후부터 『동아일보』에서는 11차례에 걸쳐 높은 관심을
보이고 있다.

그런데 이 사건에 대해 의문스런 보도 역시 동시에 존재한다. 사건
자체보다는 윤응념에 대한 기사의 일관성에 대한 문제이다. 『동아일
보』 1925년 5월 17 일자에 실린 다음과 같은 기사를 보자. "尹氏出監

入院. 삼일운동(三一運動)에 십오년형을 받고 그동안 서대문(西大門) 형무소에서 복역중이던 윤응념(尹應念)은 신병으로 인하여 집행중지(執行中止)를 받고 재작일 「세부란스」 병원에 입원하였다더라.” 이 기사는 많은 의문을 남긴다. 이전의 보도와는 완전하게 다른 내용을 전한다. 윤응념사건은 이른바 강도 및 임시정부와 연관된 독립운동 사건이다. 그래서 최종 형량도 12년을 언도 받은 사건이다. 그런데 이 기사는 윤응념이 3·1운동과 관련되어 15년형을 받고 복역 중 신병으로 형 집행이 중지되었고, 당시 최신 시설을 갖춘 세브란스병원에 입원 조치되었다는 것이다.

윤응념사건 혹은 인천중대사건이 발생하였다는 것은 『매일신보』나 『동아일보』의 보도를 보아 명백하다. 다만, 관련 재판이 진행되고, 형이 확정되고 난 이후의 상황이 좀 모호한 측면이 있음을 반영하는 기사로 보인다.

2. '민족'과 '반민족'

필자는 앞에서 '민족'과 '반민족'에 대한 언급을 한 적이 있다. 이를테면 '민족운동이 전개되었다'라는 상황을 생각해보자. 이 글에서 본다면, 3·1독립운동과 일본제국주의의 식민통치를 벗어나려는 대한민국임시정부의 대일 투쟁 등이 그것이다. 바로 민족운동인 것이다.

그런데 이러한 민족운동을 방해하고 저지하며, 일본제국주의의 입장에 서서 탄압을 했다면, 우리는 그러한 행위를 반민족 행위라고 한다. 특정 인물한테는 반민족행위자라는 이름을 붙이기도 한다. 그래서 대한민국 국회에서는 1948년 9월 17일 '반민족행위처벌법'을 제정하였다. 그 과정을 간략하게 살피면 다음과 같다.

1945년 8월 15일 해방 후 약 3년 동안 미군정이 남한에서 유일한 합법정부로 기능하다가 1948년 5월 10일 남한만의 총선거로 남한에서는 제헌의회를 구성하게 되었다. 물론 이전에 남조선과도입법의원이 구성되기는 했지만 어디까지나 임시기구일 뿐이지 정식으로 남한 인민들을 대표하는 기구는 아니었다. 그렇지만 중요한 것은 이미 남조선과도입법의원(이하 입법의원)에서 일제강점기 때 동포를 착취하고, 독립운동을 방해하고, 자신의 영달을 위해 일본제국과 일본왕에게 견마지로(犬馬之勞)를 다한 일제의 주구(走狗)들을 처단할 수 있는 법적 조처를 시도하였다는 점이다. 이때 '민족반역자·부일협력자·간상배에 대한 특별법률조례'(이하 특별조례)가 제정되었다. 입법의원은 의회가 아니었으므로 법적인 효력을 가지려면 당시 유일한 '합법정부'인 미군정의 승인이 있어야 했다.

잘 알려진 대로 미군정은 한민당을 비롯한 일부 친일적 색채가 짙은 인물들의 협조로 남한을 통치하고 있었다. 특히 경찰조직을 비롯한 미군정의 관료기구 내지 자문기구에는 한민당 출신이거나, 일제강점기 총독부에 부분적으로 협력하거나 혹은 적극적으로 총독부에 저항한 적이 없는 인물들이 대거 포진해 있었다.4) 이 중에서 특히 1945년 10월부터 1948년 8월까지 미군정 전 기간 동안 경무부장(현

---

4) 예를 들면 경무부장에 조병옥, 수도경찰청장에 장택상, 대법원장에 김용무, 검찰총장이인, 대법원 검사장 김찬영, 사법부 형정국장 최병석, 사법부 수사국장 구자관, 농림부장 윤보선, 문교부장 유억겸 등, 미군정의 주요 포스트에는 한민당계열의 인물들이 고위관리로 임명되었다(허재일·정차근, 해방전후사의 바른 이해』, 평민사, 1991, 106-107쪽).

재의 경찰청장)으로 재임하였던 조병옥은 반공주의자로 널리 알려져
있다. 조병옥은 1946년 10월 대구에서 발생한 이른바 '폭동사건' 처
리 과정에서 경찰의 발포로 많은 사상자가 발생하였을 때, 대부분의
지식인들로부터 경찰의 억압적인 조치가 대구폭동의 원인이었다는
비난을 받게 되었다. 훗날 이런 비난에 대해 조병옥은 다음과 같이
그때의 일을 회고하였다.5)

> 10월폭동은 내가 많은 친일 경찰들을 고용한데 대한 민중의 항의의
> 자연적 발로라는 비난이 있음을 본인은 잘 알고 있다. 그러나 나는 일
> 본 통치 하의 〈친일적〉 활동의 두 가지 유형을 구분해야 한다고 믿는
> 다. 한편에는 일본인 통치에 찬성했기 때문에 친일적 활동에 가담한 사
> 람들이 있고, 다른 한 편에는 자신이나 가족의 생계를 위해 일본 경찰
> 에 고용된 사람들이 있다. 이런 사람들의 태반은 〈친일경찰〉이라 볼 수
> 없다. 이들은 단지 〈친직업적〉(pro-jop) 인사들에 불과했다. 이들 친직
> 업적인 한국인들은 많은 수가 경찰로서, 식민지 행정의 관리로서 또는
> 일본 사법부의 일원으로 일하였다. 이런 사람들 중 극소수의 경우만 진
> 정한 의미에서 친일분자들이었다. 따라서 개인의 영달을 위해서 민족
> 운동을 고의적으로 방해했던 사람이 아니면 본인은 그를 국립경찰의
> 자리에 앉히는 데 주저하지 않았다(밑줄-필자).

이른바 '프로잡(pro-jop)'이냐 '프로잽(pro-jap)'이냐 하는 유명한 구
분을 낳은 부분이다. 전자는 오직 호구 수단으로 일제의 통치기구에
취직을 해서 생활을 하였기 때문에 친일분자가 아니라는 것이다. 후자
는 자신의 영달을 위해 일본(잽-재팬)에 충성하여 민족을 배반하고 독립

---

5) 조병옥, 『나의회고록』, 173-174쪽.

운동을 방해하던 진정한 의미에서의 친일분자라는 것이다.[6]

---

6) 이와 관련해서, 일제강점기 반민족행위(이른바 '친일')를 일삼은 자들의 행태를 '대일협력'이라 부르고, 그 유형을 '이데올로그형'과 '테크노크라트형'으로 구분하면서, '식민지 공간에서 생활하는 이상, 극단적으로 말해 모든 조선인이 대일협력과 유사한 행위를 강요받았고, 그러한 환경이 구조적으로 창출되었다'고 주장하면서, '대일협력의 문제는 일본제국주의 지배정책에 대한 조선인의 대응의 한 형태로서 연구해야 한다'는 견해가 제시되었다(카터 J.에커트, 「식민지말기 조선의 총력전·공업화·사회변화」, 『해방전후사의 재인식』 1, 책세상, 2006, 675~685쪽). 또한, 이 연구자는, 친일파를 둘러싼 문제가 현재도 초미의 관심사인 것은 한국에서 정부 주도하에 독립유공자를 선정하고 보상하는 사업을 하고 있는 것과 관련이 있다고 주장하면서, 국가의 손에 의해서 '민족에 대한 기여'와 '민족에 대한 반역'을 양극단으로 삼는 선별이 이루어지고 있기 때문에, 식민지시기 언동에 대한 사실을 둘러싸고 자주 분규가 발생한다는 것이다(681쪽의 주32).
식민지로 혹은 다른 나라의 지배를 단 1년이라도 받아보지 않고, 오히려 식민지 모국이 되어 다른 지역과 지역에 사는 사람들의 인적·물적 재산을 약탈한 경험만이 있는 나라의 역사가는, 그렇게 해석하는 것이 '과학적'이고 '구조적'이며 '객관적'으로 식민지 시기와 식민지 사람들을 이해하는 것이 가능할지도 모르겠다. 그런데 제2차 세계대전이 끝난 후, 유럽에서 나치 독일에 점령당했거나 지배를 받은 나라들(프랑스, 네덜란드, 벨기에, 덴마크, 노르웨이 등등)과 아시아에서 일본의 침략을 받은 여러 나라들 중에서, 과연 반국가행위 혹은 반민족행위를 한 사람들에 대해, 국가가 나서 그런 행위들을 조사하고 처벌하거나 징치하지 않은 국가가 있는지 모르겠다. 오히려 반국가행위 혹은 반민족행위를 한 사람들에 대해서는 보편적으로 적용되는 사법적 판단을 유보하고, 심지어는 공소시효 자체를 없애면서까지 나라와 민족에 대해 해악을 끼친 행위를 한 자들에 대해 끝까지 추적해서 처벌하고 있는 이유는 무엇일까.
이 역사가를 위해 프랑스 및 유럽나라들이 국가적 차원에서 어떻게 반민족행위자들을 처벌했는지를 보기로 하자. 프랑스의 연감 『퀴드』 2003년 판은 나치 협력자 청산결과를 다음과 같이 적고 있다. '나치협력자 조사대상 150만~200만 명, 체포되어 조사받은 자 99만 명, 최고재판소와 숙청재판소에서 재판된 사건은 5만7100여 건, 6천766명에 사형선고, 782명 사형집행, 2천802명에게 유기징역형, 3천578명에 공민권 박탈했고 시민재판소에서 11만5천 건을 재판에 9만5천 명에게 부역죄을 선고받았고 공직자 12만여 명은 시민재판소에서 행정처분을 받았다. 재판 받은 사람들은 군대 장교 4만2천여 명, 정부 관료 2만8천750명, 경찰간부 170명, 판검사 334명, 헌법위원 18명이다'. 또 어떤 인물은 이러한 처분에 대해, 이후 프랑스가 여러 차례에 걸친 사면으로 실제 끝까지 처벌받은 사람들의 수는 현저히 줄어들었다고 한 적이 있다(복거일, 『죽은 자들을 위한 변호』, 2003, 225~251쪽). 그러나 나중에 프랑스국가의 은전을 받은 프랑스사람들은 '나치부역자'에만 해당되는 것이지 모든 반민족행위를 면제시킨 것은 아니라는 점을 간과하였다. 오히려 프랑스에서는 반민족행위 혹은 반인도적범죄에 대해서는 공소시효 자체가 없다.

그렇다고 한다면 위에서 언급한 입법의원에서 친일분자를 처리하기 위한 특별조례를 만들었을 때, 한민당을 비롯한 이른바 보수우파,

이를테면, 프랑스정부는 1983년 레지스탕스 영웅 장 물렝을 고문 살해한 리용지역 나치 게슈타포의 바르비를 남미 볼리비아에서 체포해 재판했다. 바르비에게는 프랑스에서 사형이 이미 폐지되었으므로 무기징역형이 선고되었다. 1992년에는 드골의 나치협력자 숙청 때 도주해 2차례나 궐석 재판에서 사형선고를 받은 폴 투비에도 체포되어 무기징역형이 선고되었는데 이때 그의 나이 79세의 고령이었다. 그럼에도 정상참작은 없었고 두 사람 모두 감옥에서 사망했다. 1998년에는 비시정권의 보르도 경찰서장 모리스 파퐁이 나치협력자의 심판대에 올랐다. 그는 비시정권하에서 레지스탕스에 도움을 준 것으로 알려져 드골의 집권 후에도 그는 현직에 그대로 머물렀으며 오히려 랑드 주지사로 승진까지 했다. 지스카르 데스텡 대통령 하에서는 예산장관을 지내기도 했다. 그런데 40년이 지난 후 과거의 그의 행적이 보다 세밀하게 검토되면서 그가 숨겨온 비밀이 드러나기 시작했다. 독일의 요청에 의해 유태인을 추방하는 문서에 파퐁의 서명이 계속 발견된 것이다. 당시 프랑스 국적을 취득하고 있던 유태인들을 사지에 몰아넣은 행위는 물론 시효가 배제되는 비인도적 범죄에 해당되었고 10년 징역형을 받았다. 그의 나이 90세였다. "반세기를 넘긴 뒤에 나치 부역 행위자를 재판정에 세우는 것을 어떻게 생각하는가?"『르몽드』기자가 한 중학생에게 위와 같이 질문하자, 그 학생은 다음과 같이 대답했다. "인간적으론 안 된 일이지만 역사를 위해 꼭 필요한 일이다." 이 역사가를 위해 꼭 들려주고 싶은 말이었다.

그런데 프랑스의 숙청작업은 벨기에, 네덜란드, 노르웨이, 덴마크와 비교해 보면 오히려 온건한 편이었다. 사실 사형이 집행된 나치협력자는 프랑스가 수적으로 가장 많지만 강제노동형이나 징역형을 받은 나치협력자는, 인구비례로 볼 때 프랑스가 가장 적었다는 것을 알 수 있다. 프랑스에서는 3만8천여 명에게 징역형이 선고되었는데 이는 인구 10만 명당 평균 94명이 감옥에 간 것을 뜻한다. 반면에 덴마크의 경우, 총 1만4천 명이 징역형을 선고받았는데 이는 인구 10만 명당 평균 374명이며, 네덜란드의 경우 10만 명당 4백19명, 벨기에의 경우는 10만 명당 5백96명, 노르웨이는 10만 명당 6백33명이다. 노르웨이는 프랑스에 비해 무려 6.6배나 더 많은 수치를 나타냈다(이상의 내용은 이종호, 「프랑스의 나치협력자 숙청과 친일파청산」, 2004년 12월7일 도서출판 '사회와연대'가 주최 학술세미나 발표문에서 발췌하였다). 일본 역시 반문명적 행위를 한 전범 및 그 동조자, 방조자를 포함해서 21만여명이 공직에서 추방당하였다. 이는 모두 정상적인 국가에 의해 시행된 조치인 것이다.

역사 연구에서 보편성과 함께 특수성을 고려하는 것은, 역사가의 자세라기보다는 의무에 속하는 것이다. 일제강점기의 부역행위와 반민족행위 나아가서 반인륜적인 행위를 한 사람들의 행태를 '대일협력'이라는 잣대를 가진 나라의 이 역사가는, 왜 자신의 나라가 그 많은 자금을 들여가면서, 약탈적이고 반문명적이며 수많은 인명을 의도적으로 살상하여 추악한 전쟁으로 기록되어 있는 베트남전쟁 때 실종된 군인들을 '과학적'인 방법을 동원하여 신분을 확인하면서까지 장중한 장례절차에 입각한 헌창을 하는 지를 먼저 생각해보아야 하는 것이 순서에 맞지 않을까.

일제 때 관료출신들 그리고 경찰 조직은 어떤 반응을 보였는가. 입법
의원은 미군정이 좌우합작운동을 지지할 때 중간파의 정치적 기반을
도모하기 위해 창설한 것이다. 주민의 투표로 선출된 민선의원과 좌
우합작위원회의 추천으로 선임된 관선의원으로 구분되었다. 원래는
'정부에 민주적 요소의 참가를 증가하여 민주주의 원칙에서 국가의
발전을 조성한다'라는 미군정의 목적이 있었다. 그렇지만 실제 선거
의 양상은 사뭇 달랐다. 미군정은 사전에 좌익 계통 인물들을 탄압하
여 선거에는 거의 출마를 하지 못하도록 하였을 뿐만 아니라, 미군정
을 지지하는 단체와 정당 인물들의 당선을 위해 4단계의 간접선거
방식을 시행하였다. 그리하여 1946년 10월에 실시된 민선 입법의원
선거에서는 대부분 한민당 계열의 인물들과 우익 계통의 인물들이
압도적으로 당선되었다. 이에 반해 관선의원은 좌우합작위원회의 추
천으로 선발하였는데, 대부분이 독립운동에 투신하였거나 좌·우 중
에서 중간파에 해당하는 인물들이 대거 추천되어 추인을 받았다. 그
러니까 대체적으로 민선의원은 '미군정-한민당계열-일제출신 관리
출신'이, 관선의원은 '제정파 인물들-중간파-민족운동계열 출신'으
로 구분될 수 있다.

특별조례가 입법의원에 상정된 것은 1946년 12월 30일 제6차 본
회의 때, 정이형 의원이 관련 조례 초안의 동의를 구하면서 부터였
다. 기초조사위원회의 설치 명칭을 놓고 여러 번 회의를 거듭하였는
데, 결국 '부일·반역·전범·간상배에 대한 특별법률조례 기초위원회'
로 결정되었다. 그런데 논의과정에서 민선의원들과 좌파들 일부는
법안의 내용이 너무 과격하다고 반대한 반면, 관선의원들 대부분은
법안 초안 내용에 찬성하였다.

특히 이승만이 이끄는 민족통일총본부의 입장은 절대 반대였다. 당시 신문에 보도된 민족통일총본부의 입장을 정리하면 대략 다음과 같다.[7] 첫째, 시기적으로 미군정에 의뢰하지 말고 (임시)정부 수립 이후에 처리할 것. 둘째, 친일파의 범위를 민족과 국가를 팔아먹은 자로 할 것, 너무 광범위하게 선정하면 불안을 주고 정부 건설에 방해가 된다. 셋째, 전범에 대한 처리는 전승국의 권리이므로, 우리가 처리할 수는 없다. 그리고 부일협력자의 행위가 전쟁과 관련이 있다고 해도 그 자체가 전범은 아니다. 넷째, 간상배라는 규정은 부당하다. 경제범을 처벌하는 규정은 따로 있으므로 간상배(奸商輩)라는 명칭은 적절치 않다. 그리고 엄벌을 위하여 간상배를 규정한다면 별개의 법률로 제정해야 한다는 것이었다.

미군정의 임의기구라는 성격을 가진 입법의원에서 친일파(민족반역자)를 처벌하고자 하는 시도 자체에 무리가 있었지만, 이에 대한 여러 단체 및 정당간의 입장은 너무나 큰 것이었다. 특별법률조례의 명칭을 놓고도 몇 차례의 초안이 제시되었고, 이에 대해 수정안과 재수정안을 거쳐 최종안을 확정하기까지 그야말로 사활을 건 논쟁과 관련 기관의 협박이 잇달았다. 특히 특별법률조례가 제정되어 미군정의 승인이 나면 가장 큰 피해를 입게 될 조직은 역시 경찰이었다. 그리하여 경찰조직은 조례의 제정과정부터 직·간접적으로 반대 의사를 표명하면서 위협적인 비난을 퍼붓는 등의 압박을 가하였다. 경찰은 1947년 7월 2일 입법의원에서 이 조례가 통과되자 경찰규제 조항의 수정을 요구하였다. 더욱이 서울 종로경철서장 김형진은 자기 부

7) 『자유신문』, 1947년 4월 1일자 : 『해방전후사의 바른 이해』, 128쪽.

하들을 모아놓고, 입법의원이 통과시킨 조례에 대해 반대하는 주장을 하면서, 만약 이 법률을 없애기 위해서는 필요하다면 무력을 사용할 것이라고 역설하였다는 것이다.[8) 대한민국정부수립 이후 제정된, 반민법으로도 불리는 '반민족행위처벌법'의 운명은 이미 이때 예정되어 있었던 것이다. 아무튼 입법의원을 통과한 이 조례는 1947년 11월 27일, 미군정이 인준보류를 통지함으로써 아무런 역할을 하지 못하였다.

이어 1948년 5월 10일 남한만의 총선거에 의해 제헌의회가 구성되었다. 이어 5월 31일 임기 2년의 제헌의회가 마침내 개원하였고, 7월 1일에는 국호를 대한민국으로 결정했으며, 7월 12일에는 '대한민국헌법'이 채택되어 17일 공포됨으로써, 대한민국이 정식으로 출법하게 되었다. 제정된 헌법 절차에 따라서, 7월 20일에 국회에서 이승만과 이시영을 초대 대한민국대통령과 부통령으로 선출하였다. 대통령 이승만은 이범석을 총리로 하는 행정부를 구성하였고, 8월 15일 대한민국정부 수립을 공포하였다. 그런데 새로운 나라를 만들기 위해 구성된 국회라 할지라도, 무엇보다 시급하게 처리할 것이 바로 일제 잔재의 청산과 그 핵심인 반민족행위자들에 대한 처벌 문제였다.

이를 위해 국회는 1948년 6월 23일 제17차 회의에 제출된 헌법초안에 '헌법제100조(10장 부칙), 이 헌법을 제정한 국회는 단기 4278년 8월 15일 이전의 악질적인 반민족행위를 처벌하는 특별법을 제정할 수 있다'라고 하여 특별법 제정의 헌법적 정당성을 확보하고자 했다. 그리고 이 초안을 표결에 부친 결과 재석 154명 중 찬성 85명 반대

---

8) 『해방전후사의 바른 이해』, 131쪽.

34명으로 가결되었다(여기서 헌법 100조는 나중에 101조로 변경되었다). 그리고 이 헌법 101조에 따라 1948년 8월 5일 제40차 국회 본회의에서 김웅진 의원은 '반민족행위 처벌법 기초 특별위원회'를 구성하자는 긴급동의를 제안하였다. 이 제안 역시 재석 155명 중 찬성 105명 반대 16명이라는 압도적인 표차로 가결되었다.

이어 법안 기초 작업에 착수하기 위해 김웅진을 위원장, 김상돈을 부위원장으로 하는 '반민법기초특별위원회'가 구성되었다. 이 위원회는 미군정 때 입법의원에서 작성한 '민족반역자·부일협력자·간상배에 대한 특별법'과 위원회 산하 전문위원인 고병국이 마련한 법률안을 토대로 초안을 만들었으며, 8월 13일 특별조사위원회 및 특별재판부의 구성과 절차에 관한 구체적인 방안을 첨가하여, 8월 16일 국회 본회의에 상정하였다.

이후 20차례에 걸친 회의와 토론 끝에, 9월 7일 제59차 본회의에 '반민족행위처벌법'이라는 수정안이 상정되어 재석 141명 중 찬성 103명 반대 6명으로 가결되었다. 이로써 1946년 12월 12일 이른바 남조선과도입법의원회[9] 활동 때부터 거의 1년 9개월 여 만에 일제강점기 반민족행위자들을 처벌하기 위한 법적 토대가 마련되었다.[10]

인천지역 3·1운동에서 중요한 역할을 한 인물은 김명진이다. 학생의 신분으로 과감하고 치밀한 준비와 계획 그리고 실행을 주도적으로 수행하였다. 그 결과 재판에서 징역 2년형이라는 가장 높은 형을 받았다.

그런데 이렇게 높은 형을 받게 된 가장 중요한 이유는, 김명진을

---

9) 〈부록4〉에 관련 조례를 제시하였다.
10) 〈부록5〉에 관련 법안을 제시하였다.

체포하고 취조한 인천경찰서 복무하였던 이른바 사법경찰관의 신문
조서가 결정적이었다. 3·1 독립운동과 관련된 대부분의 경우 재판소
의 결정은 사법경찰관의 신문조서에 의한 것이었다. 따라서 사법경
찰관의 보고서는 김명진과 같은 민족운동가의 운명을 가르는 기준이
되었다.

1949년 6월, 반민족행위특별조사위원회 경기도 조사부 인천지부
조사관 권성오가 올린 이중화라는 인물에 대한 '의견서'와 '범죄보고
서'(이하 '보고서'라 한다)에는 1919년 당시 인천부 경찰서에 근무하는
이른바 사법경찰관이 자행했던 여러 반민족적인 행위가 기록되어 있
다.[11] 3·1운동 당시 일제 재판부에서 판견의 중요 근거가 되는 '판단
서'라는 것을 작성한 바로 그 사법경찰관인 것이다.

그런데 반민특위 인천지부 조사관에 따르면, 그 사법경찰관은 이
중화라는 인물이었고, 이중화는 악질 사법경찰관에 속한다. 강간미
수라든가 부녀자 능욕 부분 같은 것은 일단 빼고, 그가 받고 있던 범
죄 사실만 보도록 하자(원문을 그대로 인용하였다).

1. 4263년[1930] 3·1절 11주년 기념일에 격문(민족에게 격함)사건으
   로 이수봉[李壽奉]을 체포 고문 취조 후 송국하고
2. 4265[1932] 萬寶山事件으로 박수복[朴壽福] 외 7, 8명을 검속 고문

---

11) 이때 반민특위에 보고된 '의견서'와 '범죄보고서'가 어떤 과정을 거쳐 최종 판결에 활용
되었는지는 알 수가 없다. 모두가 알고 있듯이, 반민특위 자체가 반민족적인 인물들의
공작에 의해, 불법적으로 해산당하고 말았기 때문이다. 현재 남아있는 여러 형태의
많은 보고서들은 엄밀히 말해서, 조사 결과일 뿐이다. 그렇다고는 해도 그 여러 보고서
들에는 반민특위 위원들의 결재 단계까지 올라가 있는 것이다. 그러니까 반민족행위라
는 판단이 상당한 수준까지 확보된 보고서라 할 수 있다. 다만, 어느 어느 인물을 틀림
없이 반민족행위자라는 것이 법적으로는 최종적으로 확정되지 못했다는 것이다.

하여 박수복을 치사케 한 사실.

3. 4261년[1929] 讀書會로 김수복[金壽福]을 체포 취조 후 석방하고
4. 독립운동자 윤응렴[尹應廉]을 체포 고문 취조 후 송국(년월일 不詳).
5. 독립운동자 권정곤[權正坤]을 체포 고문 취조 후 송국(년월일 不詳).
6. 기미년 삼일운동 당시 昌榮學校 아동 수십명을 검거하여 일변 유치, 일변 고문한 사실.
7. 大同團事件(년월일 不詳)으로 이재연[李在淵]을 체포 취조 후 송국 케 한 사실.

그런데 이 모든 반민족적인 범죄 사실이 모두 확정된 것은 아니다. 왜냐하면 반민족행위 혐의자 이중화가 이 모든 사실을 철저하게 부인했기 때문이다. 그렇지만 여러 사건과 관련된 인물들의 일관된 증언과 부인할 수 없는 상황적인 근거들이 충분히 함께 남아 있다.

위 범죄 사실 중에서 6번째 항목인 창녕학교 아동 수십명을 검거하여 가두고 고문한 사실에 주목할 필요가 있다. 1949년의 창녕학교는 1919년 당시 인천공립보통학교를 말한다. 그러니까 반민족행위 혐의자 이중화는 1919년 당시 김명진을 비롯해서 영웅적인 만세시위운동을 주동한 수십명의 학생들을 검거하였고, 심지어 어린 학생들을 고문까지 했다는 것이다—마치 1980년대 대한민국의 민주화를 위해 시위운동을 전개한 많은 대학생들을 잡아가두어 고문하고 살해한 반민주 독재정권의 하수인들과 같이 말이다.

인천경찰서의 사법경찰관 이중화는 인천중대사건에도 등장하고 있다. 인천중대사건 관련자 윤응념(尹應念)과, 이중화의 범죄 사실에 기재되어 있는 독립운동자 윤응렴(尹應廉)은 끝 이름 한 글자만 다르다. 그러니까 인천경찰서에 1919년 이전부터 근무하던 사법경찰관

중 이중화라는 인물은, 3·1운동과 인천중대사건을 다루면서 식민지 지배자측에 엄청난 공헌을 하였다는 혐의를 받았다는 것이다. 인천 경찰서에서 최종적으로 형사부장까지 지내고 나온 이중화는, 1차 반민특위 재판부에서 반민족행위가 적용되어 판정을 받은 30명의 명단에 들어가 있다.12) 이중화는 공민권 정지 4년이라는 형을 받았고, 바로 반민족 행위에 대한 대가를 받은 것이다. 당시 이중화는 부평에서 대서업에 종사하고 있었다.13)

---

12) 조선중앙일보』1949년 8월 11일자 기사 : 〈반민족행위처벌법 발동 8개월 의 실적. 반민법이 발동한 지 8개월이나 되었으나 반민 재판장에서 판결언도를 받은 피고는 8월 현재 불과 30명이다. 그 판결내용은 사형 1명, 무죄석방 4명, 공민권 정지가 17명으로 단연 최고를 점유하고 있으며 기타 체형 내지 일부 재산몰수형을 받은 자는 8명이다. 그런데 공민권 정지의 판결을 받은 자는 그 기간 내에 선거권 及 피선거권을 향유할 수 없는 것은 물론 정부 관공리 즉 공무원 자격을 가지지 못하며 법인조직체의 이사 혹은 관리인이 될 수 없는 것이라 한다. 10일 현재 판결언도를 받은 반민피고와 판결내용은 다음과 같다.(판결일자순) △李琦鎔(징역 2년 6개월 통산 100일 재산 2분지 1 몰수) △南武鎬(공민권 7년 정지) △朴舜基(공민권 5년 정지) △高漢承(공민권 5년 정지) △梁正黙(무죄판결) △韓定錫(공민권 10년 정지) △文龜祐(공민권 3년 정지) △成禎洙(공민권 3년 정지) △金憲基(사형판결) △宋世泰(징역 1년, 3년 집행유예) △李敏浩(징역 1년, 5년 집행유예) △金東煥(공민권 7년 정지) △朴炳㼅(공민권 10년 정지) △崔燕(공민권 10년 정지) △金甲福(징역 1년 100일 통산) △李榮培(무죄판결) △劉鴻洵(공민권 3년 정지) △魯璣柱(무죄판결) △吳景八(징역 1년 100일 통산) △都憲(공민권 3년 정지) △金炳起(징역 1년, 3년 집행유예) **△李重華(공민권 4년 정지)** △殷成學(공민권 5년 정지) △朴聖甲(징역 1년 100일 통산) △朴在弘(공민권 5년 정지) △金昌永(공민권 3년 정지) △黃假鳳(공민권 3년 정지) △金季洙(무죄판결) △李丙吉(징역 2년, 5년 집행유예, 전북 익산 소유 임야 중 2분지 1 몰수) △張極天(공민권 3년 정지).

13) 이중화는 정식으로 형을 받은 경우이고, 반민특위 조사를 받고 상당한 정도의 반민족 행위 의심을 받았던 자들은 꽤 있다. 인천지역도 예외는 아니다. 필자는 인천지역을 대상으로 민족과 반민족의 문제를 구체적인 사례를 통해 본격적으로 살피는 작업을 준비하고 있다.

3. 독립지사 심영택(沈永澤, 1869.8.2.~1949.11.08)

인천지역 출신으로 3·1운동과 직접적인 관련은 확인되지 않지만, 3·1운동 이후 중요한 독립운동 단체를 조직하여 활동한 인물로 심영택이 있다. 심영택은 1869년 8월 2일 인천 당하동을 본적으로 하여 태어났다. 독립운동 당시 주소 역시 당하동이다. 1995년 독립운동에 대한 공로로 애족장을 추서받았다. 이때 국가보훈처에서 기록한 심영택의 공적조서는 다음과 같다.[14]

> 1920. 6月頃 서울에서 독립을 목적으로 籌備團을 조직, 初代 團長으로 독립資金을 모집하여 臨時政府에 송금하는 등의 活動을 하다 被逮되어 獄苦를 치른 사실이 확인됨.

1919년 3월 1일부터 수개월 동안 지속되었던 3·1독립운동은 조선 민족의 독립에 대한 열망을 세계만방에 알린 기념비적인 사건이었다. 그리고 조선 민족도 독립을 할 충분한 역량이 있다는 사실을 확인시켜주는 것이었다. 1919년 4월 성립된 대한민국임시정부는 바로

---

14) 심영택의 공훈록에는 다음과 같이 기록되어 있다 : "그는 1920년 6월경 서울 경신학교 교정에서 이규승(李奎承)·장응규(張應奎)·여준현(呂駿鉉) 등과 함께 주비단(籌備團)을 조직하고 초대 사령장을 맡았다. 주비단은 임시정부에 대한 지원을 목적으로 결성된 독립운동단체로서 군자금 모집을 주요 활동으로 삼았다. 주비단의 조직 계획은 심영택 등이 1919년 5월경 3·1운동이 전국으로 확대되는 상황에서 독립운동을 지속적으로 전개하려는 뜻에서 세워졌고, 장응규가 상해의 대한민국임시정부를 다녀온 뒤 구체화되었다. 주비단의 조직은 사령장 아래 부사령장·참모장·재무부·교통부 등의 부서로 구성되었으며, 임시정부와 밀접한 관계를 맺으며 활동하였다. 그리하여 심영택 등은 임시정부 발행의 독립공채권을 이용하여 6천여 원의 독립운동 자금을 수합할 수 있었다. 그러나 주비단 조직이 발각됨으로써 그는 일경에 피체되어 1922년 4월 13일 경성 지방법원에서 소위 제령(制令) 제7호 위반으로 징역 6년에 집행유예 2년을 받았다. 정부에서는 고인의 공훈을 기리어 1995년에 건국훈장 애족장을 추서하였다."

그러한 사실을 입증하였다. 3·1독립운동과 더불어 임시정부를 조직하려는 움직임은 3·1운동의 전개와 함께 지하신문으로 발행된 다음과 같은 『조선독립신문(朝鮮獨立新聞)』의 기사로도 확인할 수 있다(제2호, 1919년 3월 3일자).

假政府 組織說. 日刊 國民大會를 開催하고 假政府를 組織하여 假大統領을 選擧한다더라. 安心安心 不久에 好消息이 存하리라.

『조선독립신문』은 천도교 계열의 보성전문학교 교장 윤익선이 민족대표 중 한 명인 이종일과 협의하여 발행한 전단 성격의 지하신문이었다. 이 신문은 가정부의 성격에 대해서도 공화정으로 한다는 사실을 적시하고 있다. 그러므로 3·1독립운동의 주도자들은 이미 독립정부 수립을 목적으로 일단의 준비를 시작하고 있었다는 사실을 알게 해준다.

1919년 4월 10일, 세계 각지에 파견되었던 신한청년당 대표들과 연해주, 서북간도, 북경 등지에서 활약하던 독립운동가 29명이 중국 상해에 모이게 되었다. 이들은 10일 저녁, 제1차 의정원 회의를 열고 독립정부 수립을 논의하였다. 그리하여 4월 11일 새벽, 상해에 대한민국임시정부를 수립한다는 내용에 합의를 이룸으로써, 역사적인 대한민국임시정부를 탄생시키게 되었다. 의정원 회의에서는 대한민국임시헌장 10개조를 제정하였다. 민주공화제를 기반으로 하여 입법부로 임시의정원을 두고, 행정부로 국무원을 설치하며, 사법부는 복국(復國)을 달성할 때까지 미루기로 하였다.

이후 상해임시정부는 기존에 구성되었던 연해주의 대한국민회의

의 임시정부와 한성(서울)에서 성립된 임시정부와의 통합을 시도하였
다. 그리하여 1919년 9월 6일 임시헌법개정안을 통과시키고, 이어 9
월 11일 마침내 임시정부는 신헌법과 신내각을 성립, 명실상부한 통
합된 대한민국임시정부를 수립하였다. 이 임시정부는 세계 각지의
독립운동단체들과 한민족의 전폭적인 지지를 받았다. 그리고 대한민
국임시정부는 일본제국주의의 침략으로 9년 동안 단절되었던 한민
족의 정권을 계승한다는 역사적 의미를 갖게 되었다.

　심영택이 관여하였다는 주비단(籌備團)은 바로 이 대한민국임시정
부와 밀접한 관련을 갖는 단체이다. 대한민국임시정부는 결성 이후
부터 국내 통치를 목적으로 연통제를 실시하였다. 1919년 7월 국무
원령(國務院令) 제1호로 임시연통제를 마련한 것은 바로 국내 통치를
목적으로 임시정부가 제정한 법률이었으며, 12월 1일 공식적으로 공
포하였다.15)

---

15) 대한민국임시정부는 결성 이후부터 국내 통치를 목적으로 연통제를 실시하였다. 1919년
　7월 국무원령(國務院令) 제1호로 임시연통제를 마련한 것은 바로 국내 통치를 목적으로
　임시정부가 제정한 법률이었으며, 12월 1일 공식적으로 공포하였다. 임시연통제의 전문
　은 다음과 같다.
　임시지방연통제
　제1조 지방에 다음의 도(道)를 설치한다.
　　경기도, 충청북도, 충청남도, 전라북도, 전라남도, 경상북도, 경상남도, 황해도, 평안
　남도, 평안북도, 강원도, 함경북도
　　도의 위치 및 관할구역은 내무총장이 정한다.
　제2조 각 도에 다음의 직원을 둔다.
　　독판(督辦) 1인 참사(參事) 4인 장서(掌書) 약간 명 경감 2인 기수 약간 명 통역 약
　간 명
　제3조 독판(督辦)은 내무총장에게 예속되고 각 부의 주무에 관하여 각 부 총장의 지휘
　감독을 받아 법령을 집행하고 관내의 행정사무를 관리하여 소속관리를 지휘 감독한다.
　제4조 독판(督辦)은 관내의 행정사무에 관하여 직권 또는 위임의 범위 안에서 도령(道
　令)을 공포할 수 있다.
　　도령(道令)을 공포할 때에는 지체 없이 주무총장에게 그 사실을 보고하여야 한다.

제5조 독판(督辦)은 총장 또는 군감의 명령 또는 처분으로 법규에 위반하는지 공익을 해치는지 또는 직권을 초월하는 것이 인정될 때에는 그 명령 또는 처분을 철회하거나 정지할 수 있다.

제6조 독판이 사고가 났을 때에는 내무사장(內務司長)인 참사가 그 직권을 대리한다.

제7조 각 도에 비서실, 내무사, 재무사, 교통사 및 경무사를 둔다.

　비서실 및 각 사의 사무분장규정은 내무총장이 정한다.

제8조 사장(司長): 궁내부(宮內府)와 각부(各部)의 관할(管轄) 아래 속하는 각사(各司)의 우두머리 관원(官員)은 도참사로 채운다.

　사장(司長)은 독판의 명을 받아 사무를 장리(掌理:일을 맡아서 처리함)하고 부하 관리를 지휘 감독한다.

제9조 장서는 담임사무에 종사한다.

제10조 경감은 경찰 및 위산(衛産)사무에 종사한다.

제11조 기수(技手)는 기술에 종사한다.

제12조 통역은 통역 및 번역에 종사한다.

제13조 도(道)에 부(府) 및 군(郡)을 둔다.

　부 및 군의 명칭, 위치, 관할구역, 처무 규정은 내무총장이 정한다.

제14조 각 부군(府郡)에 다음 직원을 둔다.

　부장 또는 군감 1인 참사 1인 장서 1인 경감 1인

제15조 부장 또는 군감은 독판의 지휘 감독을 받아 법령을 집행하고, 관내 행정사무를 장리하며 부하 관리를 지휘 감독한다.

　부장 또는 군감이 사고가 났을 때에는 부군 참사가 그 직무를 대리한다.

제16조 부군 참사는 부장 또는 군감의 명을 받아 부군사무를 장리하고 부하 관리를 지휘 감독한다.

제17조 장서는 담임사무에 종사한다.

제18조 경감은 경찰 및 위생사무에 종사한다.

제19조 각 부군의 필요에 의하여 기수 및 통역을 둘 수 있다.

제20조 도 및 부군에 통신원 및 경호원 약간 명을 둔다.

제21조 통신원 및 경호원에 관한 규정은 내무총장이 정한다.

제22조 각 도 및 각 부군에 참의(參議)를 둘 수 있다.

　참의는 도마다 7인, 군마다 5인으로 한다.

　참의는 도·부군 관할 구역 안에 거주하는 학식과 명망이 있는 자로 내무총장이 명한다.

제23조 도 및 부군의 참의는 독판, 부장 또는 군감의 자문에 응하거나 임시명령을 받아 사무에 복종한다.

제24조 각 군에 면(面)을 둔다.

　면의 명칭 및 구역은 내무총장이 정한다.

제25조 면에 면감을 둔다.

제26조 면감은 군감의 지휘 감독을 받아 면 안의 행정사무를 보조 집행한다.

제27조 면에 조사(助事) 약간 명을 둔다.

주비단은 바로 이러한 임시정부의 연통제에 호응하고, 국내 독립운동을 추동하기 위해 결성되었던 조직이다. 1921년 경상북도 경찰부에서 발간한 『고등경찰요사(高等警察要史)』에 의하면, 주비단은 1919년 서울에서 결성된 것으로 보인다. 이에 의하면, 주비단을 처음 계획한 인물은 이민식(李敏軾)으로 알려져 있다.

심영택과 이민식은 1910년 경술국치 이후 항일독립운동을 전개하기로 결심하고 동지 장응규·여준현·안종운·조경준·소진형·신석환·이철구·정인석·이규승 등과 함께 구체적 방법을 모색하였다. 이들은 1919년 대한민국임시정부가 결성되자, 이에 대한 원조와 연락을 담당하며 독립운동을 전개하기로 목표를 정하고 실천 방안을 강구하였다.

제28조 조사는 군감이 명한다.
제29조 조사는 면감의 지휘 감독을 받고 담임사무에 종사한다.
제30조 면에 협의원을 둘 수 있다.
  협의원은 면 마다 3인으로 한다.
제31조 협의원은 면 안에 거주하는 신망있는 자로 독판이 명한다.
제32조 협의원은 면감의 자문에 응하는 것으로 한다.
제33조 도·부군 참의 및 협의원은 명예직으로 한다.
제34조 도·부군 참의 및 협의원에게는 내무총장이 정하는 바에 의하여 직무집행에 필요한 비용을 급여할 수 있다.
  부칙
이 영(슈)은 대한민국 원년 12월 5일부터 시행한다.
대한민국원년 12월 1일
이 법령에 의해 연통제가 담당할 역할과 조직이 정해졌으며, 임시정부 산하에 따로 연통부(聯通府)를 설치하였다. 연통제는, 임시정부가 발하는 법령과 기타 공문의 국내 전포, 독립시위운동의 계속 진행, 독립전쟁 개시를 위해 군인과 군속의 징모 및 군수품 징발과 보급 수송, 구국금 100원(지금의 100만 원 정도) 이상 거출할 구국 재정단원의 모집, 구국금과 정부에 납부할 기타 군자금 모금, 정부에서 발행할 공채의 발매, 임시정부와 국내 각지의 통신, 임시정부 명령의 전달 등을 목적으로 한 것이다. 그리하여 연통제는 실질적으로 1919년 가을부터 실시되었으며, 1920년쯤에는 각 도·군·면에 체계적인 조직이 성립되었다.

그리하여 지속적이고 체계적인 운동을 위해서는 비밀결사에 의한 조직체가 필요하다고 느껴, 우선 운영난으로 폐간 직전에 있던 『경성신문』을 매수하기로 하고, 그곳을 근거지로 삼고자 하였다. 그리하여 매수 자금을 마련하기 위해 백방으로 노력하였으나 일부 잔액이 부족하여 실패하고 말았다.

이후 심영택과 동지들은 대한민국 임시정부에 장응규를 파견하여 임시정부 요인들과 독립운동에 관한 의견을 나누었다. 그리고 또 한 편으로는 동지 여준현을 상해에 파견하여 여준현과 친척관계에 있는 여운형과 접촉하게 하였다. 이들은 상해 도착 후, 여운형과 서병호 등 임시정부 요인들과 회견하고 임시정부의 정황을 시찰하였다. 그리하여 주비단규칙·적십자규칙·민국공보·신한청년 등의 문서를 얻어 1919년 6월 상순쯤에 다시 국내로 돌아왔다. 이들의 활동을 지원하기 위해 임시정부에서는 연통제와는 별개로, 군무총장 노백린이 군무부령 제1호 '임시군사주비단제'를 발령하였다. 그러니까 주비단 조직을 임시정부의 관할 하에 두고 체계적으로 운영할 목적인 것이다.

이들은 임시정부 요인들과 협의한대로, 우선적으로 비밀결사 조직에 착수하였다. 비밀결사의 명칭을 주비단(籌備團)으로 결정한 이들은 서울 경신학교에서 심영택을 사령장, 안종운을 부사령장, 이민식을 참모장, 여준현을 재무부장, 장응규를 교통부장으로 선출하였다. 주비단이 제일 먼저 착수한 것이 독립운동자금의 모금이었다. 처음에는 단순히 자산가들을 설득하여 이들로부터 군자금을 모으려고 하였다.

그런데 이들이 계획한 군자금 모금 사업이 순조롭게 이루어지지는 않은 것 같다. 이에 주비단은 다시 조직을 정비하여, 군정서 총사령관 등의 도장을 조각하고, 활자를 구입하여 주비단장의 사령(辭令)을 제작하였다. 주비단은 활동력이 출중한 정인석에게 사령을 교부하고 단장에 임명하였으며 독립을 촉구하며, 독립운동을 호소하는 문서를 제작하는 등, 군자금 모집과 함께 선전활동을 지속하였다.

그리고 이재환·권영만·김재수·소진형·김도수 등은 안종환이 거주하는 충청남도 논산에서 군자금을 모집할 것을 계획하였다. 이들은 논산의 자산가들을 접촉하였으나 소기의 목적을 달성하는 데는 실패하였다. 일제의 감시망과 불이익을 염려한 사람들이 주비단의 권유에 응하지 않았기 때문이다. 그리하여 주비단은 반 강제로 자산가들에게서 6,000여원의 자금만 확보하는데 그쳤다.

또한 주비단은 임시정부의 공채모집원과 접촉하여 구국재정단원의 확보 및 임시정부 공채 1만원 모집을 계획하였다. 그러나 이 사업역시 지지부진하였다. 그리하여 주비단은 자체 경비 조달을 목적으로 폭탄 및 무기 구입에 나섰다가 일제의 경찰에 대부분이 체포되고말았다.

결국 주비단은 대한민국 임시정부와 연계하고, 연통제 및 임시주비단제에 입각하여 국내에서 독립군자금과 독립을 촉구하는 선전 활동을 한 것이다. 다만, 이들의 활동이 비밀리에 진행되고, 또한 계획대로 실행되기에는 많은 현실적인 어려움이 있었다. 여기에 일본 경찰의 감시와 탄압으로 주비단 조직은 결국 와해되고 말았던 것이다.

주비단에 참여하여, 1921년 체포된 단원들의 지역적 분포는 대개 서울과 경기도, 충청남도 출신들이 대부분이었다. 특히 주비단단원 가운데는 1913년 결성된 대한광복단과 1915년 결성된 박상진의 조선국권회복단이 합쳐져 국내 독립운동을 주도하였던 대한광복회 회원들이 포함되어 있었다. 그리하여 주비단은 대한민국임시정부 및 대한광복회의 맥을 이어 국내에서 독립운동을 전개하였던 조직으로 평가된다.

심영택은 재판 과정에서 주비단 관련 사실을 철저하게 부인하였다. 그리고 다른 단원들 역시 독립운동 사실을 조작으로 몰고 가는 작전을 구사하여, 비교적 짧은 형기의 판결을 받아냈던 것도 특기할 만하다. 심영택은 주비단 단장의 임무를 맡아 주모격인 의심을 받았지만, 1922년 4월 13일 경성지방법원에서 증거 불충분으로 징역 6개월에 집행유예 2년을 선고받고 풀려났다.

이후 심영택은 1924년에는 동포들이 많이 거주하고 있으면서, 독립운동의 기지 역할을 하던 연길 지역에서 그 이름이 보인다. 즉 심영택은 임시정부가 발간하는 『독립신문』의 연길지국장으로 활약하고 있는 것이다. 또한 심영택은 해방 후인 1945년에 조직된 광복회에도 그 이름을 올리고 있다. 이때 조직된 광복회는 조국의 완전한 독립권을 쟁취하기 위해, 일제강점기 독립운동에 매진하였던 동지들이 다시 뭉쳐서 결성한 단체이다. 심영택은 주비단 단장의 자격으로 이 광복회에 가입하고 있다.

결론

　1876년 강화도 연무당에서 체결된 '조일수호조규'과 그 이후의 여러 부속 장정은 인천지역의 큰 변화를 초래하였다. 그리고 1882년 5월, 인천 현 중구 조계계단 근처에서 체결된 '조미수호통상조약'으로 인해, 인천지역은 지리적 변화뿐만 아니라, 사회 체제와 공간적 변화를 포함, 그야말로 격변하였다.

　특히 조미수호통상조약은 인천지역에 해관(海關)이라는 근대 시설물이 세워지게 되는 계기가 되었다. 이로 인해 인천지역에는 전통적인 행정기관인 인천도호부와 더불어 인천항통상감리 나중에는 인천감리서라는 근대 행정 및 외국과의 관계를 총괄하는 새로운 기관이 운용되었다.

　인천 개항 이후, 많은 외국인들이 인천항을 통해 입출국을 하였고, 인천은 조선과 대한제국을 거치면서 최고의 무역항으로 거듭나게 되었다. 그와 비례해서, 인천지역은 새로운 문명과 기술들이 최초로 도입되는 전진 기지이기도 하였다. 반면에 인천은 시간이 지나면서, 그만큼의 외국 특히 일본인들의 영향력이 커져가는 지역이 되었다. 근대 문명을 수용하면 할수록 일본의 영향력이 인천지역을 덮어갔다.

　이 글은 기본적으로 개항 이후 인천지역에서 전개된 민족운동을 자료에 입각하여 정리한 것이다. 따라서 인천지역이 근대화되면서 맞게 되는 사회경제적 변화 등에 관한 내용은 가급적 최소화 하였다. 그래도 인천지역 민족운동을 서술하는 기법 상 필연적으로 언급되어야 할 내용들은 간략하게나마 기술하였다.

인천지역에서 전개된 민족운동을 기술하면서, 인천지역만이 가지는 특징적인 것을 가려내는 것은 쉽지 않다. 개항 이후 전개되는 한국 근대사의 추세가 대체적으로 결정적이기 때문이다. 다시 말해서, 개항과 근대문명의 수용 그리고 각종의 침략적인 사건들에 대한 저항적 사건들을 특징적으로 기술하게 되었다는 의미이다. 이를테면 개화운동으로서의 학교설립과 국권침탈에 대한 저항운동으로서의 국채보상운동 그리고 제국주의 침략에 대한 대응으로서의 3·1독립운동 등이 민족운동의 중요한 내용이 될 수밖에 없었다는 점이다. 그래도 국권회복운동으로서의 국채보상운동 부분을 인천지역 민족운동의 시간적 계기라는 관점에서 파악하게 된 것은 큰 소득이라 하겠다.

그리고 민족운동의 개념적 성찰을 전제해야 하는 까닭을 잠시 언급하였다. 왜냐하면, '민족'과 '반민족'은 개념적으로 너무나 뚜렷하게 대응되는 용어이기 때문이다. 그리고 실제적이며 구체적인 사례가 인천지역에서 발견되었기 때문에 단편적으로나마 언급하지 않을 수 없게 되었다.

한편, 그동안 인천지역 민족운동에 대한 서술에서 간과되었던 부분 중 하나가 자료 확인이 미흡했다는 점이었다. 이를테면 국가보훈처에 기록되어 있는 인천지역 3·1운동 관련 인물들에 대한 검토가 부족한 상태로 이리저리 활용된 측면이 있었다는 점이다. 그래서 이 글에서는 자료라는 측면에서 확인이 가능한 대로 서술을 하였고, 또

의문점을 제기하기도 하였으며, 그 경우 자료를 통한 추론도 일부 제기하였다.

2019년, 3·1운동과 대한민국임시정부 수립 100주년을 맞이하여, 인천지역의 각 기관에서는 열심히 세미나도 하고 여러 행사를 개최하였다. 이런 행사에 이리저리 참여하면서, 인천지역에서나마 충분히 입증 가능한 사실을 바탕으로 민족운동에 대한 정리를 시도한 경험도 이 글 작성에 큰 도움을 주었다.

사실 언제부터인가 3·1운동 관련 인물들에 대해, 사실적인 내용보다는 뭔가 조금 더 추가되거나 다른 사람 혹은 다른 단체와 연결된 내용들로 꾸며져, 오히려 욕을 입히는 일이 생겨나고 있다. 가장 중요한 교훈은 진실에서 나오며, 진실은 끊임없는 사실 확인을 근거로 한다. 특히 역사 연구에서 사실 확인과 관련된 작업은 그야말로 기본 중의 기본적인 과정이라 하겠다.

이 글은 가능한 자료적 근거에 입각하여 작성되었다. 아무리 인천지역의 역사성을 부각시켜야 한다는 당위성을 갖더라도, 사실에 기반(基盤)하지 않은 설명은 아무런 가치가 없기 때문이다. 물론 역사적 상상력이 필요하고 요령 있는 기술(記述)이 허용된다고 해도, 역사적 사실을 외면할 수는 없는 것이다.

인천지역에서 전개된 3·1운동이 비록 다른 지역에 비해서 그 규모나 횟수가 적을지라도, 그것은 그대로 큰 의미가 있고 가치 있는 중요한 역사적 사실이다. 더구나 인천지역은 대체로 개항 이후부터 일본제국주의 세력이 무척이나 강한 곳이었다. 그리고 일본의 자본과 식민지 경제가 상당한 위력을 보인 곳이다. 그럼에도 불구하고 학생과 일반 대중들은 거의 모든 지역에서 열심히 독립만세를 외쳤다. 뿐

만 아니라, 인천이라는 지역적인 위치를 활용하여 대한민국임시정부
와 연관을 가지면서 독립운동을 전개하였다. 3·1운동 및 대한민국임
시정부 수립에 그 어느 곳보다도 중요한 역할을 했고, 그 증거 역시
뚜렷이 남아있는 곳으로 기억될 충분한 근거가 있다는 점을 잊어서
는 안되겠다.

부록1
인천지역 국채보상운동 양상

黔丹面高棧里

李潤夏 一圜 金商實 李健榮 各三圜 李台文 趙鍾成 二圜五十錢 李容憲
一圜 徐寬甫 二圜 朴聖云 李成實 李德奉 金春心 李文習 李在憲 李文奎 各
五十錢 李聖兆 蔡明才 李致化 裴善京 李奉云 各三十錢 韓弘植 金士俊 蔡致
心 朴允化 李成甫 李汝化 趙京允 各二十錢 李京順 李春元 各十錢 李圭明
二圜五十錢 朴順巾 盧文淑 各一圜 趙鍾迷 趙福增 李鍾敏 尹在熙 任百賢
各五十錢 金好石 趙鍾萬 趙鍾范 趙順增 朴允坤 各四十錢 趙鍾勳 趙光增 趙
濟增 張錫永各卅錢 趙鍾辰 趙伯增 趙慶增 趙鵂增 申聖凡 蔡允默 金善京
李應順 李連甫 朴致守 盧秉和 金聖奉 廉用西 各二十錢

李圭元 李忠鉉 各二圜 李光榮 李基榮 李京先 各一圜 李守榮 六十錢 李
基和 李圭億 李德咸 李淳榮 申貞均 李圭恒 李用七各五十錢 李圭台 四十一
錢五里 李高順 孔炳基 李鍾聲 各四十錢 李俊鉉 李順元 各三十錢 李京玉 鄭
春日 李京云 李京七 趙鍾守 李昌根 李建守 柳官兼 李成三 李用石 李致弘
李圭秉 李京三 各二十錢 李千釗 李聖九 各十錢 合 五十圜五十一錢五里

_ 이상 『황성신문』 1907년 3월 27일자

黔丹面小旺吉里 李善文 四拾錢 李善在 三拾錢 리 善浩 李德根 李幸슌
李化一 各二拾錢 李善官 李因文 姜元才 各十錢 合 一圜八十錢

麻田里 李世容 一圜 洪秉悌 五拾錢 洪義燮 洪夏燮 洪在範 金疇壽 各四十

錢 洪秉五 洪信燮 洪智燮 李昉容 李時容 李順男 리 敬九 金完吉 林永石
金連奉 韓景石 許汗石 許三禮 梁泰煥 각 二十錢 洪慶燮 李箕燮 李晉容 李俊
應 許汗祿 金石俊 田福萬 金芝樂 金學同 各十錢 合 六환 八十錢

旺吉里 李年實 金永安 各五拾錢 李順巨 리 化春 리 順元 각 四拾錢 鄭辰
五 金景先 權聖三 李順明 各卅錢 李順寬 鄭氏同 리 景實 리 景弼 리 文能
各二拾錢 鄭在윤 李슌 祚 鄭春先 金景七 金敬化 各拾錢 合 四환 九拾錢

左洞 梁柱七 申在祿 申錫夏 최 學教 各五拾錢 梁錢洙 梁柱三 各卅錢 申
泰益 金在永 梁柱表 朴슌 京 吳俊成 張承賢 趙先根 各卄錢 梁宣洙 權君先
各十五錢 梁智煥 梁柱天 申泰白 각 拾錢 박 永淑 十六錢 合 四환 七十六錢

如來里 梁文煥 梁柱雲 各五十錢 梁明煥 申亨善 各三拾錢 金命根 二拾錢
梁一煥 梁柱鶴 梁鳳煥 申學善 安用根 李才根 各拾錢 合 二환 四十錢

盧長面元堂里 金道欽 五拾錢 韓聖教 安喜喆 各四拾錢 박 才元 柳俊成
各三十錢 金在欽 박 順興 각 卄錢 金益欽 金重益 安德喆 安許東 尹所回
弓 拾錢 金重淳 金麟欽 各拾五錢 合 三환 拾錢

古縣內面游峴洞 姜元欽 五拾錢 許炷 三拾錢 姜敬欽 許潤 許유 姜鳳欽
各二拾錢 姜龍欽 韓益河 許훈 許煌 各拾錢 合 二환

_ 이상 『황성신문』 1907년 5월 4일자

黔丹面新里
李周賢 五拾錢 김 天命 四拾錢 리 象漢 리 德賢 金命福 各三十錢 리 象
膺 박 洪鎭 리 象濂 리 象寬 리 周云 各二拾錢 리 象滷 拾五錢 리 建春
金龍參 各拾錢 合 新貨 三園拾五錢

金浦검단면반월촌 부인 三十一人제씨 딍촌 부인 二十一人제씨 봉화촌
부인 十一人제씨 딍소왕길리 부인 十八人제씨

_ 이상 『황성신문』 1907년 6월 11일자

富平石串面新峴里

幼학윤旭 壹圓六拾錢

니起광 윤塾 니鳳현 각壹圓

金尙雲 八拾錢

윤準榮 六拾錢

니孝슌 河善明 각五拾錢

金振成 四拾錢

니載儀 니定儀 박儀道 김敬우 윤圻 장셩鶴 김桂榮 각卅錢

尹采榮 니규儀 金德윤 김슌明 니德柱 김允빅 박성云 김틴雲 하益창 장大龍 박仲호 김슌集 니德文 孫永현 崔敬쥰 김영學 孫영雲 김德化 孫영호 니凡龍 各廿錢

權宅호 秦昌善 니봉宇 김桂完 김윤玉 각拾戔

合拾四圓

富平郡毛月串面公村里

최昌根 六拾錢

_ 이상 『대한매일신보』 1907년 4월 11일자

仁川鳥洞面

朴用健 박 昌緒 任弘奎 各三園 李達春 二환 五十錢 박 麟煥 李相薰 裵萬奎 各二환 宋憲萬 崔昌鉉 金賢植 尹炯基 각 一환 五十錢 박 晩源 一환 十錢 李學京 리 義善 李君哲 崔和志 裵熙元 裵熙春 吳膺根 吳獻根 嚴覲爕 李然浩 尹夏鉉 尹台奭 尹致敎 崔正鉉 韓百壽 빅 相煥 최 昌根 孫賢謨 各一園 尹致德 八十錢 金順源 七十錢 李運采 金春根 申大鉉 李龜浩 朴仲源 최鼎鉉 尹德求 최 升鉉 尹正天 各六十錢 李學九 崔順善 李奉瑞 申聖七 李化實 박 昌浩 金元植 金台學 金永淳 金基化 金基祖 李樂振 裵乭蒙 吳世根 吳敏泳 韓承敎 韓鎬履 吳典泳 李麟鎬 朴師寬 박 師淳 崔德鉉 任百鉉 任百

振 任百善 韓俊澤 韓永澤 任永善 任弘臻 늭 有煥 金裕鉉 尹德浩 金元善
各五十錢 박 聖兼 宋俊用 金學淳 김 學基 尹俊弼 尹用基 尹奎錫 최 春鉉
朴良源 金春洙 柳喜奉 河致雲 河永振 河百鉉 李化舜 裵喜天 李仁英 丁大淳
李仁先 李升凡 李京弼 李有鉉 리 義眞 朴弘信 朴德根 各四十錢 李致俊 金
聖招 任士逸 李元善 리 順東 申永淳 李時雨 李羅範 李國三 鄭士俊 李順範
兪鎭元 韓奎履 申季五 리 雲春 金鳳億 金龍珠 崔漢鎬 金有京 최 京鉉 尹東
植 尹正三 尹聖眞 申道哲 金光鉉 金先根 金東翼 韓道元 各三十錢 李俊弼
二十五錢 金奉雲 二十四錢五厘 金永培 尹士鳳 朴順石 李君善 尹永烈 金台
淳 朴福三 洪元三 金重孝 任百亨 吉成通 崔台鉉 최 漢聖 尹連植 尹德連
崔致培 尹應在 최 漢奎 박 鍾云 申洙鳳 金春鳴 洪坰 卞聖甫 趙能顯 河京伯
韓承敎 韓正履 鄭奉云 裵建奎 裵喜連 裵碩云 金泰京 金京浩 金萬順 李順弼
徐돌 伊 金相執 李君成 李相範 李禹京 孫壽吉 리 元弼 李明善 리 順弼 리
善澤 리 春燮 리 完甫 리 連弼 박 弘植 리 學元 李國三 各二十錢 리 學西
十六錢 金興植 鄭仙童 金完用 尹連弼 金業童 尹有鉉 各十五錢 韓鼎履 十二
錢 金永植 金萬돌 安士眞 늭 春道 王春彦 金永根 송 憲祥 金允實 崔雲善
安石俊 安成玉 金興雲 鄭星七 박 春成 金俊學 金興順 金弘在 鄭致成 金興
燮 韓百萬 박 春甫 任士弘 李君先 洪永三 韓順童 申春萬 韓百殷 池學敎
申順西 리 三男 늭 斗煥 申昌云 尹天植 尹永鉉 尹桂弘 尹興道 윤 文京 윤
順志 윤 興台 윤 興植 尹容九 박 鍾玉 박 禮源 朴義源 朴鍾亨 李琦 卞建洙
河致洙 河相殷 金德用 韓鍾林 卞順甫 崔有三 崔化成 姜碩公 李公善 李寬日
리 寬成 리 京云 리 占用 리 京俊 리 昌송 리 相謙 리 有植 리 連範 리
信雨 리 壽億 리 元京 各十錢 合 新貨 一百三圜七錢五厘.

仁川田反面一里鞍峴

柳冀兆 柳冀勳 邊志學 邊志昌 金奎澤 李會敏 李喆宇 崔尙奉 各四十五錢
金貞欽 金云善 林元日 李常宇 曹奉漢 各三五十錢 柳冀德 柳冀千 金靑欽 李
勉宇 李仁沼 各二十五錢 金利欽 졍 雲龍 曹秉熙 리 鳳宇 李寬儀 李光善

李時榮 各十五錢 李鶴宇 李常儀 金熙甫 林元燮 李昌心 박 聖朝 各十錢 合
八圜二十五錢

_ 이상 『황성신문』 1907년 4월 26일자

仁川港人宜會 四拾圜

_ 『황성신문』 1907년 4월 29일자

仁川鳥洞面三里雲谷

리 範求 二圜 徐根明 徐元植 弓 一환 四拾錢 徐丙鉉 徐建成 弓 一圜
李成教 리 振壽 徐景元 各六拾錢 金君七 리 源道 河奇成 弓 五拾錢 金春式
金德章 徐建陽 徐連俊 리 景凡 리 順用 嚴用景 安德元 리 德仁 徐德景 各
四拾錢 朴善陽 徐建植 金德信 리 順祿 秋景順 金和先 金和甫 弓 三十錢
徐建業 二十五錢 文成五 二十四錢 徐連成 리 元在 羅宜成 金近元 徐允業
徐君成 秋連和 馬元成 金慶文 申景先 리 元燮 리 連孫 安德俊 리 春景 徐
種允 金德民 金應式 弓 二十錢 秋連臣 十五戔 徐景載 六戔 崔召史 五戔
共合 二拾圜三拾五戔

金谷里 리 汝道 李윤 甫 李致三 各五拾錢 李長有 李春道 各四十錢 김
義道 李石玄 各三拾錢 李在道 李敬信 金尹三 李上奉 李致슌 李致交 李春
元 박슌 官 各廿錢 金春山 拾錢 合 四圜六十錢

不老里 金學仁 二환 文景守 리 景植 文允巨 朴公先 각 一환 文公直 八拾
錢 文永植 文致山 文禾西 各六拾錢 朴聖交 文윤 白 各五拾錢 박 聖七 文致
云 박 致西 文公植 文建實 朴聖汝 文春基 文應順 文致順 各三十錢 박 聖九
박 公眞 박 公圭 金淳先 文公三 文윤 甫 各二拾錢 趙致言 金永順 文氏山
姜文玉 文公西 박 春心 徐士凡 李春三 文且돌 文良甫 金而先 박 聖云 文連
景 林景云 文致守 文公白 趙致化 林永文 趙景煥 各十錢 合 十五환 四十錢

_ 이상 『황성신문』 1907년 5월 3일자

仁川海關會同第二回

姜準 張箕彬 리 敏泳 各二환 리 熙敏 姜繼鶴 리 裕寬 沈膺澤 玄根 姜範
植 各一환 리 容仁 리 東헌 各五十錢 秦學民 韓英俊 劉始童 各二拾錢 林完
實 三拾錢 김 龍安 洪永云 各廿五錢 朱云西 복 允敬 洪永順 河永九 尹亨祿
春慶春 김 光雲 各二拾錢 呂守昌 김 在瑞 洪영 學 各三拾錢 合 新貨 十六
圜八十錢

_ 이상 『황성신문』 1907년 5월 21일자

仁川朝洞面宜洞

리 心英 徐丙炫 各五十兩 리 秀同 三十양 李景德 리 千萬 各二十五兩
李東賢 리 敬天 各十五兩 리 常華 李龜承 各十兩 李東明 申永國 죠 龍漢
各五兩 合 當五 二百四十五兩

金額을 本社에 收入지아니 ᄒ면 姓名을 廣告에 揭載치 아니홈

_ 이상 『황성신문』 1907년 7월 23일자

仁川新峴面三里銀杏亭

黃聖參 曹康植 金萬山 各五十兩 李明信 金尹參 金參興 金永執 金春先
黃正路 各三十兩 金春法 김 號先 金上順 各十五兩 金春甫 金聖有 芮新通
金永根 各二十兩 黃氏돌 金春實 梁聖順 各拾五兩 黃順元 黃黃山 文吉南 金
春根 嚴釗公 金弘在 金德甫 裵皆돌 金道戌 朴聖大 鄭壽命 金順參 黃聖尹
各十兩 裵元明 二拾兩 合 當五 六百八十兩

_ 이상 『황성신문』 1907년 7월 24일자

仁川영宗月村里慶州金氏門中 金善濟 一圜五拾전

우濟 驥濟 각四拾뎐 東華 壹圜 東轍 東輯 각二拾五전 章濟 東輝 東瓚
東憲 東習 각廿錢 東均 卅전 東倫 東新 東昌 東진 星煥 윤煥 극廿전 徹煥

진煥 각卅전 東翼 拾전

　　合七圜

　　　　　　　　　　_ 이상 『대한매일신보』 1907년 8월 15일

인천강화지역 3·1운동 관련 유공자
(2018년 현재, 총131명)

1. 인천중심 및 만국공원 지역 3·1운동 관련 유공자(총25명)

고제몽高濟夢(미상) 철시 촉구 서한 발송(3.20) 판결문

권희목權熙穆(28) 만국공원 시위(미수)(4.2) 공훈록

김 규金 奎(미상) 만국공원 시위(미수)(4.2)

김명진金明辰(19) 인천공립보통학교 동맹휴학(3.6) 공훈록

김삼수金三壽(미상) 상점 철시 촉구 격문 배포(4.1) 판결문

박용희朴容熙(미상) 만국공원 시위(미수)(4.2)

박철준朴喆俊(18) 인천공립보통학교 동맹휴학(3.6) 공훈록

손창신孫昌信(미상) 인천공립보통학교 동맹휴학(3.6)

안상덕安商悳(39) 만국공원 시위(미수)(4.2) ※조선임전보국대(安國商悳)

오영섭吳永燮(미상) 시위탄압 경고서한 발송(3월) 판결문

오주선吳周善(35) 문학면 관교리 시위(3.23) 공훈록

이규갑李奎甲(31) 만국공원 시위(미수)(4.2) 공훈록

이낙학李樂學(26) 문학면 관교리 시위(3.23) 공훈록

이만용李萬用(미상) 인천공립보통학교 동맹휴학(3.6)

이보경李輔卿(30) 문학면 관교리 시위(3.23) 공훈록

이상태李相台(23) 문학면 관교리 시위(3.23) 공훈록

이재경李載卿(35) 문학면 관교리 시위(3.23) 공훈록

이종욱李鐘郁(미상) 만국공원 시위(미수)(4.2)

이창범李昌範(28)   문학면 관교리 시위(3.23) 공훈록

임갑득林甲得(미상) 상점 철시 촉구 격문 배포(4.1) 판결문

장 붕張 鵬(42)   만국공원 시위(미수)(4.2) 공훈록

조구원趙龜元(22)   기자. 강화 시위탄압 경고서한 발송(3.20) 공훈록

최개성崔開城(미상) 문학면 관교리 시위(3.23) 판결문

홍면희洪冕禧(미상) 만국공원 시위(미수)(4.2)

최선택崔善澤(35)   문학면 관교리 시위(3.23) 공훈록

2. 인천 계양·부평지역 3·1운동 관련 유공자(총32명)

김사삼金士三(미상) 계양면사무소 시위(3.25) 판결문

김상근金相根(미상) 계양면사무소 시위(3.25) 판결문

김영권金永權(미상) 계양면사무소 시위(3.25) 판결문

김창렬金昌烈(미상) 계양면사무소 시위(3.25) 판결문

박문칠朴文七(미상) 계양면사무소 시위(3.25) 판결문

배응준裵應俊(미상) 계양면사무소 시위(3.25) 판결문

송선옥宋先玉(미상) 계양면사무소 시위(3.25) 판결문

심혁성沈爀誠(31)   계양면 황어장터 시위(3.24) 공훈록

안윤필安允弼(미상) 계양면사무소 시위(3.25) 판결문

유연봉柳連奉(미상) 계양면사무소 시위(3.25) 판결문

이공우李公雨(43)   계양면사무소 시위(3.25) 공훈록

이금산李今山(미상) 계양면사무소 시위(3.25) 판결문

이 담李 담(40)   계양면사무소 시위(3.25) 공훈록

이영춘李永春(미상) 계양면 황어장터 시위(3.24)

이은선李殷先(43)   계양면 황어장터 시위(3.24) 공훈록

이태완李泰完(미상)　계양면사무소 시위(3.25) 판결문

임성일林聖日(미상)　계양면사무소 시위(3.25) 판결문

임성춘林聖春(50)　계양면 황어장터 시위(3.24) 공훈록

임창현林昌鉉(56)　계양면사무소 시위(3.25) 공훈록

전기순全基順(미상)　계양면사무소 시위(3.25) 판결문

전봉학全奉學(미상)　계양면사무소 시위(3.25) 판결문

전원순全元順(45)　계양면사무소 시위(3.25) 공훈록

전천능全千能(미상)　계양면사무소 시위(3.25) 판결문

조성칠趙成七(미상)　계양면사무소 시위(3.25) 판결문

채귀현蔡貴鉉(미상)　계양면사무소 시위(3.25) 판결문

채규명蔡奎明(미상)　계양면사무소 시위(3.25) 판결문

채봉운蔡奉雲(미상)　계양면사무소 시위(3.25) 판결문

채봉혁蔡鳳爀(미상)　계양면사무소 시위(3.25) 판결문

채흥봉蔡興奉(미상)　계양면사무소 시위(3.25) 판결문

최성옥崔成玉(47)　계양면사무소 시위(3.25) 공훈록

최청일崔淸日(미상)　계양면사무소 시위(3.25) 판결문

홍여선洪如善(미상)　계양면사무소 시위(3.25) 판결문

3. 인천 도서지역 3·1운동 관련 유공자(총15명)

구길서具吉書(23)　용유면 관청리 광장 시위(3.28) 공훈록

김윤배金潤培(31)　용유면 관청리 광장 시위(3.28) 공훈록

문무현文武鉉(20)　용유면 관청리 광장 시위(3.28) 공훈록

오기섭吳基燮(미상)　용유면 관청리 광장 시위(3.28) 판결문

오길서吳吉書(미상)　용유면 관청리 광장 시위(3.28)

유웅렬柳雄烈(22)　용유면 관청리 광장 시위(3.28) 공훈록

윤보신尹寶臣(미상) 용유면 관청리 광장 시위(3.28) 판결문

윤치방尹致芳(미상) 용유면 관청리 광장 시위(3.28) 판결문

이난의李蘭儀(34) 용유면 관청리 광장 시위(3.28) 공훈록

이재관李載寬(22) 덕적도 모래사장 시위(4.9) 공훈록

임용우林容雨(35) 덕적도모래사장시위(4.9), 월곶면 군하리 면사무소 시위(3.29) 공훈록

조명원趙明元(미상) 용유면 관청리 광장 시위(3.28) 판결문

조종서趙鍾瑞(미상) 용유면 관청리 광장 시위(3.28) 판결문

차경창車敬昌(20) 덕적도 모래사장 시위(4.9) 공훈록

최봉학崔奉學(22) 용유면 관청리 광장 시위(3.28) 공훈록

4. 인천 기타지역 3·1운동 관련 유공자(총7명)

구창조具昌祖(미상) 질천시장 시위(미수)(4.1)

김춘근金春根(미상) 질천시장 시위(미수)(4.1)

박중일朴重一(미상) 질천시장 시위(미수)(4.1)

송성용宋聖用(40) 질천시장 시위(미수)(4.1) 공훈록

송윤중宋潤中(미상) 질천시장 시위(미수)(4.1)

윤용택尹容澤(미상) 질천시장 시위(미수)(4.1)

이상은(미상) 문학동 천도교인. 평화동 시위(3.30)

5. 인천 강화지역 3·1운동 관련 유공자(총52명)

계기봉桂基奉(24) 강화읍 시위(3.18) 공훈록

고성근(미상) 송해면사무소 뒷산 시위(4.1)

고익진高翊鎭(50) 강화읍 시위(3.18) 공훈록

구덕희具德喜(미상) 강화읍 시위(3.18)

구연준具然濬(미상) 강화읍내 자유민보 등 살포(3.20) 판결문

권태철權泰哲(22) 강화읍 시위(3.18) 공훈록

김갑규金甲奎(미상) 강화읍 시위(3.18) 판결문

김영돈金永敦(미상) 강화읍 시위(3.18) 판결문

김영희金永禧(미상) 강화읍내 자유민보 등 살포(3.20) 판결문

김용순金龍順(22) 강화읍 시위(3.18) 공훈록

김유의金有義(50) 강화읍 시위(3.18) 공훈록

김한영金翰永(미상) 강화읍내 자유민보 등 살포(3.20) 판결문

김형주金炯周(21) 강화읍 시위(3.18) 공훈록

박영칠朴永七(23) 강화읍 시위(3.18) 공훈록

방 열方 烈(24) 강화읍 시위(3.18) 공훈록

신태윤申泰允(미상) 강화읍 시위(3.18) 판결문

신태의申泰義(18) 강화읍 시위(3.18) 공훈록

염성오廉成五(42) 강화읍 시위(3.18) 공훈록

유경식劉瓊植(미상) 삼산면 성공회교회당 뒷산 시위(4.8) 판결문

유봉진劉鳳鎭(33) 강화읍 시위(3.18) 온수리 천도교구 시위(3.19) 공훈록

유학서柳學瑞(24) 강화읍 시위(3.18) 공훈록

유희철劉熙哲(26) 강화읍 시위(3.18) 공훈록

이봉석李奉石(36) 강화읍 시위(3.18) 공훈록

이사국李思國(29) 강화읍 시위(3.18) 공훈록

이안득李安得(미상) 삼산면 석모리 당산 시위(4.7) 판결문

이윤문李允文(37) 강화읍 시위(3.18) 공훈록

장명순張明淳(20) 강화읍 시위(3.18) 공훈록

장삼수張三壽(22) 강화읍 시위(3.18) 공훈록

장상용張相用(21) 강화읍 시위(3.18) 공훈록

장연실張然實(51)　　강화읍 시위(3.18) 공훈록

장윤백張允伯(미상)　강화읍 시위(3.18)

장흥환張興煥(40)　　강화읍 시위(3.18) 공훈록

정홍문鄭弘文(31)　　강화읍 시위(3.18) 공훈록

조기신趙基信(27)　　강화읍 시위(3.18) 공훈록

조봉암曹奉岩(미상)　강화읍내 자유민보 등 살포(3.20) 판결문

조상문曹尙文(미상)　강화읍 시위(3.18)

조인애曹仁愛(36)　　강화읍 시위(3.18) 공훈록

조재옥趙在玉(19)　　강화읍 시위(3.18) 공훈록

조종우趙鍾祐(42)　　강화읍 시위(3.18) 공훈록

조종환趙鍾桓(29)　　강화읍 시위(3.18) 공훈록

주성일朱聖日(미상)　강화읍 시위(3.18) 판결문

주창일朱昌日(미상)　강화읍내 자유민보 등 살포(3.20) 판결문

채공필蔡公弼(미상)　강화읍 시위(3.18) 판결문

최공섭崔公涉(17)　　강화읍 시위(3.18) 공훈록

최영대崔榮大(미상)　강화읍 시위(3.18)

최창인崔昌仁(미상)　강화읍 시위(3.18) 판결문

황도문黃道文(22)　　강화읍 시위(3.18) 공훈록

황도성黃道成(34)　　강화읍 시위(3.18) 공훈록

황용근黃用根(18)　　강화읍 시위(3.18) 공훈록

황유부黃有富(미상)　강화읍 시위(3.18)

황윤실黃允實(20)　　강화읍 시위(3.18) 공훈록

황일남黃日男(22)　　강화읍 시위(3.18) 공훈록

3·1운동 및 만국공원 임시정부수립운동 관련 주요 인물들의 판결문

1. 김명진 등 판결문

| 판결 |

경기도 인천부 내리(內里) 152번지 재적·거주

인천(仁川)보통학교 생도 (무종교)

김명진(金明辰) 10월 9일생 18세

경기도 인천부 용강정(龍岡町) 81번지 재적·거주

인천보통학교 생도 (무종교)

이만용(李萬用) 12월 16일생 18세

경기도 인천부 용리(龍里) 228번지 재적·거주

무직 (무종교)

박철준(朴喆俊) 11월 22일생 19세

경기도 시흥군 군자면(君子面) 원시리(元時里) 재적

경기도 인천부 내리 143번지 거주

인천보통학교 생도 (무종교)

손창신(孫昌新) 9월 25일생 16세

상기자들에게 대한 보안법 위반·전신법 위반·절도 피고 사건에 대하여 조선총독부 검사 옥명우언(玉名友言) 관여로 심리 판결함이 다음과 같다.

| 주문 |

피고 김명진을 징역 2년에 처한다. 단 미결 구류일수 60일을 본형에 산입한다. 피고 이만용·박철준을 각각 태 90에 처한다. 압수 물건 중 수화기는 피해자에게, 그 나머지는 각각 제출인에게 반환한다. 피고 손창신은 무죄.

| 이유 |

제1. 피고 김명진은 인천공립보통학교 3년생으로서 대정 8년 3월 6일 이후 동교의 다른 생도와 함께 동맹 휴교를 하고 있던 바, 동교 직원과 소관경찰서 사이에 전화로 위 동맹휴교 중의 생도에게 대하여 그들의 행동을 조사하고 훈계를 하도록, 때로는 타합하고 있었다. 그 결과 가끔 엄중한 조치를 받게 되었음을 꺼려 그 통신을 방해하고자 하여 피고 이만용·박철준의 찬동을 구하여 3명이 공모한 후 동월 8일 오후 9시 경 피고 김명진·박철준은 인천부 우각리(牛角里)의 인천공립보통학교 내에 침입하여 피고 박철준은 망을 보고, 피고 김명진은 가지고 간 전선 절단용 가위(증 제1호)로 동교 2층에서 전화 공중선을 절단하고 이어서 아래 층 사무실에서 전화 수화기를 쳐 부숨으로써 동교의 전화로 하는 통신을 가로 막았으며, 또한 피고 이만용은 이것을 범행하려 가다가 일이 중대함을 깨닫고서 스스로 범행을 중지하고 집에 돌아오고,

제2. 피고 김명진은 이튿날 9일 이 학교에 산책 나갔을 때, 마침 동교 변소 뒤에서 전 날 밤에 파괴 방치 유기한 수화기(증 제2호)를 발견하고 차지할 의사로 이를 줏어서 전기한 동 피고의 집에 가지고 돌아와 제 멋대로 간직하여 둔 자이다. 위의 사실은,

1. 당 공판정에서 피고 김명진·박철준·이만용이 각기 소위에 대하여 스스로 말한 각각 판시함과 같은 취지의 공술,

1. 사법경찰관이 작성한 실황 판단서 중에서 '3월 8일 오후 8시 30분 경까지는 전화 사용에 아무런 장애도 없었으나 이튿날 9일 오전 9시 경 비로소 수화기가 분실되었음을 발견하였다고 하므로 범행은 위의 시간 사이에 있었던 것이다. 피해장소는 집 밖에서 집 안으로 들어가는 선의 횡목 위에 세운 2개의 애자(礙子) 중에서 안 쪽의 선을 애자 부분에서 절단하고, 또 집 안 아래 층에 장치한 전화 수화기를 떼어 내서 전지 접속선이 절단되어 있었다. 위의 절단면을 살펴보건대 예리한 날, 곧 전선 절단용 가위를 사용한 것으로 인정된다.'는 취지의 기재,

1. 인천보통학교 교장의 도난계 중, '3월 8일 오후 8시 반 경부터 이튿날 9일 오전 9시 경까지의 사이에 전화 수화기를 절도 당하였다'는 취지의 기재가 있는 등을 종합하여 증빙이 충분하다.

법에 비추건대, 피고 김명진의 수화기를 횡령한 점은 형법 제254조에 해당하여 소정형 중 징역형을 선택할 것이며, 피고 김명진·박철준의 가택침입 소위는 동법 제130조, 통신장애 소위는 대정 5년 3월 법률 제19호, 전신법 제37조에 해당하고, 앞의 소위(가택침입)는 뒷 소위의 수단이므로 형법 제54조 제1항 제10조에 따라 중한 후자의 형에 의하여 소정형 중 징역형을 선택하여 처단할 것이며, 피고 이만용의 소위는 위의 전신법 제37조, 형법 제43조에 해당하므로 소정형 중 징역형을 선택한 후 동법 제69조·제68조 제3호에 의하여 법률 상의 경감을 한 형기 범위내에서 처단할 것이며, 피고 김명진에게 대하여는 2죄의 병발에 걸리므로 동법 제45조·제47조·제10조에 의하여 중한 전신법 위반죄의 형에 따라 처단할 것이다. 그러므로 각기 형기 범위 내에서 피고 김명진을 징역 2년, 피고 이만용·박철준을 각각 징역 3월에 처할 것이며, 피고 김명진에게 대하여는 형법 제21조에 의하여 미결 구류일수 중 60일을 본형에 산

입할 것이며, 피고 이만용·박철준에게 대하여는 정상을 보아서 조선 태형령 제1조·제4조에 따라 각각 태 90에 처할 것이며 압수물건 중 증 제2호의 수화기는 피고 김명진의 수중에 있던 장물이므로 형법 시행법 제61조에 의거 피해자에게 반환할 것이며, 그 나머지는 몰수에 걸리지 않으므로 형사소송법 제202조에 의하여 각각 제출인에게 반환할 것이다.

그리고 피고 손창신에게 대한 공소 사실은 이를 인정할 만한 증빙이 불충분하므로 형사소송법 제224조에 의거 무죄를 언도할 것이다. 따라서 주문과 같이 판결한다.

2. 심혁성 등 판결문

| 판결 |

대정 8년 형공 제969호
경기도 부천군 계양면(桂陽面) 오류리(梧柳里) 거주·재적
농업 심혁성(沈爀誠) 8월 15일생 32세

경기도 부천군 계양면(桂陽面) 다남리(多男里) 98번지 재적·거주
농업 [일명(一名) : 이태현(李泰鉉)·이태련(李泰連)]
이담(李壜) 4월 17일생 41세

경기도 부천군 계양면(桂陽面) 이화리(梨花里) 248번지 재적·거주
농업 최성옥(崔成玉) 1월1일생 48세

경기도 부천군 계양면(桂陽面) 이화리(梨花里)
노동업
전원순(全元順) 9월 6일생 45세

경기도 부천군 계양면(桂陽面) 장기리(場基里)
매약 행상
임성춘(林聖春) 3월 25일생 47세

위의 보안법 위반·소요·훼기(毁棄)·직무집행 방해 피고 사건에 대하여 대정 8년 10월 29일 경성지방법원에서 언도한 유죄판결에 대하여 피고 들로부터 공소를 신립하였기로 당 법원은 조선총독부 검사 수야중공(水野重功) 관여로 심리 판결함이 다음과 같다.

| 주문 |

본건 공소는 이를 기각한다.

| 이유 |

제1. 피고 심혁성은 전부터 일한합병을 좋아하지 않고 항상 조선독립을 희망하고 있던 바, 대정 8년 3월 1일 천도교주 손병희(孫秉熙) 등이 조선 민족독립선언을 한 다음 조선 각지에서 독립시위운동이 시작되자 그 취지에 찬동하여 이와 동일한 행동을 하려고 동년 3월 24일 오후 2시 경 경기도 부천군 계양면 장기리 시장에서 태극기(증 제1호)를 휘두르며 그곳에 모여든 군중을 선동하여 같이 조선독립 만세를 절규함으로써 독립 시위운동을 함으로 말미암아 치안을 방해하고,

제2. 피고 임성춘은 이 날 오후 5시경 경비하기 위하여 전기 시장에 출장 나가 있던 부내(富內)경찰관주재소에 근무하는 순사 이궁희삼차(二宮喜三次) 이외 순사 3명이 피고 심혁성을 보안법 위반의 현행 범인으로서 직무상 이를 체포하여 이를 인치하려 하매, 많은 군중들과 함께 그 순사들을 뒤 따라 심혁성을 석방하라고 간절히 원하였으나 동 순사들이 이를 허용하지 않자, 피고 임성춘은 솔선하여 군중에게 대하여 '가거라 가거라'하고 연달아 외치면서 암암리에 순사들의 손에서 심혁성을 탈취하도록 지휘함으로써 그 기세를 돋우매, 200여 명의 군중은 이에 힘을 얻어 '붙잡아라 붙잡아라' 큰소리로 떠들면서 동 순사들의 일행을 포위하고, '심혁성을 내놓으라'고 외치며 이를 붙잡았고, 또한 순사들의 머리·기타

를 주먹으로 혹은 치고 혹은 찌르며 폭행을 가하고 일방 심혁성을 묶은 포승을 풀음으로써 현행범인 그를 순사들의 손에서 탈취하여 도망치므로 순사들이 추적하려고 하였으나 앞에 막아 서서 순사들을 때리고 혹은 돌을 던지며 방해하매, 순사들은 부득이 칼을 빼었더니 군중 속의 이은선(李殷先)이 칼에 찔리어 죽어 넘어졌다. 피고 임성춘(林聖春)·기타 폭민들은 심혁성을 그대로 놓아두고 도주하였다. 피고 이담은 자기의 6촌 친척에 해당하는 전기 이은선의 죽음을 듣고서 순사의 소위를 분히 여겨 면민을 규합하여 대기 순사에게 이은선의 죽은 원인을 힐문코자 이 날 밤 계양면장 안병혁(安炳赫) 및 동면 서기 이경응(李敬應)에게 부탁, '죽은 사람에게 동정하는 자는 오늘 밤 12시에 계양면 사무소에 집합하라'는 뜻으로 쓴 통문을 만들어 이 것을 면 내의 각 동리에 회부하였기 때문에 동 12시 경 약 200명의 군중이 위의 면사무소로 가서 모였는데, 그 때 이경응(李敬應)이 여기 나오지 않았음을 보고서, 이를 분개하여 이들 군중에게 대하여 '이경응은 자신이 범한 죄가 있어서 여기에 모이지 않았을 것이다. 그러니 먼저 그의 집을 부숴 버리라'고 선동하여 스스로 괴수가 되어 100여 명의 군중의 선두에 서서 이를 인솔하였으며, 피고 최성옥·전원순은 군중에게 솔선하여 함께 계양면 선주지리(仙住地里) 이경응의 집으로 몰려 가서, 피고 전원순은 그 집의 바람벽을 부숴 기구를 깨뜨려 버리고, 피고 최성옥은 그 집의 대문 및 바람벽을 손상하고 파괴함으로써 그들의 기세를 돋우어 주매 군중은 이에 힘을 얻어 그 집 바람벽의 태반과 문 전부를 부수고 기구의 전부를 깨뜨려 버림으로써 극도로 소요를 피운 자들이다.

　이상의 사실은 당 공판정에서 피고 심혁성이 말한 '자기는 전부터 일한합병을 좋아하지 않아 항상 조선독립을 희망 하고 있던 사람인데, 대정 8년 3월 1일 천도교주 손병희 등이 조선독립선언을 발표한 이래로 조선 안 각지에서 태극기를 휘두르고 조선독립만세를 외치며 조선독립시위운동을 하고 있음을 알고서 자기도 그 취지에 찬동하여 이와 동일한 행동을 취하고자 하여 동년 3월 24일 오후 2시 경 경기도 부천군 계양면 장기리 시장에서 증 제1호의 구 한국기를 휘두르면서 그 곳에 모인 군중에게 대하여 "조선독립만세를 부르라"고 선동, 이들과 함께 조선독립만세를 절규하여 조선독립시위운동을 하였다. 그 때 부내경찰관주재소에 근무하는 순사 이궁희삼차 및 응원하는 순사부장 화뢰훈(花瀨勳) 이외 2명이 경비하기 위하여 이 시장에 출장나왔다가 자기를 보안법 위반 혐의자로서 체포하여 면사무소로 연행하였다가 그 곳에서 주재소로 인치하기로 되었는데, 그 때 곧 오후 5시 경 술에 취한 자 5, 6명이 자기를 순사에게서 탈환하였다. 그랬더니 순사들은 자기를 군중에게서 다시 탈환하려고 칼을 빼어서 군중 속의 이은선(李殷先)을 잘라 죽이고, 다른 1명도 부상을 입혔다'는 공술,

동 피고 이담이 말한 '자기는 이은선과 6촌 간인데, 대정 8년 3월 24일 해가 넘어간 뒤 이은선이 순사에게 피살되었음을 전해 듣고서 현장에 갔더니 은선의 처자가 울고 있으므로 자기는 순사의 행위에 분개하여 동리 사람들을 규합, 대거하여 순사에게 이은선의 죽은 원인을 힐문하고자 이 날 밤 계양면장 안병혁(安炳赫) 및 동면 서기 이경응에게 부탁하여 "죽은 사람에게 동정하는 자는 오늘 밤 오후 12시 계양면 사무소에 집합하라"는 취지를 쓴 통문을 작성하여 이를 각 동리에 돌렸다. 그리하여 이 날 밤 자기도 이경응의 집에 갔다. 증 제4호의 1은 통문의 원안으로서 동 2는 돌린 것이다'는 공술,

동 피고 최성옥이 말한 '대정 8년 3월 24일 오후 2시 경 계양면 장기리 시장에서 군중이 조선독립만세를 절규하며 독립시위운동을 하고 있어서 경비하기 위하여 출장 나왔던 순사가 같은 피고 심혁성을 보안법 위반의 현행범인으로서 체포하여 이를 인치하려 하였는데, 이은선 등은 이를 탈환하려다가 그로 말미암아 이은선이 순사에게 피살되었으므로

같은 피고 이담이 대단히 분개하여 면장 등으로 하여금 "죽은 사람에게 동정하는 자는 집합하라"는 취지의 통문을 작성하여 돌리게 하고, 그 문서에 따라 자기도 24일 오후 12시 경 면사무소에 집합하였다'는 공술,

동 피고 전원순이 말한 '판시한 날 장기리 시장에서 군중들이 조선독립만세를 외치며 독립시위운동을 하매 순사들이 그 괴수자인 같은 피고 심혁성을 보안법 위반의 현행범인으로서 체포 인치하려 하니 이은선 등은 이를 탈취하고자 폭행을 하였기 때문에 그가 잘리어 죽었으므로 이담은 심히 분개하여 면장 등으로 하여금 "죽은 사람에게 동정하는 자는 집합하라"는 취지의 통문을 작성하게 하여 이를 각 동리에 돌리기에, 자기도 이 날 밤 12시 경 면사무소에 집합하였다"는 공술,

원심공판 시말서 중, 피고 이담이 '자기는 판시한 날 이영춘(李永春)이란 자가 와서 이은선이 피살되었음을 알리기에 가서 보니까 이미 시체는 면사무소에서 거적에 싸 두었었다. 그래서 이를 소사 방으로 옮기고, 그로부터 자기는 면장과 면서기 이경희(李敬熙)와 같이 시장의 송희진(宋熙晋) 집에 가서 통문을 6통 써 달래 가지고 이것을 각 구장에게 돌려 주었다. 이날 밤 오후 12시 경 약 100명 가량이 면사무소에 집합하였다. 그런데 이경응은 모친의 병환 등을 핑계로 앞서 집에 돌아간 채 와서 모이지 않으매, 자기는 이경응의 집에 가서 물어 보았더니 "안방에서 자고 있다" 하고, 다시 면장이 가서 알아보았을 때는 "없다"는 것이었으므로, 자기는 "이 서기는 수석 서기이면서 이 곳에 오지 않음은 추측컨대 그가 국어(일어)를 알기 때문에 동인이 순사에게 대하여 이은선을 '죽이라'고 한 것인지도 모르겠다. 요컨대 무슨 죄가 있길래 안오는 지도 모르겠다"고 말하였다. 그리하여 면사무소 앞에서 자기는 "이경응의 집을 부숴 버리라"고 군중에게 대하여 공공연히 말하였다'는 공술 기재,

증인 이궁희삼차에 대한 예심조서중, '자기는 대정 5년 9월 20일부터 8년 7월 30일까지 부내경찰관주재소에 근무하였는데, 피고 임성춘은 매

약 상이므로 직무상 가끔 그의 집에 검사 나간 일도 있다. 또 시장(장리기)에는 장날마다 취체나가 있었기 때문에 그에게는 번번히 만나 그를 잘 알고 있었다. 금년 3월 24일은 장기리 장날이어서 만세를 부를 것이라고 염려하여 자기와 응원 온 순사 3명과 함께 그 시장을 경비하고 있었는데 오후 2시 경 만세 소동이 시작되었으며, 그 속에서 기를 휘두르고 있는 심혁성을 체포하여 면사무소까지 왔더니 군중은 뒤에서 만세를 부르면서 따라 오기에 해산을 명령하니, 태반은 흩어졌으나 약 300명 쯤은 그대로 서서 자기들에게 심혁성의 방면을 간청하고 있었다. 오후 5시 경 자기들이 심혁성을 데리고 주재소로 돌아가려 하니까 300명의 군중들은 뒤에서 쫓아 왔다. 그 중에는 몽둥이 등을 가지고 있는 자가 보였다. 그리하여 "심혁성을 반환하라"고 강박하였다. 피고 임성춘은 자기들 앞에서는 손을 싹싹 비비며 심의 방면을 빌고, 뒤로 돌아 가서는 "자! 가거라 가거라"하고 군중을 선동하니, 그들은 이에 힘을 얻어 자기들에게 폭행을 가하기 시작하여서 자기들이 시장에서 5, 6십 간 떨어진 곳에 왔을 때 군중들은 길을 가로 막고 "심을 돌려 달라"고 하면서 그를 붙잡고 움직이지 못하게 하였으며 자기들의 설득도 듣지 않고서 오히려 자기들의 뒤에서 머리·기타를 주먹으로 치거나 혹은 찌르다가 마침내는 심혁성을 자기들 손에서 탈취하여 도망치므로 자기들은 쫓아가려 하니 앞 길을 가로막고 자기들을 때리며 방해를 하매 부득이 칼을 뽑았더니, 그들은 심을 놓아 두고 도주하였다. 그 때 그들 중에서 이은선이 칼에 찔려 죽었다. 자기들에게 대하여 폭행을 한 자들은 약 20명으로 생각된다. 또한 자기들의 뒤의 군중 속에서 "심을 돌려 주지 않으면 순사를 죽이라"고 외치는 소리가 나는 것을 들었다. 자기는 보지 못하였으나 응원 온 순사의 말에 의하면, "그 때 투석하는 자를 보았다"는 것이다'는 취지의 공술 기재,

증인 안병혁(安炳赫)에게 대한 동 조서중, '대정 8년 3월 24일 오후 2시 경이었다고 생각되는데, 부내주재소 순사보 한연수(韓淵洙)가 사복 차

림으로 면사무소 사무실에 뛰어 들어와서 "큰 일 났다. 지금 시장에서 많은 자들이 만세를 부르며 면사무소로 몰려오고 있다"고 하므로 자기는 사무실을 나가 보았더니, 200명 가량의 사람들이 김석배(金錫培)란 자를 치고 차고 하면서 면사무소로 몰려 왔다. 면사무소 앞에서 만세를 연달아 부르고 있는데 순사 4, 5인이 오니까 군중들은 사방으로 흩어지고, 순사는 심혁성·정태용(鄭台鎔)을 체포하여 면사무소로 왔다. 그 때 심혁성은 순사에게 대하여 "자기는 괴수이나 정태용은 그런 자가 아니니 그를 놓아 주라"고 하매, 순사들은 정태용을 놓아 주고 심을 부내주재소로 연행한다고 떠났는데, 조금 있다가 면사무소 소사가 와서 "큰 일 났다. 시장에서 한 사람은 죽고, 한 사람은 다쳤다"고 알렸다. 이런 말을 하고 있는데 윤해영(尹海榮)이란 자가 머리 등을 누르고 "부상하였다"고 하면서 들어왔다. 자기는 시장의 배응준(裵應俊) 집 앞까지 가서 보니까 그 곳에 이은선의 시체가 있고 그 곁에 죽은 사람의 조카 이금산(李今山)이 몽둥이를 들고 서 있었다. 그는 자기에게 대하여 "이렇게 사람이 죽었는데 가만 있을 수가 있는가. 이 원수를 갚아 달라"고 하였으며, 이은선의 아내도 자기에게 대하여 "남편이 피살된 원인을 확인하러 부내주재소로 가자"고 주장하였으나, 옆에 있던 누구인가가 "주재소에 가도 아무런 효과가 없을 것이다"고 막으매 그 여자는 단념하고, 자기는 면사무소로 갔더니, 어느 사이에 이은선의 시체는 사무실에 옮겨 있었고, 또 사무실의 유리창이 부숴져 있었다. 여기서 자기는 집에 돌아갈 생각으로 시장 쪽으로 가는데 뒤에서 이담이 쫓아 와서 "이은선이 죽었으니 구장에게 통지하여 이민들을 모아 가지고 주재소로 가서 피살된 원인을 확인하여 달라"고 하고, "이민들을 모으기 위한 통문을 써 달라. 만약 응하지 않으면 당신을 죽이겠다"고 하므로 자기는 할 수 없이 이를 승락하여 면사무소로 가서 이경응(李敬應)과 임대규(林大圭)를 데리고 이담과 함께 시장의 송희진(宋熙晋) 집에 가서, 이경응은 이담이 부르는 대로 초안을 작성하였다. 그 문서의 요지는 "오늘 시장에서 순사에게 사람이 죽었는데 그 피살된 이유를 주재소에 가서 질문할 터이니 죽은 사람에게 동정을 표시하는 자는 오후 12시까지 면사무소에 집합하라"는 것이었다. 이경응은 위의 초안쓰는 것을 마친 후 "모친이 근심하고 있으니 집에 갔다 오겠다"고 하며 돌아갔으며, 자기와 임대규는 위의 초안에 따라 6, 7매의 통문을 써서 이를 배부하였다. 그 결과 200인 이상이 면사무소에 모였는데 이경응은 집에 갔다 온다고 나간채 오지 않으매 이담은 "이 서기는 수석 서기이면서 이 곳에 오지 않는 것을 보니 그는 국어(일어)를 해득하므로 동인이 순사에게 대하여 '이은선을 죽이라'고 한 모양이다. 무슨 죄가 있기에 오지 않을 것이다. 자기가 가서 보겠다"고 하면서 나갔다가 돌아와 "이경응은 없다"는 뜻을 말하고 있었다. 그 후 2, 3인이 이경응의 집에 만나러 가고, 자기도 갔으나 없어서 돌아와 "이경응은 자기 집에는 없고 면사무소에 갔다는 것이나 시장에라도 간 모양이다. 그러니 찾아 오겠다"고 하니까. 이담은 "그런 말은 들을 필요도 없다. 이로부터 이경응의 집을 부수러 가자"고 하고, 자기에게 대하여 "너도 같이 가자"고 하면서 자기 등을 밀어, 자기는 이담 등 100인 가량과 함께 이경응의 집에 갔다. 그때 들고 간 등불이 바람 때문에 꺼졌다. 여기서 누구인지 모르나 방 안에 들어가 도구를 부수기 시작하여 자기는 집 밖에 나가서 구장과 같이 서 있는데 군중들은 집까지도 쳐 부쉈다. 그런 뒤 군중들 일행은 면사무소로 옮아 왔다. 이담은 자기에게 대하여 "이로부터 이은선의 죽은 원인을 확인하러 주재소에 가 달라"고 하였는데, 이경희가 "주재소에 간다고 하여도 아무런 효과가 없을 것이다. 명일은 순사도 올 것이니, 면사무소의 게시판에 '우리들이 모인 것은 이은선의 죽은 원인을 확인하기 위한 것이다'는 뜻을 써 붙여 두고, 명일 오전 9시를 기하여 모이자"고 하니, 일동은 이에 찬성하고 해산하였다. 중 제4호 중 날인하지 않은 것은 초안이고, 이것이 없는 것은 자기가 베낀 것이다. 통문을 보고 이 날 밤 면사무소에 모인 중에서 자기가 아는 사람으로서 눈에 띤 것은 이공우(李公雨)·최성옥·채규명(蔡奎明)·전원순이었다. 이담은 송희진(宋熙晋)의 집에서나 시장에서나 면사무소로 돌아온 뒤 면사무소 앞 마당에서나 이경응의 집으로 가는 도중에서나 군중에게 대하여 큰 소리로 "이경응의 집을 부숴 버리라"고 하였다. 그리고 이경응의 집에 몰려갈 때는 그 선두에서 있었다'는 취지의 공술 기재,

사법경찰관의 피고 최성옥 신문 조서중, '대정 8년 3월 24일 구장의 통지로 동리 사람들과 함께 면사무소로 가니까 자기들이 도착하였을 때는 많은 사람들이 모여 있었는데, 그들의 말을 들으니 "오늘 오류리의 심이 만세를 외치도록 남을 선동하다가 취체하던 순사에게 붙들린 것을, 여럿이 '그를 석방하라'고 강박한 끝에 폭행까지 하게 되어 순사가 칼을 빼어 선주지리의 이 모를 베어 죽였기 때문에, 그의 친족들이 면장에게 "베어 죽인 것이 부당함을 주재소에 힐문하여 달라"고 강박하여 면사무소의 유리창을 쳐 부수고 또한 이민들의 소집을 요구하였다는 것으로서 처음으로 소집한 사유를 알았는데, 면사무소에서 전원순은 의자를 쳐 부숴서 불 속에 던졌다. 또한 죽은 사람의 친족들은 "이 서기는 몇 번이나 부르러 가도 오지 않는다. 아주 괘씸하다"고 하니, 군중들은 이에 호응하여 이 서기의 집으로 갔다. 자기도 갔다. 그리하여 전원순·최춘일(崔春日) 및 죽은 사람의 친족들이 바람벽을 헐고 기물을 부수는 것을 목격하였다. 자기도 대문을 부수고 또한 곤봉으로 벽을 때려 부쉈다.'는 공술 기재, 순사 부장 화뢰훈의 보고서 중, 판시한 24일 장기리 시장에 경비하기 위하여 출장나가 있었는데, 피고 심혁성은 태극기를 휘두르며 약 600명을 선동하여 독립만세를 연달아 부르며, 제지하려 하였으나 효과가 없기에 심혁성을 체포하여 군중을 해산시켰으나, 또한 집단이 되어 "심을 석방하라"고 강박하며 또 심을 탈취할 듯 형세가 불온하였으므로 설득·경계하며 심을 인치하여 면사무소에서 시장을 거쳐 약 3정(町)의 지점

에 이르렀을 때 약 200명이 뒤따라 오며 "붙잡아라, 붙잡아라(붙들라는 뜻)"하고 저마다 입으로 큰 소리를 지르고 우리들 일행 6명을 포위하여 심을 빼앗아 가려고 폭행을 시작하여 약 10분이 지났을 즈음 심을 묶었던 포승을 끊고서 심을 둘러메고 약 8간(間)을 탈거하여 사방에서 돌을 던지므로 칼을 뽑지 않으면 심을 탈환할 수 없을 뿐만 아니라 경찰관 일행이 위험 상태에 빠져 막을 길이 없기에 칼을 뽑아 방어하였더니, 약 10분이 되어 군중은 약 10간 물러서서 폭행을 중지하였으매 오후 5시 30분 현장에서 철수하였다'는 취지의 기재,

중인 신소사(辛召史)에게 대한 예심조서 중, '자기는 이경응의 어머니다, 대정 8년 3월 24일 한밤 중 자기 집에 많은 사람들이 몰려 와서 자기집을 쳐 부쉈다. 그 때 자기는 며느리와 손자 2인, 그리고 당년 20세의 머슴과 함께 집에 있었고, 경응은 없었다. 많은 사람들이 자기집에 몰려 들어서 누구인지는 모르나 자기들이 있는 안방 문을 열고 "이 녀석 어디 갔는가. 주재소로 간다고 하더니 밀고하러 갔겠지"하며 몽둥이로 바람벽을 쳐 부수매, 자기는 무서운 나머지 어찌 할 수도 없어 안방에 엎드려 있었다. 또한 그들은 지붕과 기둥을 남기고는 바람벽의 태반을 부수고 또 문을 전부 부쉈으며, 또 건너 방 앞에 있는 받침 기둥도 도끼로 찍어 넘기고 기물은 하나도 남김 없이 때려 부수고 대문도 파괴하였다. 바람벽은 몽둥이로 쳐 부수고 솥과 장독은 돌로 쳐 부순 듯하며 기타 도구는 몽둥이로 때려 부순 모양이다. 또한 자기들은 중간에 무서운 나머지 뒷마당에 나가 있었더니, 피살된자의 친족들이 "계집들은 어디 갔는가. 쳐 죽인다"고 말하고 있었다'는 취지의 공술 기재,

예심판사의 대정 8년 8월 23일 부 검증 조서 중, '이경응의 모친 신소사의 안내로 이경응의 거주하는 집을 검증한 바 그 집은 조선식 목조 초가의 보통 집으로서 그 피해 일시는 대정 8년 3월 24일 밤이며, 피해의 장소 및 물건은 대문·바람벽·기둥과 각 방의 출입 문짝 및 가재 도구

전부로서 문짝·가재도구류는 집앞의 밭 가운데서 불태워 버렸다고 한다. 그리하여 검증하건대, 대문은 높이 5자, 넓이 4자로서 양쪽 여닫이 판자문이 달려 있다. 그 판자문은 위·아래에 문지방을 건너지르고 이에 판자문의 축을 달아 놓은 것으로서 떼어 달 수 있는 구조이다. 그 문지방의 위 것은 피해 후 새로이 만든 모양으로 나무 빛같이 새 것이고 3치 각의 소나무를 사용하였다. 그리고 그 피해 이전의 것은 이보다 조금 튼튼한 것으로서 문 기둥에 못으로 찍혀 있었으나 부러져 버렸다고 한다. 그 대문짝은 불 속에 쓸어 넣었던 것을 끄집어 낸 모양으로 거뭇거뭇 탄 자리가 남아 있다. 그 방의 출입구에는 돌쩌귀로 마음대로 떼어 달수 있는 조선식 창살문이 달려 있으나 현재의 것은 모두 피해 후에 새로 만든 것이며, 피해 이전에 있어서도 이와 같은 약식의 창살문이 달려 있었으나 이것들은 전부 떼어 불태워 버렸다는 것이다. [중간 16행 생략]

　법에 비추건대, 피고 심혁성의 판시 제1소위는 범죄 후의 법령으로 형이 변경된 것이므로 구법에 있어서는 보안법 제7조, 조선형사령 제42조에, 신법에서는 대정 8년 제령 제7호 제1조에 해당하므로 형법 제6조·제10조에 의하여 경한 보안법의 형에 따라 징역형을 선택하여 처단할 것이며, 피고 임성춘의 판시 제2 소위 중 소요를 피운 점은 형법 제106조 제2호에, 공무집행을 방해한 점은 동법 제95조 제1항에, 법령에 의거한 피구금자를 탈취한 점은 동법 제99조에 각각 해당하는 바, 이것은 1개의 소위로서 3죄에 저촉되는 것이므로 동법 제54조 제1항 전단, 제10조에 따라 중한 소요죄의 형에 의거 그 소정형 중 징역형을 선택하고, 피고 이담·최성옥·전원순의 판시 제3 소위 중 건조물을 손괴한 점은 동법 제260조에, 소요를 피운 점은 피고 이담에게 대하여는 동법 제106조 제1호, 피고 최성옥·동 전원순에게 대하여는 동조 제2호에 각각 해당하며, 각 피고는 1소위로서 수개의 법에 저촉되는 것이므로 동법 제54조 제1항 전단, 제10조에 따라 모두 중한 소요죄의 형에 의거 소정형 중 징역형을 선택하여 이상 각 형의 범위 내에서 피고 이담을 징역 2년, 동 임성춘을 징역 1년, 동 전원순 및 최성옥을 각각 징역 10월, 피고 심혁성을 징역 8월에 처단하고, 동법 제21조에 의하여 피고 임성춘에게 대하여는 그 미결 구류일수 중 60일, 기타의 피고에게 대하여는 각각 그 미결 구류일수 중 90일을 각각 본형에 산입할 것이며, 압수물건 중 증 제1호의 기는 피고 심혁성의 소요로 범죄 공용물이므로 동법 제19조에 의하여 이를 몰수하고, 기타는 몰수에 걸리지 않으므로 형사소송법 제202조에 따라 처분할 것이다.

이와 동일한 취지에서 나온 원판결은 타당하여 본건의 공소는 이유가 없다. 따라서 형사소송법 제261조 제1항에 의거 주문과 같이 판결한다.

대정 8년 11월 19일

경성복심법원 형사부 재판장 조선총독부 판사 총원우태랑(塚原友太郞)

비고 이담·전원순은 고등법원에 상고, 대정 8년 12월 13일 모두 기각됨(대정 8년 형상 제1023호).

3. 조명원 등 판결문

| 판결 |

본적지 경기도 부천군 용유면(龍游面) 남북리(南北里) 868번지
현주소 경기도 부천군 용유면(龍游面) 남북리(南北里) 868번지
농업 (무종교)
조명원(趙明元) 7월 2일생 19세

본적지 경기도 부천군 용유면(龍游面) 남북리(南北里) 868번지
현주소 경기도 부천군 용유면(龍游面) 남북리(南北里) 868번지
농업 (무종교)
조종서(趙鍾瑞) 10월 3일생 21세

본적지 경기도 부천군 용유면(龍游面) 남북리(南北里) 180번지
현주소 경기도 부천군 용유면(龍游面) 남북리(南北里) 180번지
잡화상 기독교도
최봉학(崔奉學) 3월 26일생 23세

본적지 경기도 부천군 용유면(龍游面) 남북리(南北里) 636번지
현주소 경기도 부천군 용유면(龍游面) 남북리(南北里) 636번지
무직 (무종교)
문무현(文武鉉) 4월 17일생 21세

본적지 경기도 부천군 용유면(龍游面) 남북리(南北里) 482번지
현주소 경기도 부천군 용유면(龍游面) 남북리(南北里) 482번지
농업 (무종교)
김윤배(金潤培) 1월 8일생 32세

본적지 경기도 부천군 용유면(龍游面) 남북리(南北里) 397번지
현주소 경기도 부천군 용유면(龍游面) 남북리(南北里) 397번지
농업 (무종교)
윤치방(尹致芳) 11월 7일생 32세

본적지 경기도 부천군 용유면(龍游面) 남북리(南北里) 946번지
현주소 경기도 부천군 용유면(龍游面) 남북리(南北里) 946번지
경성(京城)공립농업학교 1년생 (무종교)
윤보신(尹寶臣) 4월 13일생 22세

본적지 경기도 부천군 용유면(龍游面) 을왕리(乙旺里) 457번지
현주소 경기도 부천군 용유면(龍游面) 을왕리(乙旺里) 457번지
농업 천도교도
유웅렬(柳雄烈) 1월 17일생 23세

본적지 경기도 부천군 용유면(龍游面) 덕교리(德橋里) 482번지
현주소 경기도 부천군 용유면(龍游面) 덕교리(德橋里) 482번지
음식점업 (무종교)

오기섭(吳基燮) 1월 19일생 38세

본적지 경기도 부천군 용유면(龍游面) 덕교리(德橋里) 693번지
현주소 경기도 부천군 용유면(龍游面) 덕교리(德橋里) 693번지
농업 (무종교)
구길서(具吉書) 12월 12일생 24세

본적지 경기도 부천군 용유면(龍游面) 을왕리 521번지
현주소 경기도 부천군 용유면(龍游面) 을왕리 521번지
농업 [일명(一名) : 남의(南儀)]
이난의(李蘭儀) 9월 30일생 35세

상기자들에게 대한 보안법 위반 피고사건에 대하여 조선총독부 검사 최호선(崔浩善) 관여로 피고 이난의는 궐석인 채 심리 판결함이 다음과 같다.

| 주문 |

피고 조명원을 징역 2년에 처한다. 피고 조종서를 징역 1년 8월에 처한다.

피고 최봉학·문무현을 각각 징역 1년 6월에 처한다. 피고 김윤배·윤치방·윤보신·유웅렬·오기섭·구길서를 각각 징역 6월에 처한다. 피고 이난의를 징역 1년 8월에 처한다. 압수물건 중 경고문 4통(대정 8년 영제389호의 1), 구한국기 1류(동호 2의 1), 신서(信書) 1매(동호의 3)는 몰수하고, 그 나머지는 제출인에게 반환한다. 피고 이난의는 스스로 이 판결의 송달을 받거나 또는 판결 집행으로 형의 언도가 있었음을 안 날로부터 3일의 기간 내에 고장을 신립할 수 있다.

| 이유 |

피고 조명원은 조선독립운동의 거사에 찬동하여 정치변혁의 목적으로

그가 거주하는 동리에서도 역시 같은 운동의 기운을 빚어 내려고 꾀하여 대정 8년 3월 23, 4일 경 먼저 피고 조종서와 서로 만나고 이어서 피고 최봉학·문무현을 불러 그의 의도를 알려 일을 의논한 바, 동 피고들은 곧 이에 동의하여 그 날로 전기한 피고 명원 집의 하인 방에서 위의 운동 방법에 대하여 비밀히 모의한 끝에 피고들의 1단을 혈성단(血誠團)이라 이름하고 동월 28일을 기하여 거사하도록 의논이 결정되어 사들인 무명 천으로 대형의 구한국기 1류(증 제2호의 1)를 만들고, 또한 그기에 "혈성 단 주모(자) 조명원·조종서·문무현·최명교(崔明敎[최봉학의 별명])"라 크게 쓰고, 다시 피고 명원의 문안에 피고들 4명의 글씨로 '조선독립운동 을 거사할 것이니, 28일 관청리 광장에 모이라'는 취지를 기재한 격문 80 여통 및 신서 1통(증 제3호)을 작성하여 이를 봉투에 넣어서 피고 4명이 분담하여 그 날로 동면 남북리·거잠리(巨蠶里)·을왕리·덕교리의 문자 를 해득하리라 생각되는 이민들에게 배부, 조선독립시위운동에 참가하도 록 선동하여 두었다가, 동월 28일이 되자 동면 관청리 광장으로 가서 앞 서 만들어 두었던 구 한국기를 떠 받들고서 피고들 4명이 조선독립만세 를 부르매, 이에 호응하여 전부터 선동하여 두었던 자·기타 150여 명의 이민들이 집합하고, 또한 전부터 통모하여 두었던 결과 같이 참가한 피 고 이난의가 인솔하는 1단과 합류하여 일제히 조선독립만세를 외침으로 써 치안을 방해하고,

피고 이난의는 피고 조명원 등과 서로 호응하여 이 날 거주하는 동리 의 이민들을 선동 소집하여 태극기를 휘날리며 선두에 서서 이들을 인솔 하고 전기한 관청리 광장에 가서 피고 명원 등이 이끄는 집단 속에 뛰어 들어 함께 조선독립만세를 절규하였으며,

피고 윤치방·김윤배·윤보신·유웅렬·구길서·오기섭 등은 전기 피고 명원 등의 거사에 찬동하여 동일 동소에 가서 군중 속에 뛰어 들어 조선 독립만세를 같이 부름으로써, 피고들은 모두 정치에 관하여 불온한 언동

을 함으로 말미암아 치안을 방해한 자이다. 위의 사실은,

1. 당 공판정에서 피고 조명원이 스스로 '자기는 주모자가 아니다'고 변명한 이외, 판시함과 같은 취지의 공술,
1. 당 공판정에서 피고 조종서가 스스로 말한 판시함과 같은 취지의 공술,
1. 당 공판정에서 피고 최봉학·문무현이 스스로 말한 판시함과 같은 취지의 공술,
1. 당 공판정에서 피고 김윤배·윤치방·윤보신·유웅렬·오기섭·구길서가 각각 스스로 말한 판시함과 같은 취지의 공술이 있음과, 압수한 구 한국기·격문 등이 현존함에 징험하여 증빙이 충분하다. 법률에 비추건대, 본건은 범죄 후의 법률로 형이 변경되었으므로 형법 제6조·제8조·제10조에 따라 신·구 양법을 비교 대조하면 구법에서는 보안법 제7조, 조선형사령 제42조에 해당하고, 신법에서는 대정 8년 제령 제7호 제1조에 해당하므로 구법의 형이 경하므로 위의 각 구법의 각 법조를 적용하여 소정형 중 징역형을 선택, 그 형기 범위 내에서 각각 처단할 것이며, 압수물건 중 경고문 4통(대정 8년 영 제389호의 1), 구한국기 1류(동호 2의 1), 신서 1매(동호의 3)는 형법 제19조에 의거 몰수하고, 그 나머지는 형사소송법 제202조에 따라 제출인에게 반환할 것이다. 그리고 피고 이난의는 합법적인 호출을 받고서도 공판 기일 내에 출두하지 않으므로 동법 제226~제229조를 적용할 것이다. 따라서 주문과 같이 판결한다.

4. 임용우 등 판결문

| 판결 |

경기도 부천군 덕적면(德積面) 진리(鎭里)
사립 명덕(明德)학교 교사
임용우(林容雨) 당 25세

경기도 김포군 월관면(月串面) 조강리(祖江里)
잡화상 최복석(崔復錫) 당 23세

경기도 부천군 덕적면 서포리(西浦里)
서당 교사 이재관(李載寬) 당 23세

경기도 김포군 월관면 개곡리(開谷里)
농업 윤영규(尹寧圭) 당 38세

경기도 부천군 덕적면 서포리
합일(合一)사숙 교사 차경창(車敬昌) 당 19세

위 보안법 위반 피고사건에 대하여 판결함이 다음과 같다.

| 주문 |

피고 임용우를 징역 1년 6월에, 피고 최복석을 징역 1년에, 피고 이재관·윤영규·차경창을 각각 징역 8월에 처한다. 압수품 중 국기 1류 및 파형흑지(巴形黑紙)는 이를 몰수하고, 그 나머지는 제출인에게 반환한다.

| 이유 |

경기도 김포군 월관면 갈산리·조강리 외 수개 리(里)의 이민 수백 명이 대정 8년 3월 29일 정오 경 조선민족독립을 위하여 만세를 같이 부르려고 김포군 갈산리 부근에 모였을때 피고 최복석은 스스로 만든 태극기(압수품)를 가지고서 그 선두에 서고, 피고 임용우·윤영규는 이에 화합

하여 이 날 오후 2시 경 김포군 군하리(郡下里) 공자묘 앞과 동리 공립보통학교 마당 및 면사무소 앞 등으로 가서 만세를 외침으로써 치안을 방해하였다.

피고 임용우는 범의를 계속하여 동년 4월 9일 동 피고가 교원으로 봉직하는 부천군 덕적면 진리사립명덕학교 운동회를 이 동리 해안에서 거행하여 참관자가 많이 집합한 것을 호기로서 조선민족독립을 위하여 만세를 같이 부르려고 꾀하여 이 날 안내를 받아 참관하는 피고 이재관 및 차경창과 공모, 위의 피고들 3명이 주동이 되어 생도·이민 수십 명과 함께 만세를 외침으로써 치안을 방해한 자이다.

이상의 사실 중, 판시 제1항의 사실은 각 당해 피고가 당 공판정에서 말한 그러한 취지의 자백에 의하여 이를 인정하고, 판시 제2항의 사실은 각 당해 피고가 당 공판정에서 말한 '독립만세를 외쳤다'는 취지의 공술과, 서법경찰관의 피고인 이 재관 신문조서(100정) 중, 판시함과 동일한 취지의 공술 기재에 징험하여 이를 인정한다.

법에 비추건대, 피고 임용우의 소위는 보안법 제7조, 형법 제55조 조선형사령 제42조에 해당하고, 피고 최복석·이재관·윤영규·차경창의 소위는 보안법 제7조, 조선형사령 제42조에 해당하는 바, 위 범행 이후에 발포된 대정 8년 4월 15일 제령 제7호에 의하면 동 제령·제1조(단 피고 임용우는 동조 및 형법 제55조)에 해당하므로 형법 제6조·제8조·제10조에 따라 신·구 양법의 경중을 비교 대조하여 경한 보안법 제7조를 적용하여 그 소정형 중 징역형을 선택, 그 형기 범위 내에서 형을 헤아려 처단할 것이다. 압수품 중 국기 및 파형 흑지는 피고 최복서의 소유로서 범죄 공용물이므로 형법 제19조에 의하여, 그 나머지는 형사소송법 제202조에 의거 각각 처분할 것이다. 따라서 주문과 같이 판결한다.

5. 이중화 관련 기록

1) 의견서 반민족행위특별조사위원회

본적 仁川府 花平洞 115번지 주거 仁川府 富平洞 444번지
대서업, 이중화[李重華], 當 62年

一. 형사처분 기소유예 又는 훈계방면 등을 受한 사실유무. 피의자 이중화는 사실이 無하다고 공술함.

一. 범죄사실

피의자 이중화는 4234년[1901] 江華普通學校를 졸업하고 농업에 종사하다가 4251년[1918] 5월경 순사시험에 합격하여 4253년[1920] 仁川署 高等係 근무, 4263년[1930] 순사부장 임명 근무 중 數多한 여인 능욕문제로 권고사직 후 4269년[1936] 富川郡 北島面長 등을 역임하여 倭政總督政府에 충성을 바친 자로서

1. 4263년[1930] 3·1절 11주년 기념일에 격문(민족에게 격함)사건으로 이수봉[李壽奉]을 체포 고문 취조 후 송국하고

2. 4265[1932] 萬寶山事件으로 박수복[朴壽福] 외 7, 8명을 검속 고문하여 박수복을 치사케 한 사실.

3. 4261년[1929] 讀書會로 김수복[金壽福]을 체포 취조 후 석방하고

4. 4259년[1926] 1월 오흥룡[吳興龍]의 처를 강간미수한 사실을 비롯하여 其 외에도 여자에 대한 능욕사건이 허다한 사실.

5. 독립운동자 윤응렴[尹應廉]을 체포 고문 취조 후 송국(년월일 不詳).

6. 독립운동자 권정곤[權正坤]을 체포 고문 취조 후 송국(년월일 不詳).

7. 기미년 삼일운동 당시 昌榮學校 아동 수십명을 검거하여 일변 유치, 일변 고문한 사실.

8. 大同團事件(년월일 不詳)으로 이재연[李在淵]을 체포 취조 후 송국케 하고,

9. 만보산사건 당시 가로에 운집한 군중에 향하여 「잉크」를 뿌려 표시한
   후 검거한 사실로서,

피의자는 청년시절에 있어 往々 있을 법한 일이라 하겠지만 과도하게 부
녀자를 비롯한 처녀들을 농락한 사실이며 如上과 같은 문제로 결국 고등
경찰을 권고사직 당하고 피의자가 고등계 근무 시에는 이중화 형사라면
일반부민은 무조건하고 떨었던 사실은 피의자의 과도한 행동을 엄연히
증명하는 바이며 삼일운동을 전후하여 조선인 고등경찰로서 너무나 유
명하였고 피의자 자신도 수십년전 事由라 기억에 없는 듯은 하나 범죄사
실을 철두철미 부인하고 있음은 仁川 삼십만 부민으로 하여금 격분을 금
치 못하게 하고 있는 바이며 그 죄상은 적용법조 반민족행위처벌법 제3
조에 해당한다고 사료함.

右와 如히 결의함.

단기 4282년[1949] 5월 4일

반민족행위특별조사위원회 위원 김상덕[金尙德] ㊞

위원 조규갑[曺奎甲] ㊞ 위원 박우경[朴愚京] ㊞ 위원 김상돈[金相敦] ㊞
위원 김명동[金明東] ㊞ 위원 이종순[李鍾淳] ㊞ 위원 김경배[金庚培] ㊞

반민족행위특별검찰부 검찰관장 귀하

단기 4282년[1949] 6월 21일

경기도 조사부 인천지부 조사관 권성오[權成五]

위원장 김상덕 귀하

2) 이중화 범죄보고서

반민족행위특별조사위원회

본적 仁川府 花平洞 115번지 주거 仁川府 富平洞 444번지

대서업, 이중화[李重華], 당 62년

피의자 이중화는 4234년[1901] 江華普通學校를 졸업 후 농업에 종사, 4251년[1918] 5월경 순사시험에 합격, 4253년[1920] 3월경 인천서 고등계 근무, 4263년[1930] 12월경 순사부장 임명, 數多한 부녀능욕문제로 권고 퇴직 후 4269년[1936] 4월경 富川郡 北島面長 임명, 4278년[1945]부터 행정대서업을 경영하고 있는 자로서

(1) 4263년[1930] 3·1절 11주년 기념일에 격문 「삐라」사건으로 이수봉[李壽奉]을 체포, 고문, 취조 후 송국한 사실

(2) 4265년[1932] 만보산사건으로 박수복[朴壽福] 외 7, 8명을 검속 고문하여 박수복을 치사케 한 사실

(3) 4261년[1928](월일不詳) 독서회사건으로 김수복[金壽福]을 체포, 취조 후 석방한 사실

(4) 4259년[1926] 1월 초순경 오흥룡[吳興龍]의 처를 강간미수를 비롯하여 其 外도 여자에 대한 능욕한 사실이 허다함.

(5) 월일 不詳 독립운동자 윤응렴[尹應廉]을 체포 고문 취조 후 송국한 사실.

(6) 연월일 不詳 독립운동자 권정곤[權正坤]을 체포 고문 송국.

(7) 기미년 삼일운동 당시 昌榮學校 아동 수십명을 검거하여 일변 유치, 일변 고문한 사실.

(8) 大同團事件(년월일 未詳)으로 이재연[李在淵]을 체포 취조 송국한 사실

(9) 만보산사건 당시 가로에 운집한 군중에 향하여 「잉크」를 뿌려 표식한 후 검거한 사실로서 피의자는 15년간에 亘하는 장구한 경찰관 생

활을 통하여 일제 학정의 충실한 番犬이었고 數多한 동포를 체포 혹은 검거하여 악독한 고문으로 취조하여 數多한 애국청년들을 형문에 보냈으며 또한 고문으로 인하여 치사케 한 사실로서 피의자가 고등계 근무시에는 이중화 형사라면 일반부민은 무조건하고 떨었던 사실은 피의자의 과도한 행동을 역연히 증명하는 바이며 또한 피의자는 청년시절에 있어 지나치게도 부녀자를 비롯한 처녀들에게 人面禽獸의 비인간적인 행동을 감행한 사실 등에 비추어 그 죄상은 반민족행위처벌법 제3조에 해당한다고 사료함.

남조선과도입법의원회

– 남조선 부일협력자·민족반역자, 간상배에 대한 특별조례안

1947년 7월 2일 입법의원에서 통과된 반민족행위와 관련된 법률의 명칭은 '남조선 부일협력자·민반반역자, 간상배에 대한 특별조례안'이었다. 이 조례안의 내용은 다음과 같다.

제1장 민족반역자

제1조 일본 또는 기타 외국과 통모하거나 영합 협조하여 국가와 민족에게 화해를 끼치거나 독립운동을 방해한 자를 민족반역자로 함 가. 죄의 항 각 호에 해당한 자

    1. 한일보호조약 한일합방조약 기타 한국의 주권을 침해하는 각 조약 또는 문서에 조인한 자 및 모의한 자

    2. 일본정부로부터 작(爵)을 받은 자

    3. 일본제국회의의 의원이 되었던 자

    4. 공사 시설을 파괴하거나 다중폭동으로 살인 또는 방화한 자 및 선동한 자로서 자주독립을 방해한 자

    5. 독립운동에서 변절하고 부일협력한 자

    6. 일정시대에 독립운동가 및 그 가족을 학대 살상 처벌한 자 또는 이를 지휘한 자

제2조 전조의 죄는 사형, 무기 10년 이하의 징역에 처하고 그 재산을 전부 혹은 일부를 몰수하거나 5년 이하의 공민권을 박탈함.

제2장 부일협력자

제3조 일본 통치시대에 일본세력에 아부하여 비적행위로 동포에게 해를
가한 자를 부일협력자로 함.

가. 좌의 각 항에 해당한 자

1. 작위를 받은 자
2. 중추원 부의장 고문 및 참의
3. 칙임관 이상의 관리가 되었던 자
4. 일정시대에 밀정행위로써 독립운동을 저해한 자
5. 일정시대에 독립을 저해할 목적으로 조직된 정치단체의 대표
간부
6. 일본의 군수공장을 대규모로 경영한 책임자
7. 개인으로 일본군에 10만원 이상의 현금 또는 동 가치의 군수품
을 자진 제공한 자 8. 기타 악질 행위로 부일협력한 자

나. 좌의 각로의 1에 해당한 자 중 죄적이 현저한 자

1. 일본통치의 부·도 이상의 자문 또는 결의기관의 의원이 되었
던 자
2. 주임관 이상의 관리가 되었던 자, 군무부분의 판임관 이상 및
고등계에 재적하였던 자, 단 지원병 징병 학병 출신의 해당자는
이를 제외함
3. 일본국책을 추진시킬 목적으로 설립된 경제적·사회적·문화적
각 단체 및 언론 기관의 지도적 간부
4. 밀항으로 부정모리한 자

제4조 전조의 죄는 5년 이하의 징역에 처하거나 10년 이하의 공민권을
정지함. 단 죄상에 의하여 재산을 전부 또는 일부를 몰수할 수
있음.

반민족행위처벌법

1948년 7월 12일 제정된 대한민국 제헌헌법 제101조에 의하여 국회에 반민족행위처벌법 기초특별위원회가 구성되었고, 그해 9월 22일 법률 제3호로서 이 법이 제정되었다. '반민족행위처벌법'의 내용은 다음과 같다.

제1장 죄

제1조 일본정부와 통모하여 한일합병에 적극협력한 자, 한국의 주권을 침해하는 조약 또는 문서에 조인한 자와 모의한 자는 사형 또는 무기징역에 처하고 그 재산과 유산의 전부 혹은 2분지 1이상을 몰수한다.

제2조 일본정부로부터 작을 수한 자 또는 일본제국의회의 의원이 되었던 자는 무기 또는 5년이상의 징역에 처하고 그 재산과 유산의 전부 혹은 2분지 1이상을 몰수한다.

제3조 일본치하독립운동자나 그 가족을 악의로 살상박해한 자 또는 이를 지휘한 자는 사형, 무기 또는 5년이상의 징역에 처하고 그 재산의 전부 혹은 일부를 몰수한다.

제4조 좌의 각호의 1에 해당하는 자는 10년이하의 징역에 처하거나 15년 이하의 공민권을 정지하고 그 재산의 전부 혹은 일부를 몰수할 수 있다.

1. 습작한 자
2. 중추원부의장, 고문 또는 삼의되었던 자
3. 칙임관이상의 관리되었던 자
4. 밀정행위로 독립운동을 방해한 자
5. 독립을 방해할 목적으로 단체를 조직했거나 그 단체의 수뇌간부로 활동하였던 자
6. 군, 경찰의 관리로서 악질적인 행위로 민족에게 해를 가한 자
7. 비행기, 병기 또는 탄약등 군수공업을 책임경영한 자
8. 도, 부의 자문 또는 결의기관의 의원이 되었던 자로서 일정에 아부하여 그 반민족적 죄적이 현저한 자
9. 관공리되었던 자로서 그 직위를 악용하여 민족에게 해를 가한 악질적 죄적이 현저한 자
10. 일본국책을 추진시킬 목적으로 설립된 각단체본부의 수뇌간부로서 악질적인 지도적 행동을 한 자
11. 종교, 사회, 문화, 경제 기타 각부문에 있어서 민족적인 정신과 신념을 배반하고 일본침략주의와 그 시책을 수행하는데 협력하기 위하여 악질적인 반민족적 언론, 저작과 기타 방법으로써 지도한 자
12. 개인으로서 악질적인 행위로 일제에 아부하여 민족에게 해를 가한 자

제5조 일본치하에 고등관 3등급이상, 훈 5등이상을 받은 관공리 또는 헌병, 헌병보, 고등경찰의 직에 있던 자 는 본법의 공소시효경과 전에는 공무원에 임명될 수 없다. 단, 기술관은 제외한다.

제6조 본법에 규정한 죄를 범한 자 개전의 정상이 현저한 자는 그 형을 경감 또는 면제할 수 있다.

제7조 타인을 모함할 목적 또는 범죄자를 옹호할 목적으로 본법에 규정한 범죄에 관하여 허위의 신고, 위증, 증거인멸을 한 자 또는 범죄

자에게 도피의 길을 협조한 자는 당해 내용에 해당한 범죄규정으로 처벌한다.

제8조 본법에 규정한 죄를 범한 자로서 단체를 조직하는 자는 1년이하의 징역에 처한다.

제2장 특별조사위원회

제9조 반민족행위를 예비조사하기 위하여 특별조사위원회를 설치한다.

특별조사위원회는 위원10인으로써 구성한다.

특별조사위원은 국회의원중에서 좌기의 자격을 가진 자를 국회가 선거한다.

1. 독립운동의 경력이 있거나 절개를 견수하고 애국의 성심이 있는 자

2. 애국의 열성이 있고 학식, 덕망이 있는 자

제10조 특별조사위원회는 위원장, 부위원장 각1인을 호선한다.

위원장은 조사위원회를 대표하며 회의에 의장이 된다.

부위원장은 위원장을 보좌하고 위원장이 사고가 있을 때에는 그 직무를 대리한다.

제11조 특별조사위원은 기 재임중 현행범이외에는 특별조사위원장의 승인이 없이 체포심문을 받지 않는다.

제12조 특별조사위원회는 사무를 분담하기 위하여 서울시와 각도에 조사부, 군부에 조사지부를 설치할 수 있다. 조사부책임자는 조사위원회에서 선거하여 국회의 승인을 받아야 한다.

제13조 특별조사위원회에서 채용하는 직원은 친일모리의 세평이 없는 자라야 한다.

제14조 조사방법은 문서조사, 실지조사의 2종으로 한다.

문서조사는 관공문서, 신문 기타 출판물을 조사하여 피의자명부

를 작성한다.

실지조사는 피의자명부를 기초로 하고 현지출장 기타 적당한 방법으로 증거를 수집하여 조사서를 작성한다.

제15조 특별조사위원회로부터 조사사무를 집행하기 위하여 정부 기타의 기관에 대하여 필요한 보고기록의 제출 또는 기타 협력을 요구할 때에는 이에 응하여야 한다.

제16조 특별조사위원이 직무를 수행할 때에는 특별조사위원장의 신임장을 소지케 하며 그 행동의 자유를 보유하는 특권을 가지게 된다.

제17조 특별조사위원회가 조사를 완료할 때에는 10일이내에 위원회의 결의로 조사보고서를 작성하고 의견서를 첨부하여 특별검찰부에 제출하여야 한다.

제18조 특별조사위원회의 비용은 국고부담으로 한다.

제3장 특별재판부구성과 절차

제19조 본법에 규정된 범죄자를 처단하기 위하여 대법원에 특별재판부를 부치한다.

반민족행위를 처단하는 특별재판부는 국회에서 선거한 특별재판부부장1인, 부장재판관3인, 재판관12인으로써 구성한다. 전항의 재판관은 국회의원중에서 5인, 고등법원이상의 법관 또는 변호사중에서 6인, 일반사회인사중에서 5인으로 하여야 한다.

제20조 특별재판부에 특별검찰부를 병치한다.

특별검찰부는 국회에서 선거한 특별검찰부검찰관장1인, 차장1인, 검찰관7인으로써 구성한다.

제21조 특별재판관과 특별검찰관은 좌의 자격을 가진 자 중에서 선거하여야 한다.

1. 독립운동에 경력이 있거나 절개를 견수하고 애국의 성심이 있는

　　법률가

　　2. 애국의 열성이 있고 학식, 덕망이 있는 자

제22조 특별재판부부장과 특별재판관은 대법원장 및 법관과 동일한 대우
와 보수를 받고 특별검찰관장과 특별검찰관은 검찰총장 및 검찰
관과 동일한 대우와 보수를 받는다.

제23조 특별재판부의 재판관과 검찰관은 그 재임중 일반재판관 및 일반
검찰관과 동일한 신분의 보장을 받는다.

제24조 특별재판부의 재판관과 검찰관은 그 재임중 국회의원, 법관과 검
찰관 이외의 공직을 겸하거나 영리기관에 참여하거나 정당에 관
여하지 못한다.

제25조 특별재판부에 3부를 두고 각부는 재판장1인과 재판관4인의 합의
로써 재판한다.

제26조 특별검찰관은 특별조사위원회의 조사보고서와 일반검찰사실을
기초로 하여 공소을 제기한다.

　　특별검찰관은 검찰상 필요에 의하여 특별조사위원 또는 사법경찰
관을 지휘명령할 수 있다.

제27조 특별검찰관은 특별조사위원회의 조사보고서를 접수한 후 20일이
내에 기소하여야 하며 특별재판부는 기소된 사건에 대하여 30일
이내에 공판을 개정하여야 한다. 단, 특별재판부는 불득이한 사정
이 있을 때에는 기간을 연장할 수 있으되 30일을 초과할 수 없다.

제28조 본법에 의한 재판은 단심제로 한다.

　　소송절차와 형의 집행은 일반형사소송법에 의한다.

부칙 〈제3호, 1948.9.22〉

제29조 본법에 규정한 범죄에 대한 공소시효는 본법 공포일로부터 기산
하여 2년을 경과함으로써 완성된다. 단, 도피한 자나 본법이 사실

상 시행되지 못한 지역에 거주하는 자 또는 거주하던 자에 대하여
는 그 사유가 소멸된 때로부터 시효가 진행된다.

제30조 본법의 규정은 한일합병전후부터 단기 4278년 8월 15일이전의
행위에 이를 적용한다.

제31조 본법에 규정한 범죄자로서 대한민국헌법 공포일로부터 이후에 행
한 그 재산의 매매, 양도, 증여 기타의 법률행위는 일체무효로
한다.

제32조 본법은 공포일로부터 시행한다.

광복회–광복회 부활 취지 연혁(1945)

光復會

光復會 復活 趣旨 及 沿革(1945)

우리 大韓 三千萬 同胞는 누구나 모두 一體로 日本의 暴惡的 桎梏에서 呻吟치 아니한 者 있으리오. 그러나 本 光復會는 이 桎梏을 解脫하기 爲하여 鬪爭함이 가장 오래이며 가장 組織的 堅固한 意識 下에서 第一線을 恒常 奮鬪하다가 日本政府의 慘○한 彈壓을 받아 死刑과 砲殺의 이슬로 化한 義士의 同志가 十數人이며 體刑을 받은 同志가 三百餘 名에 達한 距今 三十一年 前에 結成된 光復會이다.

天運은 循環뿐이다. 晝夜交替는 日月運行이 되고 春風秋雨의 變遷은 萬物의 生成消長이 되나니 이것을 人間에 비추어 보면 곧 惡을 罰하고 善을 扶하는 天地의 一定한 公式的 禍福의 公道이다.

아, 上帝의 審判이 至公至正하사 今年 八月 十五日 日本人에게는 無條件 降伏이라는 罰을, 우리 大韓人에게는 國際的 保障下에 解放의 獨立이라는 福音을 各各 내리시니 이것을 어찌 天地의 大公大正이 아니라 할까. 더욱이 우리 光復會로 말하면 五十年 間을 두고 鉋○과 ○○ 또는 ○○의 桎梏에서 바라고 바라던 宿願이 아닌가. 우리는 活動 그때 그때마다 餘地없이 慘敗를 當하고 있는 그 反面에 彼等

은 揚揚, 自得, 驕慢, 放縱이 天頂의 底止할 바를 알지 못하여 大韓으로, 滿洲로, 中國 北地 五省으로 米·英(미국·영국)聲滅로 次第로 移行 擴張되는 그 野欲은 드디어 上天의 怒하신 바 되어 이제 日本에 罰을 내리심이 아닌가.

그러한데 이와 같이 大公大正의 天罰 밑에서 天祐의 凱歌를 부르는 우리 大韓 三千萬 同胞는 앞으로 무엇을 할 것인가. 우리는 過去 멀리 말하면 五十年 前이요, 近하게 말하면 三十六年 間이라는 長久한 歲月에 걸쳐서 日本의 世界 呑倂主義戰鬪의 第一線에서 捕虜가 되었었다. 그리하여 이 捕虜의 身勢로서 받은 滿身瘡痍를 回復하려면 一時라도 猶豫를 許할 수 없는 政治, 軍事, 經濟, 農工, 敎育 모두 修補와 建設치 않으면 아니될 것이 枚擧할 수 없다. 이에 따라서 우리 光復會는 過去의 目標인 우리 大韓獨立을 우리 民族의 生活力 回復으로 發展的 推進을 强行치 않으면 아니된다. 우리 光復會는 우리 大韓 五千年 傳統的 忠義의 情神과 또는 尊貴한 同志先輩의 忠魂으로 化한 그의 遺志에 依하여 今日 우리 大韓獨立 光復과 同時 新 國家建設에 萬一의 誠을 盡코자 하여 전 光復會 會員 一同의 會集을 要望하는 所以이다.

建國의 要務

一. 우리 光復會는 政黨의 名利를 떠나서 單純히 盡忠報國의 情神으로써 우리 重慶 新 政府를 歡迎하며 支待함을 誓함.
二. 우리 大韓 三千萬 同胞 生活力 回復에 必要한 農業制度 改善, 土地의 分讓의 適正, 工業 及 科學의 發明에 對한 獎勵, 保護, 指導.

三. 一切 敎育 及 慈善機關 設置 及 擁護, 獎勵

四. 우리 新 政府의 一切 命令 及 政策에 絕對 協力.

以上

光復會의 沿革[1]

우리 大韓은 檀君의 建國以來 四千二百七十八年이라는 攸久한 歷史國으로서 聖代의 神德과 禮義를 그대로 今日까지 培養되어 變함이 없음으로 우리 大韓 民族性은 何時라도 他民族 侵害를 알지 못하였으니 이것은 우리 歷史가 證明하는 바이다. 그러나 저 日本 民族은 그네의 歷史上 또는 地理上으로 보아 그 本土의 自生神化族이 아니요, 우리 大韓 建國 三千年이나 지나서 旣히 發展된 우리 民族 또는 中國 民族의 偶然 渡航 또는 不幸者의 流入 蕃殖된 民族으로 볼 수밖에 없으니 이것을 다시 말하면 彼等은 聖代의 神化族이 아니고 中間의 浪民的 第二化族이므로써 그 浪民의 必然的 發展性은 自然化의 侵略이니 이것은 距今 七百年을 두고 繼續的으로 우리 大韓 侵略史를 보아도 넉넉히 짐작할 수 있는 일이다. 그리하여 最近으로 말할지라도 距今 五十二年前의 淸日戰爭(청일전쟁), 同翌年인 乙未에 우리나라 皇后燒殺, 距今 五十三年 前 癸卯年의 露日戰爭(러일전쟁) 그것은 모두 우리 大韓을 强奪하는 道程에 있었던 第一步의 蠻行이며 이로부터 彼等은 우리 大韓에 對한 乙巳五條約이란 것은 日人 伊藤

---

1) 이 자료는 인천광역시 서구사 편찬위원회에서 입수한 것으로, 그 연원에 대해서 자세하게 파악하지는 못하였다. 해방 후, 일제강점기 일단의 독립운동계 분위기를 파악할 수 있는 것이라고 생각해서 첨부하게 되었다.

博文(이등박문)의 恫喝, 脅迫, 詐欺에 不拘하고 우리나라 皇帝의 無印無諾한 ○○條約을 가지고 우리 國權強奪을 비롯하여 次第로 丁未年 우리 軍隊의 武裝解除, 庚戌年 우리 國印을 強奪盜捺로써 倂合을 強行하고 此 事實이 國際聯盟에 暴露될 憂慮있음에는 其 證跡을 煙滅하기 爲하여 우리나라 皇帝를 毒殺하였고 其外에 日本人 不良分子를 多數 移植시키고 이런 무리를 操縱하여 僞造貨로써 經濟力을 混亂케 하고 公私有, 土地를 強奪, 詐欺, 寄附, 收用 等으로써 四十餘年 暴惡의 勢力에 드디어 우리 民族의 生命財産은 全部 剝奪되었다. 彼等은 第二次로 滿洲를 強奪하고 第三次로 中國 北地 五省을 強奪하기 爲하여 距今 九年前 丁丑年 七月頃 中華民國에 對하여 開戰한 것이 곧 今日에 至하였으며 第四次로 美國에 對하여 中國에 對한 暴力 占領의 新 事態 認定을 強要하였다. 그러나 이것은 國際의 不法뿐 不是라. 日本 自己가 參加 締結한 九個 國際條約 違反이다. 따라서 美國은 이 強要에 應치 않고 九個 國際條約의 原狀 回復을 請求한즉 日本은 自己의 暴力만을 恃하고 美·英(미국·영국)까지 擊滅하여 世界竝呑主義 下에 이번에 大東亞戰爭까지 이른 그 行惡은 곧 賊反荷杖이다. 그러나 이와 같이 際限없는 暴虐의 要求는 天地의 容許할 바 아니니 이것이 곧 日本으로 하여금 無條件 降伏을 爲케 하여 世界 人類를 戰禍로부터 救해 주신 天意라 하노라.

　우리 大韓 民衆 三千萬은 日本의 世界呑倂主義 戰爭의 第一線에서 捕虜된 民衆이다. 이것을 다시 말하면 日本의 美·英(미국·영국) 擊滅까지 發展되는 戰慾의 第一線에서 捕虜되었다. 그리고 우리 光復會는 이 捕虜 中의 第一線 戰鬪者이며 犧牲者이다. 다시 말하면 光復會는 距今 五十二年 前 곧 日本이 우리 大韓侵略의 始初로부터

義旗를 들고 死를 睹하여 抗戰하던 義兵의 後身이다. 그리하여 이 ○
戰은 各地에서 日本에게 慘敗된 나머지 各地에서 散在하여 不統一
한 「게릴라」戰爭은 組織的 統一戰線의 必要를 느끼게 되어 드디어
光復會를 組織함에 至하였으니 때는 距今 三十一年 前 乙卯 七月 十
五日이요, 場所는 慶尙道 大邱 達城公園이며, 會集한 各道 將領 二
百十數 名 中에서 組織된 光復會 職員은 左와 如하다.

以上과 如하 職員을 數回에 걸쳐서 組織한 ○左의 決議 及 行事를
確定하다.

決議

吾人은 우리 大韓獨立權 光復하기 爲하여 吾人의 生命을 犧牲에
供함은 勿論 吾人의 一生에 目的을 達成치 못할 時는 子子孫孫이 繼
承하여 不共戴天의 讐敵 日本人을 完全 逐出하고 國權을 完全히 光
復하기까지 絕對 不變하고 一心戮力할 事를 天地神明에 誓함.

行事

一. 武力準備 一般 富豪의 義捐과 日本人의 不法徵收하는 稅金을 押
收하여 此로써 武裝을 準備함.
二. 武官養成 南北 滿洲에 士官學校를 設置하고 人材를 敎養하여 士
官으로 採用함.
三. 軍人養成 我 大韓의 由來義兵, 解散軍人 及 南北 滿洲 移住民을

召集하여 訓練 採用함.

四. 武器購入 中國과 露國(러시아)에 依賴 購入함.

五. 機關設置 大韓, 滿洲, 北京, 上海 等 要處에 機關을 設置하되 大邱에 尙德泰라는 商會의 本店을 두고 各地에 支店 及 旅館 又는 鑛務所를 두어서 此로써 本 光復會의 軍事行動의 集○, 往來 等 一切 聯絡機關으로 함.

六. 行刑部 우리 光復會는 行刑部를 組織하여 日本人 高等官과 우리 韓人의 叛逆分子는 隨時 隨○ 鉋殺을 行함.

七. 武力戰 武力이 完備되는 대로 日本人 殲滅戰을 斷行하여 最後 目的 完成을 期함.

實行

一. 距今 三十一年 前 乙卯 十一月 十七日 日本人의 不法徵收에 係한 慶州, 延日, 寧德 三郡 稅金 八千七百圓의 執行委員은 禹在龍(우재룡), 權寧萬(권영만) 兩氏로 任命하여 此를 押收하여 財務 崔浚(최준)에게 保管하다.

二. 距今 二十九年 前 丁巳 二月頃 親日派의 巨魁이며 虐民 盲澤의 大賊인 慶尙道 張承遠(장승원)을 選擇하여 死刑宣告文「日維光復天人所符聲此大罪戒我同胞」을 發送하고 執行委員은 蔡基中(채기중), 金漢鍾(김한종), 林世圭(임세규), 庾昌淳(유창순) 四氏로 任命하여 此를 執行하다.

三. 距今 二十九年 前 丁巳 四月頃 第二 親日派요 虐民의 怨聲이 藉藉한 忠淸道 牙山面長 朴容來(박용래)를 選擇하여 死刑宣告와 同時

此의 執行委員은 金漢鍾(김한종), 張斗煥(장두환), 庾昌淳(유창순) 三氏로 任命하여 此를 執行하다.

四. 大韓 及 滿洲, 北京, 上海 各地에 尙德泰란 商會의 本支店 及 鑛務所, 旅館 等을 設置하다.

五. 李相龍(이상룡), 金大洛(김대락), 李聖烈(이성렬), 朴慶鍾(박경종) 諸氏의 指導로 財務 黃萬英(황만영) 씨 義損에 依하여 滿洲 二次口에 士官學校를 設立하고 生徒 萬名을 募集 敎養하다.

六. 大韓의 由來義兵 及 解散軍人 召集을 命하다.

以上과 如히 着着 進行 中 距今 二十八年 前 戊午 五月頃 忠淸道 瑞山郡 郵便局員의 偶然한 書類檢閱에 依하여 本 光復會의 端緖가 發見되자 彼等은 疾風迅雷的으로 本 光復會員 一千餘 名을 公州 檢事局에서 檢擧하여 十數 名 同志 義士에 對하여 死刑, 鉋殺, 三百餘 名 同志 義士에 對하여 慘愕한 體刑을 斷行하였고 其外의 會員은 多數 海外로 亡命하였다.

其後 우리 光復會는 地下運動을 繼續하여 距今 二十七年 前 己末 끝 第一次歐洲大戰(제1차세계대전) 終了 當時에 있어서 伊時 美國大統領 韋一孫(월슨) 氏의 民族自決主義 宣言에 依하여 우리 大韓同胞는 一致한 民族自決의 獨立을 宣言하고 上海에 臨時政府를 樹立하였음에 對하여 本 光復會에서는 第一次 孫晉鉉(손진현) 氏를 出席시키고 第二次 韓훈 氏를 派送 激勵하고 一方으로 日本 官吏 鉋殺을 目的하고 다시 數次 사람을 보내서 拳銃 四十 柄, 彈丸 二千 發, 彈藥 十 貫을 購入한 바 此는 英國人 二六洋行을 通하여 우리 韓國 內로 搬入하다.

次에 同年 三月頃 當時 朝鮮總督이라는 齊藤實(제등실)의 鉋殺을 目的하고 次 執行委員은 本會 指揮長 禹在龍(우재룡) 氏가 担任하여

右人의 南大門驛 下車의 機會를 待하다가 機를 失하여 遂行치 못하고 同 政務總監인 水野鍊太郎(수야련태랑)의 鉋殺은 本會 參謀長 權寧萬(권영만) 氏가 擔任하여 同人의 大邱驛 下車의 機會를 待하다가 刑事에게 機密이 泄하여 逮捕되다. 次에 本 光復會는 當時 上海臨時政府 陸軍總長 盧伯麟(노백린) 氏를 通하여 京城에 組織된 司令長 沈永澤(심영택), 副司令長 安鍾雲(안종운), 參謀 李敬軾(이경식), 財務 呂駿鉉(여준현), 交通 張應奎(장응규) 等 諸氏와 聯合하여 全滿洲의 우리 同胞를 動員 武裝하여 武力으로써 日本 擊滅을 計劃하다가 機密이 漏泄되어 모두 逮捕되어 體刑을 받았다.

以上과 如히 本 光復會는 距今 五十二年 前 日本의 우리 大韓侵略의 始初로부터 우리나라 五千年 傳統的 情神에 依하여 義兵으로, 光復會로, 民族自決로 今日까지 其 獨立의 光復 情神을 怠치 아니하고 繼續해 온 것이다.

職員氏名 逮捕된 形役別

總司令	朴尙鎭(박상진)	死刑
副司令	李錫大(이석대)	鉋殺
指揮長	禹在龍(우재룡)	無期二回
參謀長	權寧萬(권영만)	八年
	韓 훈(한 훈)	十五年
	金相玉(김상옥)	受敵彈 後 自殺
	金龍淳(김용순)	鉋殺
	朴世圭(박세규)	死刑

財務部長	崔敬浚(최경준)	
宣傳部長	金英泰(김영태)	死刑
	權國弼(권국필)	亡命
	姜秉洙(강병수)	死刑
	庾昌淳(유창순)	十五年
	張斗煥(장두환)	獄中死
	梁漢緯(양한위)	
	鄭在穆(정재목)	鉋殺
	崔鉉溦(최현산)	
	任昌鉉(임창현)	
	金敎冑(김교주)	
	李秉華(이병화)	
	曺雲煥(조운환)	
	蔡致中(채치중)	
	蔡敬交(채경교)	
	裵相溦(배상철)	
	鄭雲馹(정운일)	十年
	崔俊明(최준명)	三年
	金震祐(김진우)	七年
	崔丙圭(최병규)	五年
	李始榮(이시영)	
	朴泰圭(박태규)	
	李正會(이정회)	
	朴南鉉(박남현)	
顧問	李鍾夏(이종하)	
	柳寅植(유인식)	

　　　　　　　　　　　　盧相稷(노상직)

　　　　　　　　　　　　尹忠夏(윤충하)

　　　　　　　　　　　　李錫弘(이석홍)

　　　　　　　　　　　　金厚秉(김후병)

　　　　　　　　　　　　權季相(권계상)

　　　　　　　　　　　　李穆鎬(이목호)

　　　　　　　　　　　　俞鎭泰(유진태)

　　　　　　　　　　　　李庭禧(이정희)　　　三年

　　　　　　　　　　　　李泰大(이태대)

　　　　　　　　　　　　洪宙一(홍주일)　　　六個月

　　　　　　　　　　　　金震萬(김진만)　　　十五年

　　　　　　　　　　　　李庭燦(이정찬)

　　　　　　　　　　　　朴魯冕(박노면)

　　　　　　　　　　　　曺承兌(조승태)

　　　　　　　　　　　　朴民東(박민동)

　　　　　　　　　　　　朴鳳來(박봉래)

　　　　　　　　　　　　李○善(이○선)

　　　　　　　　　　　　李秉基(이병기)

　　　　　　　　　　　　鄭舜永(정순영)

　　　　　　　　　　　　尹相泰(윤상태)

　　　　　　　　　　　　朴善陽(박선양)

　　　　　　　　　　　　朴性宙(박성주)

　　　　　　　　　　　　梁濟安(양제안)

　　　　　　　　　　　　林河濟(임하제)

京畿道支部長　　　　　金善浩(김선호)

黃海道支部長　　　　　李海量(이해량)

江原道支部長	金東浩(김동호)	
平安道支部長	趙賢均(조현균)	
咸鏡道支部長	崔○周(최○주)	
慶尙道支部長	蔡基中(채기중)	死刑
忠淸道支部長	金漢鍾(김한종)	死刑
全羅道支部長	李秉燦(이병찬)	五年
南北滿洲總司令長	李相龍(이상룡)	亡命
副司令長	金東三(김동삼)	獄中死
指揮長	金大洛(김대락)	亡命
	孫仲善(손중선)	名 晉鉉(진현)
	李鎭龍(이진룡)	亡命
參謀長	李聖烈(이성렬)	
參謀	孫一民(손일민)	亡命
	朴慶鍾(박경종)	
	權寧○(권영○)	
財務	黃萬英(황만영)	
宣傳部長	李鳳羲(이봉희)	
	金佐鎭(김좌진)	三年 亡命
	權有鉉(권유현)	
上海 大韓臨時政府 陸軍總長	盧伯麟(노백린)	亡命
籌備團 司令長	沈永澤(심영택)	六個月
副司令長	安鍾雲(안종운)	六年
參謀	李敬軾(이경식)	三年
財務	呂駿鉉(여준현)	二年
交通	張應奎(장응규)	四年
地方部司令	蘇鎭亨(소진형)	四年

인천지역과 청년 김구

1. 머리말

　백범 김구(金九, 1876년 8월 29일(음력 7월 11일)~1949년 6월 26일)는 한국 독립운동의 상징적인 존재로 널리 알려져 있다. '독립운동' 하면 대한민국임시정부를 생각하게 되고, '대한민국임시정부' 하면 백범 김구를 떠올리는 경우가 꽤 있는듯하다. 그만큼 김구는 초지일관 독립운동을 전개하였고 주도하였으며, 그 중심 기관으로 널리 알려진 대한민국임시정부를 이끌어 왔다.

　그렇지만 독립운동가로서의 명망에 비해서, 젊을 적 김구에 대한 사적은 그다지 잘 알려져 있지 못하다. 물론 일본 제국주의의 압제에서 벗어나기 위해 노력한 김구의 투쟁을 선양하는 것은 중요한 일일 것이다. 다만, 조선 왕조 사회가 갖는 말기적 현상과 대외적 모순을 김구가 직접적으로 체험하였다는 점을 간과한다면, 왜 그가 그토록 독립투쟁에 헌신하였는지를 규명하는데 장애를 초래하게 될 지도 모른다.

　김구가 조선사회의 구조적 문제들에 대해 고민할 수 있었던 계기는 동학에 입도하고부터이다. 김구는 동학의 교리를 접하면서 조선사회의 신분 모순을 해결할 수 있는 새로운 세계를 인식하게 되었다.

그리하여 '신국가 건설'의 희망을 갖게 되었고, 일본의 조선 침략에 맞서 일어난 동학농민전쟁에 주도적으로 참여하게 되었다.

또한 화서 이항로의 제자인 고능선(호는 후조)에게 사사하여 위정척사사상을 수용한 이후에는 김이언이 주도하는 강계 의병진에 합류하였으며, 명성황후가 일인에서 살해된 이후 이른바 국모의 원수를 갚기 위하여 기회를 엿보던 중, 일본인 토전양량(土田讓亮, 쓰치다 조스케)를 타살하기도 하였다. 이후 김구는 기독교를 수용하고 신교육운동만이 최선의 구국방책임을 주장하면서, 본격적인 교육계몽운동에 투신하였다. 그리하여 1905년 이후에는 국권회복을 목표로 한 비밀결사조직인 신민회에 가입하여 활동하였던 것이다.

이 중에서 대한민국임시정부에 참여하기 이전 김구에게 가장 의미 있는 사건은 1896년 3월 9일, 황해도 안악군 치하포에서 이른바 '국모보수(國母報讎, 국모의 원수를 갚음)'의 명분으로 일본인 토전양량을 타살한 일이다. 이 사건은 김구에게 늘 자랑거리가 되었다. 1900년대 황해도 지역에서 교육을 통한 구국운동을 전개할 때, 김구는 항상 배일사상(排日思想)을 학동들에게 심어주었다. 이때 바로 치하포사건의 경험을 강조하였다고 김구는 『백범일지』에 기록하였다.

김구는 1919년 3월, 독립만세운동이 한창이던 때 황해도를 떠나 1945년 11월 23일 귀국할 때까지 중국을 돌며 대한민국임시정부를 끝까지 부지(扶持)하였다. 그리고 김구 귀국 후 자신의 첫 번째 방문지로 인천을 택할 정도로 인천에 대한 강한 인상을 갖고 있었다. 그만큼 젊은 시절 인천에서의 경험이 강렬하였다고 하겠다.

이 글은 젊은 시절 인천에서 있었던 김구에 관한 이야기이다. 가능하면 당시의 자료와 김구의 분신이라 할 『백범일지』를 통해, 인천지

역에서 경험하고 생각했던 일들을 기술하고자 한다. 이 책 '서론'에
서 밝혔듯이, 이 글은 그동안 필자가 여기저기에 발표하였던 글들을
바탕으로 재구성한 것이다.

그리고 올해, 3·1운동과 대한민국임시정부 수립 100주년을 기념
해서, 인천광역시 중구청이 발주한 독립운동콘텐츠사업의 일환으로
필자가 참여한 부분을 추가하였다.[1] 따라서 특별히 필요한 부분이
아니면 가급적 상세한 주석은 적시하지 않는다. 또한 여기서 자주 인
용하는『백범일지』는, 김구가 직접 쓴 친필본을 필자가 그대로 옮긴
『백범일지(현대어판)』(미르북컴퍼니, 2017)를 활용하였다.[2]

2. 국모보수(國母報讐)

1896년 3월 9일 아침, 황해도 안악군의 한 포구에서 살인 사건이
발생하였다. 피해자는 일본인 토전양량, 가해자는 김창수(金昌洙) 그
리고 무대는 치하포에 있는 주막이었다. 일본 측 보고서에 의하면 일
본인 피해자 토전양량은 상인이었다. 그렇지만 피해자의 신분은 나
중에 기록된 문서에만 그렇게 되어 있는 것이고, 현장에 있던 김구에
게 일본인은 '불공대천지수(不共戴天之讎, 같은 하늘을 이고 살 수 없는
원수)'라고 생각되었다.

김구는 이 당시 발생했던 사건들과 직·간접적으로 연관되어 있다.
황해도 동학농민전쟁에 선봉장으로 참여하였고, 의병장 김이언이 이

---

1) 인천개항장연구소 편집·발행, 〈인천광역시 중구 독립운동 역사문화 콘텐츠 연구 용역
최종 보고서-백범 김구를 중심으로〉(2019년 7월).
2) 단, 이 책 527쪽에 있는 지도는 잘못된 것으로, 이번 기회를 통해 수정하였다.

끄는 강계의 고산리 전투에도 가담하는 등, 김구의 반일 의식과 행동은 최고조에 달하던 때인 것이다.

치하포 주막에서 일본인처럼 보이는 자의 행동거지는 의구심을 불러일으켰다. 칼을 차고 있고 말투로 보아 일본인인데도 한복으로 변복을 하고 있었다. 그는 명성황후를 살해한 자들과 공범일지도 모르며, 혹 아니더라도 칼을 차고 다니는 것으로 보아 '국가'와 '민족'에게 '독균'인 것이다. 김구는 자신의 역량을 생각하고 잠시 머뭇거렸으나, 이내 스승의 교훈을 상기하고 용기를 내어 격투 끝에 그 일본인을 살해하였다. 이 사건은 김구가 위정척사사상을 바탕으로 일본인의 침략에 항거한 대표적인 거사이다.

이 사건의 발생과 처리과정 그리고 경과를, 『백범일지』와 당시 문서를 통해서 보면 다음과 같다.

① 치하포사건 발생(양력, 1896년 3월 9일)
『백범일지』, 169쪽 : '저놈이 보통 상업이나 공업을 하는 왜놈 같으면 이곳은 진남포 대안(對岸)이므로 매일 몇 명의 왜놈이 왜의 본색(本色)으로 다니는 곳이다. 지금 경성 분란으로 인하여 민후(閔后)를 살해한 삼포오루[三浦梧樓, 미우라 고로]가 몰래 도망가는 것이 아닌가? 이 왜놈이 삼포는 아니더라도 삼포의 공범일 것 같고, 하여튼 칼을 차고 몰래 다니는 왜놈은 우리나라와 민족의 독균일 것은 명백하니, 저놈한 놈을 죽여서라도 국가에 대한 치욕을 설[雪 : 씻음]하리라').

② 사건 처리
『백범일지』, 174-175쪽 : 왜놈을 싣고 온 선원 7명이 문 앞에 무릎을 꿇고 죄를 물었다. "소인들은 황주에 사는 뱃사람들이온데, 왜를 싣

고 진남포까지 뱃삯을 받고 가던 죄밖에 없습니다." 선원들에게 명령
하여 왜놈의 소지품 전부를 가져와서 조사한 결과, 왜놈의 이름은 토전
양량(土田讓亮, 쓰치다 조스케)이고 직위는 육군 중위인데, 엽전 800여
냥을 가지고 있었다. 그 돈으로 뱃삯을 계산해주고 이화보더러 동네 동
장을 불러오라고 말하니 이화보가 말했다. "소인이 동장 명색이올시
다." "그러면 이 동네의 극빈 가정에 그 나머지 돈을 나누어주라." "왜
놈의 시체는 어찌하오리까?" "왜놈은 우리 조선 사람에게만 원수가 아
니니, 바다 속에 던져서 어별까지 즐겁게 뜯어먹도록 하라." 그리고 이
화보를 불러서 붓을 가져오게 하여 몇 줄의 포고문을 썼다. 이유는 '국
모원수를 목적으로 이 왜놈을 죽이노라'하고, 끝줄에 '해주 백운방 기
동 김창수'라 써서 통로 벽 위에 붙이고, 다시 이화보에게 명령하였다.
"네가 이 동네 동장이니 바로 안악 군수에게 사건의 전말을 보고 하여
라. 나는 내 집에 가서 다음 소식을 기다리겠다. 그런데 기념으로 왜놈
의 검은 내가 가지고 간다).

③ 경과

일본측은 인천 일본영사관 영사대리(시기에 따라서는 영사보(領事
補)로 나오기도 한다)가 서울 일본공사관에 보고한 내용을 기초로, 당
시 일본공사 역할을 하던 소촌수태랑(小村壽太郞, 고무라 주타로)가,
1896년 3월 31일 대한제국 외부대신 이완용에게 보낸 문서에서 치하
포사건에 대한 전반적인 내용을 다음과 같이 전하고 있다.

[일본인 토전양량의 피살사건과 범인체포요구건] : 우리 인천 영사
의 보고에 따르면, (일본) 장기현 평민 토전양량이라는 자가 조선인 1
명(평안도 룡강 거주 림학길, 20세)을 데리고 황주에서 인천으로 돌아
오기 위하여 진남포로 향하였다고 합니다. 도중에 황주 십이포에서 한
국 배 1척을 세내어 대동강을 내려가다 3월 8일 밤 치하포에서 일박하
고, 다음날 9일 오전 3시경 그 곳을 떠날 준비를 마치고 식사를 하기

위하여 그 곳 숙박업자 이화보 집에 갔습니다. 다시 귀선하려 할 때에, 그 집 뜰 앞에서 그 여인숙에서 숙박한 한인 4, 5명에게 타살되었습니다. 고용된 한인(韓人) 림(林)도 살해당할 위기에 처하였지만 간신히 위험을 피하여 같은 달 12일 밤 평양에 도착하여 그 곳 주재 평원(平原) 경부에게 위와 같은 사건 전말을 알려왔습니다. 그래서 평원 경부는 순사 2명과 순검 5명을 인솔, 같은 달 15일 사건 현장에 도착, 검사를 하려고 하였더니 여인숙 주인은 경부 등이 도착한다는 말을 듣고 도망하였고, 피해자의 시체는 벌써 강에 버려진 뒤라 검시할 수 없었습니다. 다만 여인숙의 뜰 앞에 핏자국이 여기저기 있음을 볼 수 있었을 뿐이었습니다. 그래서 경부 일행은 그곳 郡 직원에게 엄하게 항의하였더니 그들이 가해 혐의가 있는 자 7명을 데리고 옴에, 조사해 보니 누구도 가해자가 아니고 다만 이 사건을 들어서 알 뿐이라는 것이었습니다. 토전양량의 남은 재산은 한전(韓錢) 10표(俵)와 행낭보따리 1개가 있는데, 한전 2표는 누군가 빼앗아 가고 나머지는 무사히 인천영사관이 인수했다는 것입니다. 조사하건대 본건 피해 전말은 전기한 바와 같이 우리 영사의 보고에 따라서 사실이 명확할 뿐만 아니라 가해자도 쉽게 수색하여 체포할 수 있을 것으로 생각됩니다. 그러므로 귀 정부는 날짜를 미루지 말고 곧 평양 관찰사 및 해당 군수에게 엄중하게 훈령을 보내어 일정을 정해 가해자를 체포하고 상응한 처분을 하시길 부탁드리며, 위와 같이 조회하오니 유념하여 주시기 바랍니다.

김구는 '국모보수(國母報讐)'를 목적으로 '이 왜놈을 죽이노라'라는 포고문에 '해주 백운방 기동 김창수'라는 자신의 거주지와 성명을 써놓고 고향으로 돌아왔다고 하였다. 치하포사건의 범인이 자신이라고 써놓았으므로 체포당하는 것은 시간 문제였다.

황해도 해주부(海州府)에서는 안악군수의 사건 전말 보고를 통해서 이미 김창수가 치하포 사건의 주역임을 파악하였다.[3) 그리고 해주부에서는 6월 21일 김구를 체포한다. 살해사건 발생과 인지 그리고 범인 체포에 까지 세 달이 넘게 걸린 셈이다. 체포될 때의 상황과 해주부에서의 신문 상황을 김구는 다음과 같이 기록하고 있다.

① 1896년 6월 21일 해주부에 체포 신문.
『백범일지』, 177-178쪽 : 그럭저럭 석 달여 동안 아무 소식이 없더니 병신년 5월 11일이었다. 사랑에서 아직 잠자리에서 일어나기도 전인데 어머님이 급히 사랑문을 열고 말씀하셨다. "얘! 우리 집 앞뒤에 못 보던 사람들이 무수히 둘러싸고 있구나." 말씀이 끝나자 수십 명이 철편과 철퇴를 가지고 달려들며, "네가 김창수냐?"고 물었다. 나는 그렇다고 대답하고 "그대들은 도대체 누구인데 이같이 요란하게 남의 집에 침입하느냐?"고 물었다. 그제야 내무부령을 등인[等因 : '서면으로 알려준 사실에 의한다'는 뜻으로, 공문의 첫머리에 쓰던 말이다]한 체포장을 보이고 해주로 압송하는 길을 떠나게 되었다. 순검과 사령이 도합 30여 명이나 되었는데, 내 몸을 쇠사슬로 여러 겹으로 묶고 앞뒤에 서서 쇠사슬 끝을 잡고 나머 지는 나를 둘러싸고 갔다. 동네의 20여 호 전부가 한 집안 사람들이었으나 모두 두려워 한 명도 감히 내다보지를 못했다. 이웃 동네의 강씨, 이씨들은 내가 동학한 죄로 붙잡혀가는 줄 알고 수군거렸다. 이틀 만에 해주 감옥에 들어갔다. *병신년 5월 21일은 양력으로 6월 21일이다.

---

3) 「보고제2호」(『백범김구전집』 3, 202-203쪽). 이 보고서는 해주부(海州府) 관찰사 서리인 해주부 참서관 김효익(金孝益)이 외부대신에게 올리는 글이다. 그런데 이 보고서에는 치하포사건이 김구의 소행임이 적시되어 있기는 하지만, '전라도 동학 괴수'인 김형진(金亨鎭)과 해주 대덕방(大德坊)에 거주하는 최창조(崔昌祚) 등의 이름도 함께 등장하고 있다.

『**백범일지**』, 178-179쪽 : 옥에 들어온 지 한 달 만에 신문이 시작되었다. 옥에서 쓰던 대전목(大全木) 칼을 목에 걸고 선화당 뜰에 들어갔다. 감사 민영철이 물었다. "네가 안악 치하포에서 일인을 살해하고 도적질을 하였다는데 사실이냐?" "그런 일 없소." "네 행적의 증거가 분명한데 부인하느냐?" 형을 집행하라는 호령이 나자, 사령들이 나의 두 발과 두 무릎을 한데 꽁꽁 묶고 다리 사이에 붉은 칠을 한 몽둥이 두 개를 들이밀고 한 놈이 한 개씩 잡아 좌우를 힘껏 누르니 단번에 정강이뼈가 허옇게 드러났다. 나의 왼다리 정강이 마루의 큰 상처가 바로 이것이다. 나는 입을 다물고 말을 하지 않다가 마침내 기절했다. 형을 중지하고 얼굴에 찬물을 뿌려서 회생시키고 다시 물었다. 나는 감사에게 말했다. "본인의 체포장을 보면 내무부 훈령에 의한 것이라 되어 있으므로, 본 관찰부에서 처리할 수 없는 사건이니 내무부에 보고만 하여 주시오." 그러자 다시는 아무 말이 없이 도로 하옥하였다.

그런데 치하포사건 자체는 김구가 해주부에 체포되기 이전에 사건의 개요가 밝혀져 있었다. 특히 일본 측은 사건 직후인 3월 12일 현장 조사를 하였고, 4월 6일에는 사건의 전말을 파악하고 있었다. 현재 남아있는 각 기관의 보고서를 통해서도 알 수가 있지만,[4] 정부의

---

4) 치하포사건과 관련 있는 자료는, 『백범김구전집』 3권(이하 『전집』이라 한다)에 모두 실려 있다. 몇 가지를 보면, 「보고 제2호」(『전집』 3, 202-204쪽)는 안악군수 황익대의 조사 보고를 받은 해주부 관찰사 서리인 참서관 김효익이 외부대신 이완용에게 올린 보고서인데, 여기에 사건의 대강이 기록되어 있다. 이 보고를 받은 이완용은 참사관 김효익에게 「指令第一號」(위의 책, 205쪽)를 발하여 범인을 신속히 잡아 法部로 '押上' 하라고 지시하였다. 그리고 「조회」(17호)와 「조복」은 모두 내부대신 박정양이 외부대신 이완용에게 보낸 것이다. 이 「조회」와 「조복」은 새로운 것이 아니고, 기존 김효익의 보고서 내용을 인용하면서 치하포사건의 범인을 속히 체포할 것을 산하 기관에게 지시하였다는 내용이다. 이 밖에도 김구를 체포한 후 심문 기록이 다수 수록되어 있지만, 거의 대동소이한 내용을 담고 있다.

기관에서, 특히 해주부에서 필요한 절차는 김구와 여관 주인 이화보의 대질이었다.[5]

우리 정부 기관에서는 이화보를 해주로 보내는 절차를 밟으려 하였다. 그러나 일본 영사관 측은 치하포사건이 외국인의 생명과 재산에 관련된 사건인 만큼, 외국인 재판을 담당하는 인천감리서로 사건을 이관시킬 것을 강력히 요구하였고, 이에 정부는 김구를 인천감리서로 압송하였던 것이다.

3. 해주에서 인천으로

김구가 해주에서 재판받기 위해 인천으로 이송되었을 때, 과연 인천 어느 포구에 도착하여 인천감리서로 왔을까. 이에 대해 현재 만족스런 답을 얻기란 어렵다. 1896년 전후, 현존하는 여러 지도를 보면, 김구가 도착했을 것으로 추정되는 인천 지역의 포구로는 섭도포, 성창포, 북성포, 제물포 그리고 지금의 인천여상 자리 인근에 있었던 포구(이름은 없지만, 분명히 부두 표시가 있는 것으로 보아, 배가 들고나던 곳으로 보인다) 이렇게 다섯 포구가 있다.

우선 지리적으로 인천감리서와 가장 가까운 포구는 지금의 인천여상 쪽에 있었던 포구이다. 인천감리서와 지리적으로 가장 가깝다는 것 빼고는, 더 이상 어떻게 추정이 불가능한 상태이다. 다만, 당시 이쪽은 일본 신사가 건립되어 있을 정도로 일본인 마을이 들어서 있

---

5) 해주부 관찰사 서리 업무를 보고 있던 참서관 김효익은 외부대신에게 보내는 보고서에서 이화보를 해주로 압송하여 김구와 대질 심문케 해줄 것을 요청하고 있다(「보고제3호」, 『전집』 3, 126-217쪽).

었다. 게다가 청일전쟁에서 희생된 일본군과 일반인 묘지가 조성되어 있다. 그리고 이곳은 일본군 주둔지로 활용되던 곳이다. 이렇게 본다면, 이곳으로 조선의 공무수행 배가 정박하였을 것이라고 추정하기에는 어려운 측면이 있다. 또한 이때는 을미사변이 발생한 지 반년 가량 밖에 지나지 않았다. 김구의 일본인 살해가 을미사변과 바로 직결되었다는 점을 감안하면, 김구가 이곳을 통해 인천감리서로 이송되었다고 보기는 어려울 것으로 생각된다.

다음 성창포는 조선시대 조운(漕運) 전문 포구이다. 공공기관이 주로 활용하였다는 점에서 가능성이 있다. 섭도포는 주로 고깃배가 들고나던 곳으로 번잡하고 사람들의 이목을 많이 끌었을 것으로 생각되는 약점이 있다. 다음, 제물포는 처음에는 아주 작은 어촌이었으나, 개항 이후 외국의 무역선과 군함들이 주기적으로 정박해 있으면서 활용되었다는 점에서 가능성이 낮다.

그렇다면 남은 곳은 북성포이다. 북성포는 화도진 관할의 포구로 포대가 설치되어 있을 정도로 군사적 중요성이 강한 곳이다. 무엇보다도, 김구의 기억 속에 각인되어 있었다는 점에 주목할 필요가 있다. 김구는 1898년 초, 인천 감옥을 탈출하면서 인천지역을 헤맸다고 하면서도, 북성포, 북성고지 등의 지명을 정확하게 기억하여 기록하고 있다.

그리고 탈옥수 신분을 감추기 위해 진술하는 과정에서도 북성포를 꼭 집어서 언급하고 있다. 30년 가깝게 지난 일들이었지만, 김구 기억 속에서 북성포는 매우 강력하게 각인된 지역인 것이다. 이는 김구가 치하포사건과 인천 이송 그리고 탈출이라는 연속되면서도 김구 일생에서 가장 기억에 남았던 사건의 전개에 북성포가 매우 중요한 지역이었기 때문으로 보인다. 이런 이유로, 황해도 연안 나진포에서 인천감리서로 이송되었을 때 도착한 포구는 바로 북성포로 추정된다.

인천으로 이송되는 장면을 김구는 다음과 같이 기록하고 있다.

① 인천으로 이송

백범일지, 179쪽 : 근 두 달이 지났다. 7월 초에 인천으로 이감을 가게 되어 인천 감리영(監理營)에서 4~5명의 순검이 해주로 와서 나를 데리고 가게 되었다. 일이 이 지경이 되니 아버님은 고향으로 가서 얼마간의 집 물건들과 집까지 팔아 인천이든지 서울이든지 내가 가는대로 따라가서 다음 일을 보기로 하고 본향으로 가시고, 어머님만 나를 따라서 인천으로 동행을 하셨다.

② 해주에서 인천 압송 경로

백범일지, 179-181쪽 : 해주 백운방 기동 집(1896년 6월 21일 체포. 이 날짜는 백범일지에 근거함. 공식 문서에서는 정확한 날짜를 확인 못함) → (해주감영 신문) → 해주출발(8월 12일?) → 연안 → 나진포(해상) → 강화해협 → 북성포 → 인천감리서 도착.

*김구의 기억으로는 음력 7월초, 공문서에는 양력 8월 13일.

4. 인천감리서와 인천도착

1876년 조선과 일본은 이른바 '조일수호조약'을 체결하였다. 이 조약은 조선에게는 최초의 근대조약이었다. 조선의 입장에서 볼 때 조선과 일본의 조약체결은 여러 가지 측면에서 기본적인 문제를 내포하고 출발된 '잘못된 만남'임이 틀림없다. 특히 조선은 수백 년 동안

중국을 제외한 그 어느 나라와도 정상적인 국제관계를 경험한 적이
없었다. 따라서 대등한 입장에서의 국제관계란 조선의 입장에서는
매우 생경한 환경적 조건이 되었다.

이 중에서도 통상사무에 관한 것이 시급한 현안으로 대두가 되었고
이에 대응할 목적으로 설치된 것이 바로 감리서(監理署)이다. 1883년
1월 1일을 기하여 인천이 개항되자 그해 8월 19일 감리서가 설치되었고,
조병직이 감리인천항통상사무(監理仁川港通商事務)로 임명되었다. 이
후 인천감리서는 을미개혁 때 지방제도 개편에 따라 1895년 윤5월
1일을 기해 폐지되었다가, 1896년 8월 7일에 다시 설치되었다. 감리서는
처음 일반적으로 통상관계(海關) 업무만을 담당하는 관청이었지만,
1896년 복설(復設)되었을 때는 보다 광범위한 업무를 담당하게 되었다.

특히 감리는 외국 영사와의 여러 가지 교섭권을 갖고, 개항장에 거
류하는 외국인과 내국인간에 일어나는 분쟁을 해결하며, 개항장 내
의 치안을 유지해야 한다. 이를 위해서 항구에 경무관(警務官)을 두었
는데 경무관의 소속은 내부(內部)이지만, 감리의 지휘와 감독을 받게
하였다. 그리고 감리의 직무의 집행에 있어서는 관찰사와 대등한 지
위를 부여하였고, 주변의 부윤(府尹)·군수(郡守)·경찰서장을 훈령하
고 지령할 수 있는 권한을 부여하고 있다. 이렇게 본다면 감리의 업
무는 결국 府尹과 별 차이가 없게 되었으므로, 인천과 같은 개항장의
감리는 그 지방의 부윤을 겸하도록 하는 조치가 취해졌던 것이다.

한편 개항장의 이러한 일반 행정적인 성격과 더불어서, 갑오개혁
이후 이후사법기관 역시도 일정한 변화가 왔다. 개항장에는 1895년
윤5월 10일 칙령 114호인 「개항장재판소·지방재판소 개설에 관한 건」
에 의해서 개항장에서의 모든 사법 업무를 맡는 개항장재판소를 같은

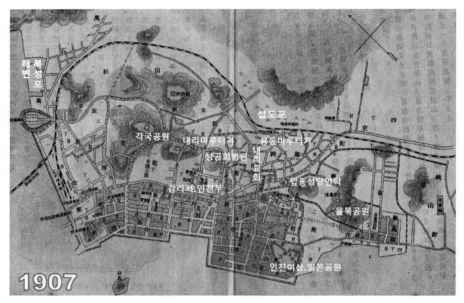

1907년 인천 감리서의 위치

현재 인천감리서의 위치

해 5월 15일부터 개설할 것을 규정하였다. 또한 1896년 1월 20일자 법부고시(法部告示) 제2호는 개항장과 지방재판소를 개설할 구체적인 위치를 정한 것이었는데, 이에 의해서 인천에 인천재판소가 개설되었던 것이다.

그런데 1896년에는 1895년에 개설된 개항장과 지방재판소를 폐지하고, 칙령 55호인 「개항장재판소 및 지방재판소의 개정 개설에 관한 건」에 의하여 새롭게 재판소를 개설하도록 하였다. 이에 따라서 각 재판소에서 관리하던 문건과 장부들 그리고 죄수와 일체 응용 기구들을 새롭게 설치되는 부근 지역의 신설 재판소로 이속케 하였다. 또한 이 때 새롭게 개설될 재판소의 위치와 명칭도 변경되었다. 인천지역의 재판소가 인천항재판소로 명명된 것도 이때인 것이다.

이처럼 인천의 감리서와 재판소는 개항장이라는 특수성을 반영하여 설치되었다. 이에 의하면 인천 개항장 내의 재판권은 개항장 재판소, 즉 인천항재판소에 귀속되어 감리서와는 별 관계가 없어 보이지만, 실제로는 부윤(府尹)의 직을 겸하고 있던 감리서의 감리(監理)가 재판소의 판사(判事)를 겸하고 있었다. 이러한 사정으로 경찰과 치안 업무를 담당하는 경무청과 그 부속기관(예컨대 감옥 등) 감리서·재판소 등은 거의 한자리에 있게 되었다.

김구가 해주에서 인천으로 이송되었던 것은 바로 이러한 재판소 설치의 변화가 있었기 때문이기도 하였다. 그렇다고는 하더라도 김구의 이른바 '국모보수(國母報讐)'의 행위가 발생한 곳은 황해도 안악군임에도, 거리 상 멀리 떨어져 있는 인천 개항장 재판소로 이관되어 온 것은 역시 일본인과 관련된 사건이었기 때문이다.

일본 영사관 측으로서는, 치하포사건을 처리하는데 있어서 자신들도 포함되어 조사를 할 수 있는 공간이 필요했고, 그에 적당한 곳이 바로 인천 개항장재판소라고 판단하였던 것이다. 이러한 조치에는 물론 일본측에 의한 정치적인 압력이 가해졌다. 그리하여 김구의 호송에 인천 관찰부(인천 감리서 의 경무청이나 순검부 소속이었을 것이다) 순검과 인천항 일본 영사관 소속 순사가 동행하여, 김구를 인천으로 압송할 수가 있었다.

김구가 인천에 도착한 날짜에 대해 일본측에서는 다음과 같이 기록하고 있다.

> ① 1896년 8월 13일(양력). 김구, 인천감리서 도착.
> [인천항 정황보고] 문서번호 경(京)제37호 발신일 1896년 8월 25일.
> 발신자 재인천 영사관사무대리 영사관보 하키하라 슈이치(萩原守一)
> 수신자 특명전권공사 원경(原敬)(위 김창수 및 관계자 이화제(李化
> 濟. 濟는 보(補)의 오기이다-필자)은 이달 13일 인천에 도착했다. 감리
> 가 왔다 간 후 날짜를 정하여 立會 재판을 개시하도록 기약이 되어 있
> 으므로 재판의 결과는 후일 보고하겠다.

5. 인천감리서 구조에 관한 기록과 재판 그리고 신문 (訊問)

현재 인천감리서의 위치는 정확하게 파악된다. 그렇지만 인천감리서 내에 위치하였던 각 기관들의 배치에 대한 기록은 『백범일지』 내용이 전부이다. 다음은 지금가지 파악된 인천감리서의 위치와 인천감리서 내 각종 기관들의 배치를 추정한 그림이다.[6]

인천 감리서의 구조(1888년 사진. 찰스 바랏(charles varat)이 찍음)

　치하포사건에 대한 김구와 관련인의 신문(訊問)은 인천감리서에서
있었다. 1896년 8월 31일과 9월 5일, 9월 10일 각각 진행된 신문은,
인천항재판소 관련자와 일본 영사관 관계자가 배석하는 일종의 합동
신문이었다.[7] 김구는『백범일지』에서 1·2차 재판을 주재하고 신문

---

6) 이 그림들 작업은 인하대학교 김영준박사의 도움을 받은 것이다.
7) 『백범김구전집』3에는 김구의 신문 기록인「海州居金昌洙年二十一 初招」(8월 31일)와
　「金昌洙再招」(9월 5일),「金昌洙三招」(9월 10일)가 모두 실려 있다. 그리고 중간 중간
　에 증인으로 소환되어 있던 이화보의 신문 기록인「安岳郡鴟河浦店主李化甫年四十八
　初招」(8월 31일)와「李化甫再招」(9월 5일)가 함께 실려 있다. 이러한 당시의 현장 기록
　들은 김구 회고록인『백범일지』의 관련 기록과 더불어서 재판의 진행과정을 수 있게
　하고 치하포사건이 갖는 의미들을 해석하는데 도움을 주고 있다. 다만 이때의 신문
　기록이 관연 김구의 진술을 가감 없이 전하고 있는 지에 대해서는 확인할 바가 없다.
　김구는 마지막(3차) 신문이 끝난 후, 재판관(인천항 감리) 이재정이 신문서를 자신에게
　읽게하고 고칠 것은 고치라 하여, 수정이 끝난 뒤에 서명을 하였다는 기록을 남기고
　있다. 하지만, 현재 전하는 신문조서에 김구의 서명이 있는 조서는 없다. 물론 현존하
　는 조서이외에 원본조서가 있을 가능성도 있지만, 아직까지 그런 종류의 조서가 발견
　된 적은 없는 것 같다. 따라서 인천감리서에서 진행된 신문 기록은『전집』에 실린 것이

한 인물을 '윤치호의 장인'인 경무관 김윤정(金潤晶)이라고 기록하고 있으나,[8] 공초문(供招文)에 의하면 인천항의 경무관인 김순근(金順根)이다.[9] 그리고 재판의 일본인 배석자도『백범일지』에는 도변(渡邊, 와타나베)로 되어 있지만 일본영사관 경부(警部)인 신곡청(神谷淸, 카미야키요시)임이 확실하다.[10]

다만 치하포에서 일인이 살해된 이후 범인 체포가 지연되자, 인천의 일본영사관측에서는 독자적으로 사건 조사를 위해 영사관 소속 순사 3명을 평양으로 출장보내는데, 이 때 도변응차랑(渡邊應次浪, 와타나베타카지로)이 파견되었다는 기록이 있다.[11] 그러므로 인천항재판소에서 진행된 3차례에 걸친 신문 중 어느 때라도 도변(渡邊)이라는 인물이 참관했을 여지는 있는 것이다.

이제 현장에서 기록되었다고 하는 김구의 재판기록과 기구가 기억하고 있는 신문내용을 살펴보면 다음과 같다.

전부일 것이라는 가정을 전제로 한다.

8) 『백범일지』, 110쪽. 여기서 윤치호(尹致昊)는 '윤치오(尹致旿)'의 오기(誤記)일 것이다.

9) 「海州居金昌洙年二十一 初招」,『백범김구전집』3, 252쪽.

10) 「海州居金昌洙年二十一 三招」,『백범김구전집』3, 267쪽. 그리고 1896년 9월 13일, 김구와 이화보에 대한 신문을 마친 후, 인천항재판소 판사인 이재정이 법부대신인 한규설에게 보고한 「報告書第一號」(『백범김구전집』3, 274쪽)를 참조.『백범일지』의 이러한 착오는 어쩔 수가 없는 것이다. 치하포사건이 발생한 것은 1896년이며,『백범일지』(상권)에 그 사건과 재판 과정의 내용이 기록된 시점은 1928년이기 때문이다. 그리고 김구의『백범일지』(상권)은 독립운동을 전개하던 중에, 상해의 임시정부 청사에서 작성한 것이다. 그 어떤 자료나 비망록 혹은 일기와 같은 도움될 만한 기록을 토대로 적은 것이 아니라 전적으로 그 자신의 기억에만 의존하였을 뿐이고, 간혹 연기(年紀)와 날짜 등은 본국에 있는 어머니(곽낙원)에게 편지로 물어서 기입한 것이다. 따라서『백범일지』(특히 상권)에는 종종 연대가 실제 있었던 시점과 차이가 있는 부분이 있다.

11) 『전집』3, 220-225쪽.

① 1차 재판과 신문기록
[해주거김창수년이십일초초(海州居金昌洙年二十一 初招)](1896년 8월 31일)
토전양량(土田讓亮) 격살건 취조문
해주거 김창수(金昌洙) 당년 21세
초초(初招)
[문] 그대가 행한 일은 이미 이화보(李化甫)가 명백하게 고한 바 있으니 사실대로 말하라.
[답] 내가 금년 정월 24일 용강(龍崗)으로부터 안악(安岳)으로 가던 도중에 평양 사람 정일명(鄭一明)과 함경도 정평(定平) 사람 김장손(金長孫)과 김치형(金致亨)을 만나 같은 배를 타고 치하포(鴟河浦)에 와서 점주(店主) 이화보를 찾아가 저녁을 먹고 그곳에 투숙하였다. 이튿날 밝은 새벽에 조반을 마치고 길을 떠나려 하였는데, 점막(店幕)의 법도가 나그네에게 밥상을 줄 때 노소(老少)를 분별하여 그 차례를 마땅히 지켜야 하는데도 손님 중에 단발을 하고 칼을 찬 수상한 사람이 밥상을 먼저 요구하자 여점원이 그 사람에게 먼저 밥상을 주므로 마음으로 심히 분개하였다. 그래서 그 사람의 근본을 알아본즉 일본인이므로 불공대천지수(不共戴天之讎)라고 생각이 되자 가슴의 피가 뛰었다. 그러한 때 그 일본인이 한눈을 팔고 있는 틈을 타서 발길로 차 거꾸러뜨리고 손으로 때려 죽여서 얼음이 언 강에 버렸다. 그러고 나서 동행한 세 사람은 약간의 현금을 가져다가 점주에게 8백금을 맡기고, 그외의 돈은〔엽전으로 추측됨-역자주〕세 사람의 노자로 쓰기로 했다. 그리고 본인은 일본인의 환도(環刀)를 탈취하여, 당나귀 한 마리를 일흔 다섯냥으로 사서 단기(單騎)로 재령(載寧)으로 향했다가 동년 3월에 집으로 돌아왔다가 해주(海州) 순사에게 체포되어 여기에 이르게 된 것이다.

건양(建陽) 원년 8월 31일

인천항 경무관 김순근(金順根)

죄인 김창수(金昌洙)

백범일지, 184-185쪽 : 나의 모습을 본 당시 경무관 김윤정(윤치호의 장인)이 물었다. "어찌하여 저 죄수의 모양이 저렇게 되었느냐?" "열병으로 그리되었습니다." 압뢰가 보고하자 김윤정이 내게 물었다. "네가 정신이 있어 내가 묻는 말에 족히 대답할 수 있느냐?" "정신은 있으나 성대가 말라붙어서 말이 나오지 않으니 물을 한 잔 주면 마시고 말을 하겠소." 곧 청지기더러 물을 가져오게 하여 먹여주었다. 김윤정이 윗자리에 앉아 순서대로 성명, 주소, 나이를 묻고 사실 심리에 들어갔다. "네가 안악 치하포에서 모월 모일에 일인을 살해한 일이 있느냐?" "본인이 그날 그곳에서 국모의 원수를 갚기 위하여 왜구 한 명을 타살한 사실이 있소." 나의 이 대답을 들은 경무관, 총순, 권임 등이 서로 얼굴을 쳐다볼 따름이요, 정내는 갑자기 조용해졌다. 내 옆에서 의자에 걸터앉아 신문의 방청인지 감시인지 하고 있던 도변〔渡邊 : 와타나베〕순사 왜놈이 신문 첫머리에 정내가 조용해지는 것을 이상히 여겨 통역에게 질문하는 것을, 나는 "이놈!" 하고 그 한마디를 사력을 다하여 호령했다. "지금 이른바 만국공법이니 국제공법이니 하는 조규(條規) 가운데 국가 간 통상과 평화의 조약을 체결한 후에, 그 나라 임금을 살해하라는 조문이 있느냐? 내가 죽으면 신으로, 살면 몸으로, 네 임금을 죽이고 왜놈을 씨도 없이 다 죽여서 우리 국가의 치욕을 갚으리라." 통렬히 매도하는 것이 두려웠는지 도변 놈이 "지쿠쇼, 지쿠쇼(짐승)" 하며 대청 뒤로 도망가 숨었다.

*당시 김구를 신문하던 경무관은 김순근이다.

② 2차신문 [김창수재초(金昌洙再招)](9월 5일)
再招(재초)

[문] 그대는 동당 몇 명과 이화보(李化甫)의 집에서 함께 유접(留接)하다가 일본 사람을 죽였는가?

[답] 처음 평양 남문 밖에서 초면인 상민(商民) 세 사람을 만나 동행하여 이화보의 집에서 함께 지새다가 일본 사람을 죽일 때 그들 세 사람은 도망했다.

[문] 그대는 동행 세 사람과 이화보(李化甫)의 집에 도착하여 그대가 한 말 가운데 동당 몇 백명이 곧 뒤따라 도착할 것이니 짚신(草鞋) 등의 물품을 미리 준비하라고 하였다는데 이는 동당이 있음을 뜻하지 않는가?

[답] 당시는 각처에 도적들이 봉기하기로 그런 허세를 부림으로써 점주를 현혹케 하려던 것이다.

[문] 그대는 일본사람을 죽인 뒤 의병이라 자칭하고 일본인이 배에 가지고 있던 금품을 탈취하였으니, 그것은 그가 배 안에 돈을 가지고 있음을 미리 알고 재물을 탐하여 일본인을 죽인 것이 아닌가? 사실대로 바로 말하라.

[답] 일본인을 죽인 뒤 그의 배에 돈이 있다는 것을 비로소 알고, 동행 세 사람과 함께 배 안으로 들어가 현금을 가져왔다.

[문] 가져온 돈이 몇 냥이나 되며 무엇에 쓰려고 한 것인가?

[답] 금액량은 잘 모르게, 동행인의 노자로 얼만가를 주고, 당나귀 한 마리를 엽전 일흔 다섯냥에 사서 타고 왔으므로 대략 전액은 엽전 백냥 가량으로 안다.

[문] 그대는 처음 공술에서 8백냥을 이화보(李化甫)의 집에 맡겼다고 하였는데 지금 와서는 엽전 백냥 뿐이라고 하니 대체 어떻게 된 까닭인지 사실대로 바로 말하라.

[답] 처음 공술은 갑자기 생각이 안나 잘못 말하였으나, 이제 자세히 생각해 보니 8백냥을 맡긴 사실은 없고, 동행 세 사람의 노자와 당나귀 한 마리 값 일흔다섯냥 뿐이었다.

[문] 일본인을 때려죽일 때에 쓴 흉기는 무엇이며, 동행 세 사람도 함께 협력하였는가?

[답] 처음은 돌로 때리고, 다시 나무로 때리자 그가 넘어졌다가 다시 일어나 도망가기에 강변까지 쫓아 따라가서 몽둥이로 거듭 구타하여 죽인 뒤 시체를 끌어다가 얼음판에 버렸으며, 동행 세 사람은 이 일에 관계한 바가 없다.

[문] 이화보(李化甫)의 공술 가운데 그대는 동행 세 사람과 함께 합세하여 범행을 저질렀다고 하는데 그대는 단독으로 행하였다 하니 도대체 어떻게 된 일인가? 사실 있었던 그대로 말하도록 하라.

[답] 일본인을 죽일 때 부근 사람들도 놀라 도주하였거늘 점주 이화보가 감히 어떻게 참관할 수 있었겠는가? 이는 이화보 자신이 꾸며낸 말이나 믿을 수 없는 것이다.

[문] 배 안의 돈을 가져 올 때 근처의 부락민들도 혹 참가한 일은 없는가? 그리고 사건이 있기 전에 그대는 어디에서 왔는가?

[답] 그때 동민들은 모두 도망하고 참가한 바 없으며, 동행 세 사람과 선원 몇 사람은 돈을 가져올 때 참가한 바는 있다. 그리고 본인은 단발을 피하여 안주(安州)로 가서 체류하다가 단발령이 정지되었다는 소식을 듣고 돌아오는 길에 치하포(鴟河浦)에 있는 이화보의 집에 유숙하다가 이 일을 감행하였다.

[문] 그대는 자칭 중국에서 출첩(出帖)한 좌통령(左統領)이라 하였다는데 진실로 중국에서 출첩한 것인가, 그러지 않으면 스스로 자칭한 것인가?

[답] 그것은 가칭이 아니라 중원(中原=중국대륙) 사람 서경장(徐敬章)의 하첩(下帖)을 받았으며, 이밖에는 할 말이 없다.

건양(建陽) 원년 9월 5일
기초(起草) 서기 진정진(秦貞鎭)
경무관 김순근(金順根)
죄인 김창수(金昌洙)

백범일지, 190쪽 : 다시 신문을 시작하였으나 나는 전날 다 말하였으니 다시 할 말이 없다고 말을 끝맺고, 뒷방에 앉아서 나를 넘겨다보는 도변이를 향하여 호통을 하다가 다시 옥에 돌아왔다.

③ 3차신문 [김창수삼초(金昌洙三招)](9월 10일, 일본 영사관원과 합동신문)
三招(삼초)
[문] 그대는 본래 해주 사람인가?
[답] 해주에서 생장하였다.
[문] 그대의 양친은 생존하고 있는가?
[답] 생존하고 있다.
[문] 몇 형제인가?
[답] 형제는 없고 7대독자이다.
[문] 그대의 행위는 이미 초초와 재초에서 파악하였거니와 무슨 불협(不協)한 마음이 있어서 이토록 인명을 상하였는가?
[답] 국민된 몸으로써 **국모의 원수를 갚고자 원한을 품었으므로** 이 거사를 행한 것이다.
[문] 그대는 신민된 자로서 통분한 심정이 있었다고 하나, 지방관은 법을 장악하고 있는데 그대 임의로 일본인을 죽이는 것은 방자스러운 처사가 아닌가?
[답] 자신이 생각컨대 비록 지방관에 고한다 하여도 실시치 않을 것이

므로 이 거사를 착수하였다.

[문] 그대의 1, 2회 공술에서 돌과 몽둥이로 일본인을 타살하였다고 했는데 그때 일본인도 칼을 차고(佩刀) 있었으면서 왜 대적하지 않았는가?

[답] 일본인을 발로 차서 넘어지게 하자 그때 그가 칼을 빼려하므로 돌로 때려 땅바닥에 쓰러지게 하고 즉시 칼을 빼앗아 버린 뒤 동행 세 사람과 방안에 있던 여러 행인들이 모두 분기를 띠고 힘을 합해 타살하였다. 그런 뒤 여러 사람들이 사후에 일어날 일에 대해서 그 조처를 걱정하므로 내가 그들에게 시체는 매장하지 말고 얼음이 언 강에 버리라고 하였더니 그렇게 한 것이다.

[문] 그대와 동행한 세 사람의 이름은 무엇인가?

[답] 이미 앞서 한 조서에서 모두 밝혔다.

[문] 그대는 1, 2회 취조 때에는 단독으로 범행하였다고 하여 놓고 지금은 여러 사람들과 힘을 합해 사살했다고 하니 앞뒤 말이 같지 않음은 어찌된 일인가?

[답] 내가 먼저 일을 저지르고 나서 나중에 여러 사람들이 합세한 것이므로 내 자신이 여러 사람들을 끌어들인 결과가 되었다. 그러므로 다른 사람들이 일을 도모한 것은 아니므로 그렇게 공술한 것이다.

[문] 그대는 이화보(李化甫)와 전부터 서로 알고 있었는가?

[답] 그 상점에 간 것은 그때가 처음인데 어찌 전부터 알고 있었겠는가.

[문] 이화보는 점주로써 그대가 사건을 일으키는 것을 목도하였는가?

[답] 이화보는 겁에 질려서 피신하고 없어서 사람을 보내 불러 왔었다.

[문] 그대가 이 사건을 일으킨 것은 재물을 탐하여 한 일이 아니라고 하면서도 왜 재물을 탈취하였는가?

[답] 동행한 세 사람이 고향으로 돌아갈 노자를 달라고 애걸하므로 그들이 요구하는 대로 돈을 줘서 보내고 난 뒤 나머지 돈 8백 냥은 점주에게 맡겼다.

[문] 그대가 처음 사건을 일으킨 뒤 여러 사람들이 합세하여 타살하였다는 말은 이치에 맞지 않는데 그것은 일을 일으킨 책임을 면하려고 이렇게 공술하고 있는 것인지를 분명하게 대답하라.

[답] 나는 이미 혈분(血忿)으로써 손을 씻은 즉 어찌 감히 다른 사람들에게 죄를 씌워 내 자신이 모면하고자 하겠는가. 당장 모든 사람들을 지휘하여 일본인을 타살하고 무슨 딴 수작이 있겠는가.

죄인 김창수(金昌洙)

건양 원년 9월 10일

인천항재판소 판사 이재정(李在正)

일본영사관 경부 신곡청(神谷淸)

인천항재판소 주사 김창건(金昌鍵)

백범일지, 190-191쪽 : 제3차 신문은 감리서에서 했는데, 그날도 항내 거주자는 다 모이는 것 같았다. 그날은 감리사 이재정이 직접 신문을 하는데 왜놈은 보이지 않았다. 감리가 매우 친절히 말을 묻고 나중에 신문서 꾸민 것을 열람케 하고 교정할 것은 교정하고 빈 곳에 이름을 썼다. 신문은 끝이 났다.

여기서 한 가지 지적해야 할 것이 있다. 보통 현장에서의 기록이라면 다른 문서들과 마찬가지로 난초(亂草)에 가까운 형태이어야 한다. 그런데 지금 남아있는 김구 신문조서는 대단히 정서(正書)된 형태이다. 따라서 김구가 언급한 형태의 문서 즉, 현장에서 '교정할 것은 교정하고 빈 곳에 이름을 썼다'라고 표현된 문서는, 지금 남아 있는 문서가 아닐 가능성이 매우 높다는 것이다.

아무튼 3차에 걸친 신문과정은 끝이 났다. 이를 대강 정리하면 다음과 같다.

|3차에 걸친 재판과정과 기록에 대한 해설|

① 3차에 걸친 신문 내용을 보면, 김구에게 물은 전체 질문은 내용상 22가지로 파악이 된다. 이 중에서 위에서 예로 든 단 한 번의 질문을 제외한 나머지 질문들은 이미 밝혀진 사건의 내용들을 반복하고 있다. 동행자가 누구인지, 살해 방법, 흉기의 사용 여부, 피해자가 소지한 금전과 물품의 처리 내용 등, 김구가 주장하였던 거사 동기와는 무관한 내용들로 신문이 이루어진 것임을 알 수가 있는 것이다. 이러한 신문의 전개 과정에 대한 기록은, 재판과정에 일본영사관의 개입이 있었던 사실과 더불어서 볼 때, 결코 김구의 거사 동기를 올바르게 전해주지는 못하고 있다.

② 김구가 믿고 있는 치하포사건의 본질은 바로 국모보수(國母報讐)이다. 그런데 백범일지 기록과는 달리, 현존하는 공식 신문조서를 보면 국모보수와 관련된 내용은 1차 신문 때 '일본인이므로 불공대천지수(不共戴天之讐)라고 생각이 되자 가슴의 피가 뛰었다'라는 내용과 3차 신문 때 '국모의 원수를 갚고자 원한을 품었으므로'라는 표현이 남아있을 뿐이다.

③ 현존하는 신문조서의 글씨는 당시 현장에서 기록한 이른바 원본은 아닐 것으로 추정된다. 글의 형태와 쓰기가 너무나 정교하고 질문과 답변 내용이 정제되어 있기 때문이다. 그러니까 어느 시기에(아마도 중앙 정부에 보고될 때라든 지 혹은 그 이후) 현장 기록은 변화되어 지금의 모습으로 남아있는 것이 아닌가 한다.

④ 또한, 김구가 기억하는 신문의 순서와 내용은, 현존하는 신문조서와 많이 다르며, 착종되어 있기 까지 하다. 이를테면, 1차와 3차 신문조서의 내용은, 김구가 기억하는 1차 신문 때의 모습과 내용과

상당히 비슷하다. 특히 일본 영사관 직원(김구는 이름을 잘못 기억하고 있다)이 배석한 것은 3차 신문 때이지만, 김구는 1차와 2차 신문 때 일본 직원을 보았다고 하며, 3차 신문 때는 보질 못하였다고 기억한다.

⑤ 인천에서의 재판은 1896년 8월 31일부터 9월 10일까지이다. 그런데 백범일지의 해당부분이 기록되는 시점을 1928년에서 1929년 초까지라고 추정된다. 그러니까 30년도 더 지난 후에 기록된 것이다. 김구는 『백범일지』에서 간혹 기억이 나지 않거나 확실하지 않은 날짜는 당시 국내에 있던 어머니(곽낙원 여사)께 편지로 물어서 기록하였다고 했다.

⑥ 재판과정에 등장하는 인물들의 이름이 당시와 다르다. 이를테면, 1차와 2차 신문 때 실제 신문을 진행한 인물은 인천항 경무관 김순근(金順根)이라고 신문조서에 기록되어 있는데, 김구는 경무관 김윤정과 감리사 이재정이 참석하였다고 기억한다. 또한 1차와 2차 신문 때 도변(渡邊, 와타나베)라는 일본영사관 직원이 배석하였다고 했는데, 실제 신문조서에는 3차 신문 때만 신곡청(神谷淸)이 배석한 것으로 기록되어 있다. 그리고 감리사 이재정은 3차 때만 주재를 한 것으로 신문조서에 기록되어 있다.

⑦ 여기서 한 가지 유의할 것이 있다. 인천부윤(仁川府尹)으로 재직하던 이재정이 인천부윤 겸 인천감리로 임명된 시점은 1896년 8월 7일이다. 그리고 이재정은 인천 일본영사관 측에서 굉장히 호의적으로 생각했던 인물로 보인다. 일본공사관 기록에 다음과 같은 내용이 있다. "신임감리. 인천감리 겸 인천부윤 이재정은 지난 20일 도임하여 21일 당관을 방문하여 신임을 공표했다. 동씨는 일찍이 법부협판이었다. 탁지부 대신보다는 탁지부 협판으로서 자주 대신 서리의 위

치에 있었다. 성질이 영리하여 당국 중 유수한 인물이다. 전년의 지
방제도에서 감리를 부윤으로 하여금 겸하게 했을 때 감리는 외교사
건의 번거로움을 피하기 위하여 대개는 부청(府廳)에 칩거하고 감리
아문에 있는 일이 드문 것은 종래 경험한 바로 실로 괴로운 상태이
다. 신제도가 감리로 하여금 부윤을 겸하게 하는 것은 전적으로 전년
의 제도와 동일하므로 앞서와 같은 당혹감을 느끼게 될 것이 두렵
다.”(『주한일본공사관기록 10권』, 「인천항정황보고」, 1896년 8월 25일자 보
고 내용 중 일부). 그러니까 인천부윤, 인천감리, 인천재판소 등을 겸
임하던 이재정은, 인천감리서와 인천부청(현 인천도호부 청사)을 오가
면서 업무를 보았다는 것이며, 특히 외교 문제가 생길 경우 대개는
인천부청에 머물렀다는 기록이다. 김구의 옥사는 법률적인 문제 이
전에 일본과 관련된 외교 문제로 볼 수 있다. 이재정은 ‘법부’와 ‘외
부’로 보고서를 올리고 있기 때문이다. 그러니까, 판사이기도 하였던
이재정은 김구의 신문에 등장하는 것 자체를 꺼려할 수도 있을 것이
라는 점이다.

6. 김구의 옥중생활과 탈옥

인천항재판소(인천감리서)에서 3차에 걸친 신문은 끝났지만, 김구
에 대한 처리 방향은 결정되지 않았다. 증인으로 소환되어 신문을 받
았던 이화보는 1896년 10월 2일 법부의 훈령으로 무죄방송(無罪放送)
되었다. 김구의 경우에는 이미 재판이 끝난 직후, 재판에 참여한 일
본측에 의해서 ‘사형’이 거론되었다.

외국 통신

○ 아라사 황뎨와 황후 폐하씌셔 덕국 브
레슬나에 일으어셔 덕국 황뎨 폐하를 맛나
보시고 덕국 정부에셔 크게 잔치를 ᄒᆞ야 두
분이 셔로 반가온 졍을 ᄒᆞ시고 아라사 황뎨
폐하를 위ᄒᆞ야 연
설ᄒᆞ시되 아라사 황뎨
폐하씌셔 쥬쥬 돌아
가셔는 아라사 황뎨
폐하씌셔 답연셜을 ᄒᆞ시는디
게 지내며 구라파가 태평ᄒᆞ고 아라
샤 ᄒᆞᆯ답 ᄒᆞ엿다더라

○ 덕국 총리 대신겸 외교
디답 ᄒᆞ엿ᄃᆞᆫ다더라
시 동안을 긋치 안저 슈쟝을
리고 영ᄉᆞ 바다에셔 아라샤 황뎨
리고요 영국 함디도 거긔셔 황뎨
질터이요
량으로 갓다가 ᄒᆞ
일본 총리 대신겸 대신씨도 니각에
의셔 갓다가 젼신이 왓더라

잡보

○ 이번에 고변 ᄒᆞ고 경무쳥 ᄒᆞ엿다가 감
옥셔에 갓친 윤리병이가 쟉년 봄에 원을
ᄒᆞ라고 리태링를 달내여 말 ᄒᆞ되 당오젼
만냥을 출판 ᄒᆞ야 주면 너도 벼슬을 식혀
주겟고 나도 ᄒᆞ리라고 쳔연ᄒᆞ니
어로 달내니 리태링가 윤리병의게
말에 빠져셔 돈 만냥을 셔푼변으로 말
고 주엇더니 흉훈 윤리병이가 그돈 져
다가 궁니부 대신 리제슌씨의게 주고
래의 공숑훈 말은 ᄒᆞᆫ 호마듸도 안ᄒᆞ고
년 여름 교질에 쥭고 그 쳡이 윤리병이를
만 벼슬을 엇어 ᄒᆞ엿눈지라 리태링눈 쟉

○ 일본 사람이 제물포에 대나마이트 (폭
발약) 몃근을 슈립 ᄒᆞ랴 ᄒᆞᄂᆞᆫ거슬 회관
원들이 빗고 ᄂᆞ오지를 못ᄒᆞᆨ게 ᄒᆞ고 그약문판소
학구 밧고 내다가 도로 그 비
일본에 류학 ᄒᆞᄂᆞᆫ 죠션 학도들이
신문샤에 년보 대이호를 보내엿ᄂᆞᆫ디
를 시작 ᄒᆞ야 년보를 출판 ᄒᆞᄂᆞᆫᄃᆡ 본국
슬

○ 세샹에 어디 잇스리오 우래규의 미부
논문졍문 신쳘슈가 이런 일은 지판ᄒᆞ려
쇼지를졍 ᄒᆞ더니 아마 이런 일은 고등
판소에셔 명빅히 지판 ᄒᆞ야
쥴듯 ᄒᆞ더라

○ 진쥬 관찰ᄉᆞ가 법부에 보
고 ᄒᆞ엿ᄂᆞᆫᄃᆡ
함양군 졍문션이가 하동군 정창괴의게 마
ᄒᆞ야 엄히 가두엇다

○ 구월 십륙일 인쳔 감리
리지졍씨가 법
부에 보고 ᄒᆞ엿더라
○ 해쥬포에셔 일본 쟝ᄉᆞ 최ᄒᆞ쥬
김창슈가 안악
군 치하포에셔 일본 쟝ᄉᆞ
김창슈가 안악
히 셰곳신기로 잡아셔 공초를
받아 올니니
환도와 은젼 만
죠률 쳐판 ᄒᆞ여 달나고 ᄒᆞ엿더라

일본 영사관 영사 대리인 적원수일(萩原守一, 하키하라 슈이치)가 인천항 감리인 이재정에게 보낸 문서에서, 김구를 대명률(大明律)에 의거하여 사형에 처하는 것이 합당하다는 보고를 법부에 올리도록 촉구하였던 것이다. 조선 측에서는 10월 22일, 법부대신인 한규설이 국왕에게 올린 「상주안전(上奏案件)」을 통해서 김구를 교형(絞刑)에 처할 것을 건의하였다.

다음은 신문 이후 판결 및 김구 옥사(獄事) 진행과정을 당시 기록과 『백범일지』 내용을 중심으로 재구성한 것이다.

① 『독립신문』 1896년 9월 22일자 [잡보].
인천감리 이재정씨가 법부에 보고하였는데, 해주 金昌洙가 안악군 치하포에서 일본 장사 토전양량을 때려 죽여 강물 속에 던지고 환도와 은전을 많이 뺏었기로 잡아서 공초를 받아 올리니 照律處辦(조율처판)하여 달라고 하였더라.

② [보고서 제1호](인천항재판소 판사 이재정이 법부대신 한규설 각하에게. 1896년 9월 13일)
본년 2월분 일본상인 토전양량이 해주부 안악군 치하포 등지에 상주하다가 아국인 김창수에게 피해한 한 사건으로 전관찰부 순검과 주항(駐港) 일본영사관 경찰서 순사와 같이 안악군으로 가서 당시 점포 주인 이화보를 나포해서 본항(인천)에서 심문한 즉, 죄상이 전혀 없기 때문에 안악으로 돌려보냈더니 본년 7월분에 외부의 훈령을 전관찰사 서리 임오준이 받아 본 즉 범인 김창수가 해주부에 나포하였다고 하였고, 일본 영사가 외국인 인명과 관련된 사안이라 하니, 본 인천감리서에서 심문하는 것이 가하다 하는 조회를 받고, 외부에 품의한 후, 원범 김창수와 이화보를 해주부에서 나포하여 인천항 감옥에 가둬 놓았다. 8월 26

일에 본 판사가 인천항 일본영사 대리 적원수일의 조회를 보건대, 우리 (일본) 상인 토전양량 살해자 김창수 및 관련인 이화보를 우리(일본) 관리가 심문에 참여해야 한다는 것이었다. 그래서 8월 31일 하오 1점 종(點鐘)에 약속을 하고 일본 경부 신곡청을 만나서 합동 심리를 하기로 하고, 9월 10일 하오 1점종(點鐘)에 합동 심리를 한 결과 김창수가 먼저 일인 토전을 범하여 장살(戕殺)하였다고 자복하여 감옥에 가두고, 이화보는 당시 점주로 의외의 사변을 당한 것이라 이 사건과는 아무런 관련이 없어, 김창수와 이화보에 관한 공초와 영사의 조회를 같이 올리니 혜량하시고, 김창수의 행위에 대해 '조율재처' 하시고, 이화보는 돌려보내는 것이 타당한 것으로 생각되오니 지령을 바랍니다.
*이재정의 이 보고서에서도 일본영사대리 카미야 키요시가 참여한 신문은 3차 때인 것을 확인할 수 있다.

③ 상주안건(上奏案件)
*상주안건이란 신하들이 어떤 사안을 논의한 후, 결정을 위해 왕에게 올리는 개별적인 형식을 말한다. 이 경우에는 전국 사형수를 심의하여 왕에게 결정을 해달라는 건의를 말한다.
㉠ 1896년 10월 22일. 토전양량(土田讓亮, 쓰치다 조스케) 살해와 재물탈취죄를 범한 김창수(김구의 청년 때 이름) 등 11명을 교수형에 처하라는 상주안건-왕(고종)의 재가 없음.
㉡ 1896년 12월 31일. 총 46명의 사형수들을 교수형에 처해달라는 상주안건. 앞의 11명 중 김창수를 제외한 10명이 모두 들어가 있지만, 이때 김창수는 빠짐. 왕의 재가 없음.
㉢ 1987년 1월 22일. 두 번째 상주안건 46명 중 11명을 뺀 나머지 35명에 대해 교수형을 상주 왕의 재가 이루어짐 1897년 1월 24일 법부(法部)의 훈령. 우각리에서 인천재판소 관할 죄수 7명의 사형을 집행.
㉣ 그러므로, 김구의 사형정지 전보(혹은 다른 연락 수단)는 ㉡와 ㉢사

이 언제든지 이루어질 수 있다. 그렇지만 김구에 처분에 대한 어떠한 공식 문서도 인천감리서로 전달된 증거가 없으며, 전화와 관련된 기록 역시 없다. 물론 김구는 자신에 대한 사형정지 친전(親電)이 1896년(병신년) 8월 26일(양력 10월 2일)이었다고 기억하고 있지만, 이 역시 백범일지에서만 보는 이야기일 뿐이다. 상주안건을 보면, 사형집행 명단에서 김창수는 2차 상주안건에서 이름이 이미 빠져있다. 따라서 3차 상주안건이 승인되는 것과 관계없이 김창수는 사형 집행이 될 수가 없는 것이었다. 또한, 이 당시 왕은 이른바 아관파천이라 하여 주로 러시아공사관에서 업무를 보던 시기였다. 물론 국왕과 관련된 가장 자세한 기록인 『승정원일기』에는 아관파천 시기라도 러시아공사관과 경운궁(덕수궁) 사이를 오가면서 업무를 처리하기도 했지만, 1897년 1월 22일 왕의 재가가 이루어지던 시기(곧 1897년 1월 22일 이전 일정 기간 동안)에는 러시아공사관에 있었던 것으로 기록되어 있다. 따라서 사형 집행이 되던 시기에 국왕이 인천감리서로 전화를 하려면, 러시아공사관에서 인천감리서로 전화가 연결될 수 있는 시스템이 존재해야 한다. 이게 과연 그 당시 가능한 일이었을까?

④ 옥사 진행에 대한 김구의 기억
㉠ 백범일지, 182~183쪽 : 어머님이 나를 감옥문 밖까지 따라와 감옥문 안으로 들어가는 것을 보시고는 -자식의 목숨을 구하기 위하여 감리서 삼문 밖에 긴 쇠고랑으로 두 발목에 채우던 형구이다. 개성 사람 박영문(朴永文)12)의 집에 들어가서 이제까지의 일을 잠시 이야기하고

---

12) 『백범일지』에 등장하는 인천의 물상객주 중에서 '박영문'이라는 이름은 총 네 번 나온다. 그만큼 김구가 감옥에 있을 때, 김구에게 박영문이 인상적으로 남았던 것 같다. 그런데 1889년부터 1893년까지 관에서 지정한 25명의 인천항 객주 명단에는 박영문이라는 이름이 없다. 1896년은 인천객주회가 인천신상협 회로 개편되는 시점으로, 객주들의 상권과 영업권역도 재편되어 새롭게 객주로 등장하는 인물이 있었을 가능성이 충분하다. 다만 현재까지 이 시기 인천항에 대한 정보를 담고 있는 기록물들(이를테면

는 그 집의 식모가 되기를 청하였다. 그 집은 당시 항구 내의 유명한 물상객주라 집안에 밥 짓는 일과 옷 만드는 일이 매우 많은 까닭으로 일을 할 수 있게 되었는데, 조건은 하루 세 번 옥에 밥 한 그릇씩을 가져다주는 것이었다.

⑤ 전화(이른바 대사령친전정형(大赦令親電停刑))와 구명운동
㉠ 백범일지, 197쪽 : 밤이 초경은 되었다. 그제야 여러 사람이 떠드는 소리가 들리더니 옥문 열리는 소리가 들렸다. '옳지, 지금이 그때로군' 하고 앉았는데, 내 얼굴을 보는 동료 죄수들은 자기가 죽는 것처럼 벌벌 떨었다. 안쪽 문을 열기도 전에 옥뜰에서 "창수 어느 방에 있소?" 하더니 내 대답은 듣는지 마는지였다. "아이고, 이제는 창수 살았소! 아이고, 우리는 감리 영감, 전 서원과 각 청사 직원이 아침부터 지금까지 밥 한 술 먹지 못하고 '창수를 어찌 차마 우리 손으로 죽인단 말이냐' 하고 얼굴마다 서로 바라보고 한탄하였는데, 지금 대군주 폐하께옵서 대청에서 감리 영감을 부르셔서, 김창수의 사형을 정지하라시는 친칙(親勅)을 내리셨다네. 그리고 밤이라도 옥에 내려가 창수에게 전해주라는 분부를 듣고 왔소. 오늘 하루 얼마나 상심하였소?"
㉡ 백범일지, 198-199쪽 : 어쨌든지 대군주가 친히 전화한 것만은 사실이었다. 이상하게 생각되는 것은, 그때 경성부 내에는 전화가 가설된 지 오래였으나, 경성 이외에는 장도〔長途 : 먼 거리〕 전화가 인천이 처음이요, 인천까지의 전화 가설 공사가 완공된 지 3일째 되는 날(1896년 8월 26일)이었다는 것이다. 만 일 전화가 준공되지 못했으면 사형이 집행되었을 것이라고 했다. *8월 26일은 양력 10월 2일이다.
㉢ 백범일지, 199쪽 : 감리서에서 내려온 주사는 이런 말을 하고 나갔

『인천항관초』나 『인천부사』, 기타 일본인 저술 등)에서 박영문이라는 이름이 등장하지는 않는다. 다만 1897년 결성된 인천신상협회의 경우, 1899년 임원진에는 없지만 그 이전 혹은 임원진이 아닌 일반 회원 명부에서 발견될 여지는 남아 있다.

외방 통신

○ 인천항 감옥셔 죄슈즁에 쥬 김챵슈는
나이 이십 셰라 일본 사롬과 상관된 일이
잇셔 강쳔지가 지금 삼년인딕 옥 다른
쥬야로 학문을 독실히 힘쓰며 쓰도 다른
죄인들을 권면 ᄒᆞᆼ야 공부를 식히는딕 그
럭력 죄일을도 김챵슈와 량봉구는 공부가
ᄒᆞ는 학문 공부를 근실히 ᄒᆞ니 감옥
셔 구를 본받아 학문 공부를 근실히 ᄒᆞ니
인쳔 감옥셔는 옥이 아니라 곳 인쳔항
셩의 말이 인쳔 감옥셔는 죄슈들을 우례로 대지 ᄒᆞ야
학문을 힘쓰게 ᄒᆞ고 긔명혼 모음을 우리
김히 치샤 ᄒᆞ노라

○ 슈원 군쳐
셔 업셔서 촌려가
로 업디 엿업서셔
로 쟈졀 ᄒᆞ고요 ᄯᅩ
ᄒᆞᆫ이 엇셧던딕
환이 업는딕
그 남편 최셩직이가
시슉들이 황씨를 무단히 미워
의 지산 소쳔여량을 쎳고 쏫쏫 내여
ᄒᆞᆫ 빅를 쥬려 명셔 업시
발을 벗고요 비를 쥬려 명셔 업시
거의 쥭을 디경인고로 의쥬 군슈가 그
며 최셩직이가 쥭엇는딕 그 디물을
스실을 알고 쳐음에는 당쟝에 그
의 녀인은 최셩직의 쳐라 작년에
의 쥬군 위원면 예슈교 회당에 교
가 ᄒᆞᆫ 칭의 죠물을 무단히
다니 황씨
시슉들이 황씨를 무단히 미워
...

잡보

빅쳔군 향쟝 리윤셔는 모음이 졍죽 ᄒᆞ

다. "우리 관리들뿐 아니라, 오늘 전 항구의 32객주들이 긴급회의를 하고 통문 돌린 것을 보았소. 항내 각 집에서 몇 사람이든 형편대로 우각현에서 김창수의 교수형 집행 구경을 가되, 각자가 엽전 한 냥 씩 준비하여 가지고 올 것이요, 그리고 그 모인 돈이 김창수의 몸값 으로 부족하면 그 부족한 액수는 32객주가 담당하여 창수를 살리려고까지 하던 일이 있었소. 그러나 지금은 천행으로 살았고 며칠만 있으면 궐내에서 은명이 계실 터이니 아무 염려 말고 계시오."

⑥ 독립신문 기사(『독립신문』 1898년 2월 15일자 [외방통신]).

인천감리서는 1883년 인천 개항 이후 새롭게 설치된 기관으로 개항 사무를 전문적으로 취급했다. 이곳에는 행정사무를 비롯한 거의 모든 기관이 복합적으로 모여 있던 곳이다. 그래서 행정업무는 물론이고 경찰 및 재판소와 감옥까지 갖추고 있었다.[13] 그는 바로 이 감옥에서 1898년 3월 9일 탈옥 때까지 수형수들을 대상으로 교육을 실시했다. 그에게는 두 번째 교육활동이었다. 이때 감옥에서 그가 시행했던 교육활동은 매우 특이한 현상이었다. 당시 유일한 신문이었던 『독립신문』에서 그의 감옥 교육활동에 대해 다음과 같이 보도하고 있을 정도이다)(현대어로 바꿈). : "인천항 감옥 죄수 중에 김창수는 나이가 이십세이다.

---

13) 인천감옥은 전통과 근대가 만나는 지점에 있었다. 전통시대 옥(獄)은 근대적 의미의 감옥이 아니다. 그곳은 최종 판결이 나기 전까지만 갇혀있던 곳이다. 이에 비해 인천감옥은 미결수와 기결수 모두 함께 있었던 장소이다. 김구는 사형을 전제로 감옥에 있었고, 다른 죄수들은 일정 형량의 징역형을 받고 감옥에 있는 것이다. 물론 식사를 위한 방법도 중요한 차이가 있다. 전통시대 역시 일정량의 식사를 제공했다는 기록이 있지만, 이러한 기록은 오히려 특혜에 가까운 사례에 속한다. 인천감옥은 형태는 징역형을 수용한 근대적인 모습이었지만, 식사라는 측면에서는 전통에 머물러 있었다. 양옥(養獄)이라는 용어가 말해주듯이, 전통시대 감옥생활은 자신과 가족 또는 지인이 식사문제를 해결해야만 했다. 인천감옥 역시 자신이 수감생활을 하면서 짚신을 삼든 새끼를 꼬든 혹은 집안사람들이 음식을 넣어주든 해서 해결해야만 했다. 김구의 경우, 어머니 곽낙원 여사의 옥바라지는 그렇게 해서 시작되었던 것이다.

일본 사람과 관련된 일이 있어 감옥에 갇혀 있은 지가 지금 3년인데, 옥 안에서 밤낮으로 학문을 독실하게 하며 또한 다른 죄인들을 설득해서 열심히 공부를 시키는데 그 중 양봉구는 거의 공부가 이루어졌다. 다른 죄수들도 김창수와 양봉구를 본받아 학문과 공부를 성실하게 하니, 감옥에 근무하는 순검의 말에 의하면 감옥서는 옥이 아니요 인천감리서 학교라고들 한다. 인천항경무관과 총순(總巡, 인천감리서 소속 관청인 경무청에 두었던 관직)이 죄수들을 특별한 예로 대하면서 학문에 힘쓰게 하는 그 개명한 마음을 우리는 깊이 치사하는 바이다."

7. 탈옥과 탈옥 길

김구가 첫 신문을 받은 날짜는 1896년 8월 31일이었다. 이후부터 인천항에는 이 재판이 화제로 오르게 되었다고 한다. 재판과정에서 보여준 김구의 의연함도 그러한 화제 중 하나였지만, 무엇보다도 점증하고 있는 일본의 침략에 대한 항거로서 김구의 행위가 부각되었기 때문이었을 것이다. 청일전쟁과 갑오개혁, 을미사변과 단발령 그리고 아관파천으로 이어지는 일련의 사회·정치적 변동에는 항상 일본이 개입되어 있었다. 일본은 일반 민중에게 정치적인 침략세력으로 인식이 되었고, 이른바 개혁의 일환으로 단행된 단발령과 을미사변에 대한 일반인들의 분노는 컸다. 특히 인천 지역은 개항 이후 여러 신문들이 발행되고 있어서 그러한 정치적 변동에 민감하였던 것으로 보인다. 비록 그 신문들이 친일본 성격을 가지고는 있었지만, 오히려 인천민들에게 정치적인 각성을 주었던 것으로 보인다.[14]

---

14) 개항 이후 인천 지역에서 발행되던 신문 중 『조선신보』는 1894년 일본군의 경복궁

그런 인물들 가운데 강화의 지사(志士)인 김주경(金周卿, 字 卿得)은 특히 김구의 구명(求命)에 헌신적이었다. 김구가 김주경을 만나게 된 것은, 인천감리서 주사와 인천감옥의 압뢰(押牢)로 일하던 최덕만(崔德萬)의 주선이었다.[15] 최덕만에 의하면, 김주경은 강화의 이속(吏屬)이었는데, 대원군이 강화의 방비를 강화하고자 할 때, 그 인물이 뛰어남을 보고 '포량감(包糧監, 강화 진무영의 군수를 담당하는 직위)'이라는 중책을 맡겼다고 하였다. 또한 김주경은 강화에서 큰 세력을 형성하였는데, 당시 강화의 인물로, '양반에는 이건창(李健昌)이요, 상놈에는 김경득'이라는 평이 있을 정도라는 것이다.

『백범일지』에는 김구에게 김주경을 소개한 감리서주사가 누구인지 구체적인 이름이 기록되어 있지 않다. 다만 이 감리서주사는 김구가 사형 당할 것을 알고, 인천항내의 여러 지사들과 김구의 구명을 위해서 치밀한 준비를 하였던 것으로 기록되어 있다. 그러한 움직임은, 김구가 만약 사형을 당하게 될 때 인천항의 객주들이 김구의 구명을 위해 몸값을 추렴할 계획으로 구체화되기도 하였다.

『백범일지』에 의하면, 김주경은 김구의 부친과 모친을 번갈아 가며 모시고 서울로 올라가 법부대신인 한규설을 만나서, 김구의 충의

침입사건에 대하여, 이를 「호외」라는 형식으로 보도하였다(1894년 7월 23일자). 이 「호외」는 지금까지 국내 최초로 보이며, 이후 국내에도 '호외'라는 용어가 도입되었다고 한다(정운현, 『호외, 백년의기억들』, 도서출판 삼인, 1997).

15) 최덕만은 『백범일지』에 의하면, 강화 출신으로 '압뢰 중 우두머리'인데, 강화 김주경 집 계집종의 남편으로 상처 후 인천항에 와서는 경무청의 사령을 다년간 봉직한 인물로 기록되어 있다(123쪽). 그런데 김구가 탈옥 한 이후, 김구의 체포에 실패하자 법부(法部)에서는 인천 감옥에 책임을 물었다. 이때 죄를 받은 인물은, 간수 순검인 오기환(吳基煥)과 황세영(黃世永) 그리고 압뢰인 김춘화(金春化) 등이다(의정부 찬정(贊政) 법부대신이 인천항재판소 판사인 서상교(徐相喬)에게 보내는 「훈령인항소(仁港所)-제17호」).

(忠義)를 표창하여 석방할 것을 요청하였다고 한다. 그리고 이 요청이 받아들이지 않자, 김주경은 자신의 막대한 재산을 풀어서 7·8 차례나 법부에 솟장을 올렸다는 것이다. 이 모든 노력이 수포로 돌아가자, 김주경은 김구에게 탈옥을 권유하는 시 한 수를 보내고는,[16] 이미 가산이 탕진하였음으로 해삼위(海蔘威) 방면으로 망명하였다고 한다.

김구의 회고처럼 김주경이 서울에서 7·8차나 법부에 청원을 올렸는지는 확할 수가 없다. 현재 김구와 관련된 「청원서」로 볼 수 있는 것은 2가지가 남아 있을 뿐이다. 모두 법부대신 한규설에게 보내는 것인데, 시기는 1898년 2월로 되어 있으며, 청원인은 '농민 김하진(金夏鎭)'과 '김조이(金召史)'(여기서 '召史'는 '조이'로 읽는다)로 되어 있다. 이 청원서들은 모두, 김구가 지금 '강도'라는 명목으로 감옥에 갇혀 있으나, 본래는 '복수지의(復讎之義)'로 일으킨 사건이니 부디 석방하여 달라는 내용이다. 이에 대해서 법부에서는, '청원인의 정은 비록 가련하지만 김창수의 죄는 왕장(王章)에 관련된 것이므로 용납되기 어렵다'는 답변뿐이었다.[17] 이처럼 김주경을 비롯한 인천민들의 헌신적인 노력에도 불구하고 김구의 석방은 현실적으로 기대하기 어렵게 된 것이다.

결국 김구는 인천 감옥에서 탈출을 결심하고, 자신의 결심을 부친에게 알렸다. 1898년 3월 19일 밤, 같이 수감되어 있던 징역 죄인인 조덕근·양봉구·황순용·강백석 등과 함께 '천옥월장(穿獄越墻, 옥을

---

16) 김주경이 김구에게 보냈다는 시는 다음과 같다. "탈롱진호조 발호기상린 구충필어효 청간의려인[脫籠眞好鳥 拔扈豈常鱗 求忠必於孝 請看依閭人] : 새는 조롱을 벗어나야 좋고 물고기는 그물을 벗어나야 한다. 충성은 반드시 효성에서 나오고 효성은 평민의 집에서 나온다."(백범일지, 203쪽).

17) 「청원서」, 『전집』 3, 292쪽.

뚫고 담을 넘다)' 하여 탈출하였다.[18] 1898년 4월 3일 인천항재판소 판사 서상교가 법부대신 이유인(李裕寅)에게 보고한 탈옥 사건에 관한 내용에는 탈옥수 중 조덕근은 체포하였지만, 김구를 비롯한 나머지 네 명은 잡지 못하였다고 한다.[19] 이후에도 법부에서는 탈옥자들을 계속 추적하였던 것으로 보이지만 결국 해결을 보지 못한 것으로 보인다.

다음은 김구가 탈옥을 할 때부터 서울 양화진에 도착할 때까지의 기억을 인용한 것이다.

① 탈옥 때의 묘사
㉠ 백범일지, 210-211쪽 : 나는 적수간에서 잡수방(雜囚房)으로, 잡수방에서 적수간으로 왔다갔다 하는 틈에, 마루 속으로 들어가서 벽돌로 깐 돌을 창끝으로 들추고 땅속을 파고 옥 바깥으로 나섰다. 옥담을 넘을 줄사다리를 매어놓고서 문득 딴생각이 났다---(중략)---나왔던 구멍으로 다시 들어가서 천연스럽게 내 자리에 앉아서는 눈짓으로 네 사람을 하나씩 다 내보내고 다섯 번째로 내가 또 나갔다. 나가서 보니 먼저 내보낸 4명이 옥담 밑에 앉아서 벌벌 떨고 감히 담을 넘지 못하고 있었다. 내가 한 명씩 옥담 밖으로 내보내고 내가 담을 넘으려 할 때였다. 먼저 나간 자들이 감리영과 옥을 통합하여 용동(龍洞) 마루를 송판으로 둘러막은 데를 넘느라고 밤에 요란한 소리가 나니, 벌써 경무청과 순검청에서 호각을 불어 비상소집이 되는 모양이었다. 벌써 옥문 바깥에서 사람들의 소리가 들렸다. 나는 아직 옥담 밑에 서 있었다. 내가

18) 「보고서제3호」(1898년 3월 21일), 인천항재판소 판사 서상교가 의정부찬정 법부대신 이유인에게 올린 보고서를 참조. 그런데 『백범일지』에는 탈출한 날짜를 3월 9일이라 하였고, 강백석을 김백석으로 적고 있다.
19) 「보고서제5호」, 『전집』 3, 295쪽.

만일 옥방 안에만 있을 것 같으면 상관이 없겠으나, 이미 옥담 밑에까지 나오고 보니 급히 탈주하는 것만이 상책이었다. 남을 넘겨주기는 쉬우나 나 혼자서 한 길 반이 넘는 담을 넘기는 극히 어려웠다. 시간이 급박치 않으면 줄사다리로 넘어보겠으나 문밖에서는 벌써 옥문 여는 소리가 나고 감방의 죄수들도 떠들기 시작했다. 옆에 약 한 길쯤 되는 몽둥이(죄수들이 물통을 마주 메는 것)를 가지고 몸을 솟아서 담 꼭대기를 손으로 잡고 내려뛰었다. 그때는 최후의 결심을 한 때라 누구든지 내가 가는 길을 막는 자가 있으면 결투를 할 마음으로 철창을 손에 들고 바로 삼문(三門)으로 나갔다. 삼문에서 파수하는 순검도 비상소집에 갔는지 인적이 없었다.

② 감옥에서 양화진까지

㉠ **백범일지, 212-216쪽** : 탄탄대로로 나왔다. 봄날에 밤안개가 자욱하였다. 몇 년 전에 서울 구경을 하고 인천을 지난 적이 있었으나, 길이 생소한지라 어디가 어디인지 지척을 분간 못할 흑야(黑夜)에 밤새도록 해변 모래사장을 헤매다가, 동쪽 하늘이 훤할 때에 마침내 와서 보니 감리서 뒤쪽 용동 마루터기에 당도하였다– 서울이나 인천의 길거리 상점에는 방문 밖에 아궁이를 내고 방문 앞의 아궁이를 가리려고 긴 판자 한 개를 놓고 거기다가 신을 벗어놓고 점방 출입을 하게 되어 있었다. 선뜻 그 판자 밑에 들어가 누웠다. 순검의 흔들리는 칼집이 내 콧부리를 스치는 것같이 지나갔다. 얼른 일어나서 보니 하늘은 밝아오고 천주교당 뾰족집이 보였다. 그곳이 동쪽인 줄 알고는 걸어갔다. 다시 화개동을 향해 몇 발자국 옮기고 있자니, 모군꾼〔공사판에서 품을 파는 사람〕한 사람이 맨상투 바람에 두루마기만 입고 식전 막걸리 집에 가는 모양이었다. 자던 성대로 노래를 부르며 가고 있었다. 나는 그 사람을 붙잡았다. 그 사람이 깜짝 놀라며 "누구시오"하기에, 나는 또 성명을 말하고

비밀리에 석방된 사유를 말해주고 길을 가르쳐주기를 청하였다. 그 사람은 반겨 승낙하고 이 골목 저 골목 깊숙한 작은 길로만 가다가, 화개동 마루터기에 올라서서 동쪽을 향하여 가리켰다. "저리로 가면 수원 가는 길이고, 저리로 가면 시흥으로 해서 서울 가는 소로인즉, 마음대로 갈 길을 취해 가시오." 말을 마치고 작별하였다. 시간이 급박하여 성명도 묻지를 못했다. 나는 시흥 가는 길을 택해 서울로 갈 작정이었다---인천항 5리 밖에서 아침 해가 솟아 올라왔고 바람결에 들리는 소리는 호각 부는 소리요, 인천 근경의 산 위에도 사람이 희뜩희뜩 올라왔다. 나는 이런 행색으로 길을 가는 것은 좋지 못하고, 산중에 은신한다 하여도 산을 반드시 수색할 터이니, 산에 숨는 것도 불가하다고 생각했다. 그래서 '허즉실실즉허(虛卽實實卽虛)'격으로 큰길가에 숨으리라 생각했다. 인천에서 시흥 가는 대로변에는 잔솔을 키워 드문드문 방석솔포기가 한 개씩 서 있었다. 나는 그 솔포기 밑으로 두 다리를 들이밀고 반듯이 드러누워 보니, 얼굴이 드러나기에 솔가지를 꺾어 얼굴을 가리고 드러누워 있었다. 과연 순검과 압뢰가 떼를 지어 시흥대로로 달려갔다 (---중략---) 어젯저녁 해가 높을 때 밥을 먹고 밤에 파옥의 노력을 하고, 밤새도록 북성고지 모래밭을 헤매고, 다시 황혼이 되도록 물 한 모금 못 먹고 있으니, 하늘땅이 팽팽 돌고 정신을 차릴 수가 없었다 (---중략---) 새벽 일찍 깨어 작은 길을 택해 서울로 향했다. 벼리고개를 향해 걸어가다가 아침밥을 걸식하는데, 어떤 집 문 앞에 당도하였다 (---중략---) 큰길을 피해 계속 촌 동네로만 길을 갔다 이 동리에서 저 동리로 가는 마을 사람 모양으로 인천, 부평 등 군을 지나갔다. 2, 3년간 옥안의 소천지, 소세계에서 생활하다가 넓은 세상으로 나와서 가고 싶은 곳을 활개쳐가며 가노라니 몸과 마음이 상쾌하였다. 감옥에서 배운 시조와 타령을 해가면서 길을 갔다. 그날로 양화진 나루에 당도하였다. 날도 이미 저물고, 배고 고프고, 나룻배 뱃삯 줄 돈도 없었다. 동네 서당으로

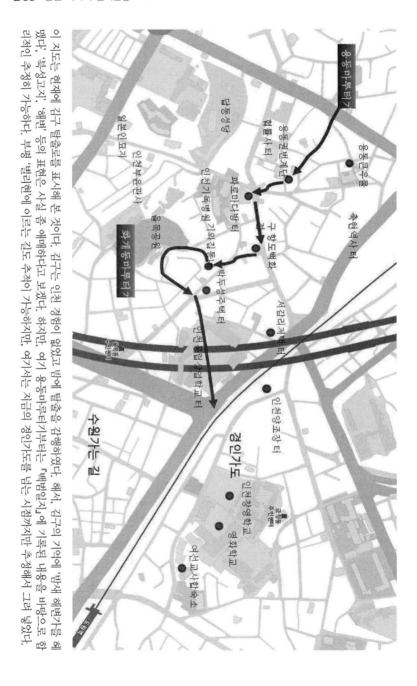

이 지도는 현재에 김구 탈출로를 표시해 본 것이다. 김구는 인천 경찰이 밖에 있었고 탈출을 감행하였다. 해서, 김구의 기억에 '밤새 해변가를 헤맸다', '북성고지', '해변' 등의 표현은 사실 좀 애매하다고 보겠다. 하지만, 여기 용동마루틀기까지는 '백범일지'에 기록된 내용을 바탕으로 합리적인 추정이 가능하다. 부평 '멀리현'에 이르는 길도 추정이 가능하지만, 여기서는 지금의 경인가도를 따르는 시작까지만 추정해서 그려 봤다.

용동마루틀기

용동큰우물

축현역사 터

용동권번계단
합굴사 터

답동성당

인천부윤관사

일본인묘지

팔문마당 터

인천기독병원 기와집터

구 항도병원

율목공원

제개동마루틀기

밤두성주벽 터

서김리계탑 터

인천감리서경무청 터

인천항립개항교 터

용동(용강정)

인천양조장 터

경인가도

인천창영학교

궁정동 주인센터

영화학교

여선교사학숙

수원가는 길

들어가 선생과 면담을 청하였다.

ⓛ 백범일지, 214쪽 : 어젯저녁 해가 높을 때 밥을 먹고 밤에 파옥의
노력을 하고, 밤새도록 북성고지 모래밭을 헤매고, 다시 황혼이 되도록
물 한 모금 못 먹고 있으니, 하늘땅이 팽팽 돌고 정신을 차릴 수가 없
었다. 근처 동네에 들어가 한 집을 찾아가 청하였다. "나는 서울 청파
에 사는데 황해도 연안으로 가서 곡식을 싣고 오다가 간밤에 북성포에
서 파선을 하고 서울로 가는 길이오. 시장하니 밥을 좀 주십시오).

이처럼, 『백범일지』에 보이는 김구의 탈옥에 관한 진술은 구체적
이기는 하지만, 지금 시점에서 탈출로를 확정지기에는 조금 막연한
생각이 든다. 물론 탈옥과정에 등장하는 몇 가지 지명과 설명들은 구
체적인 추론을 가능하게 한다. 이를테면,

ⓖ '감리영과 옥을 통합하여 용동마루를 송판으로 둘러막은 데를
넘느라고'라는 부분은 감옥의 위치를 추정케 한다.

ⓛ '(감리서 정문) 삼문을 나왔더니 탄탄대로가 나왔다'는 감리서 앞
길과 조선인 마을길을 만났다는 것을 의미한다(그림6 참조).

ⓒ '인천길이 생소한지라 어디가 어디인지 지척을 분간 못할 흑야(깜
깜한 밤)에 밤새도록 해변 모래사장을 헤매다가'라는 부분은, 위
지도에 보이는 '개펄(uncovered at low ride)'을 지나 해관 및 영국
영사관 아래 길을 돌아 북성고지 근처 해변까지 도착하고 여기서
섭도포까지 갔을것이라는 추측을 가능하게 한다.

ⓔ 이 코스를 지나야만, '동쪽 하늘이 훤할 때에 마침내 와서 보니
감리서 뒤쪽 용동 마루터기에 당도하였다'는 김구의 진술이 이
해된다.

1895년 제물포 조계중심지도(위키미디어 공용자료실)

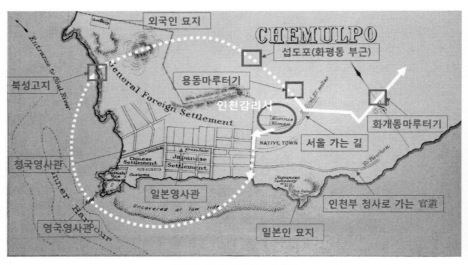

재구성 해 본 김구의 탈출로

ⓜ 용동마루터기에 도착한 김구는 큰길을 피해 답동성당 뾰족탑을
   보고 동쪽 곧 서울로 방향을 잡았다.

ⓗ 김창수는 안내자를 따라 여러 좁은 길을 통해 율목공원 쪽 높은
   곳에 올라 수원, 시흥, 서울 길 중에서 시흥가는 길을 통해 서
   울(양화진)로 갔다. 아마도 만수동, 성현(별리고개), 부평, 부천
   을 지나 양화진에 도착한 것으로 보인다.

8. 김구의 사상전환

『백범일지』에는 김구에게 김주경을 소개한 '감리서주사'가 누구인
지 구체적인 이름이 기록되어 있지 않다. 다만 이 '감리서주사'는 김
구가 사형 당할 것을 알고, 인천항내의 여러 지사들과 김구의 구명을
위해서 치밀한 준비를 하였던 것으로 기록되어 있다. 그러한 움직임
은, 김구가 만약 사형을 당하게 될 때 인천항의 객주들이 김구의 구
명을 위해 몸값을 추렴할 계획으로 구체화되기도 하였다는 것이다.

그런데 감옥에 있는 동안 김구는 '감리서서원', '감리서주사' 등의
표기로 감리서의 구성원들을 기록하고 있다. 모두 자신에게 무언가
를 해주었던 인물들이다. 그러니까 김구에게 는 감리서직원이면 누
구나 서원이고 주사였을 가능성이 있다. 1896년 이후, 인천감리서의
인적 구성은 감리와 주사·서기·통변(通辯)·청사(廳使)·순시(巡視)·
사령(使令) 등이 있었다. 김구가 감옥에 있을 때 인천감리서에는 주
사 3인, 서기 2인, 통변 1인, 청사 2인, 순시 3인, 사령 5인이 근무하
고 있었다.

이 중에서 김구의 신문장에 배석했던 직책으로는 주사와 서기가 있다. 두 번째 신문때는 서기로 진정진(秦貞鎭)이 기록을 하였고, 3차 신문때는 주사 김창건(金昌鍵) 배석하였다. 그리고 치하포의 여관 주인 이화보의 2차 신문때의 기록은 박영래(朴永來)라는 서기가 맡았다. 김창건은 1896년 12월 어떤 사유로 면직되었다가, 김구가 탈출하기 2달 전에 인천 백성의 땅을 빼앗아 팔아먹은 혐의로 조사를 받게 되었다. 당연히 해임된 것이다. 인천감옥에서 복역하다가 고령이라는 이유로 1907년 이하영이 진정하여 풀려났을 것으로 추정된다. 진정진은 김구가 감옥을 탈출한 후인 1899년 총순으로 임명된다. 총순은 경무관 아래 직책이므로, 감리서에서 경무청으로 옮겨 근무하게 된 것이다.

그리고 김구가 감옥에 있을 때인 1896년 10월, 그동안 주사로 있던 이민선(李敏善)이 면직되고 정석오(鄭錫五)가 부임한다. 이어 1898년 2월에는 정석오가 면직되고 한태석(韓泰錫)이 주사로 임명된다. 이중에서 이민선은 『대조선독립협회회보』 제4호(1897년 1월)에 김창건과 함께 보조금을 납부한 것으로 기록되어 있다. 뿐만 아니라 1908년에는 구국계몽단체로 활동하던 대한협회 회원(운산지회)으로도 활동하기도 하였다.

감옥에 있던 김구에게 신서적을 주며 읽기를 권하였던 감리서원이 누구인지는 확정할 수 없지만, 위 인물들 중에서 가장 근접한 인물은 이민선이다. 『대조선독립협회회보』는 앞에서도 언급했지만, 독립협회에서 발간한 잡지로 서울과 경기지역에 주로 배포되었다. 개화사상을 가진 인물들이 주로 읽었으며, 각성된 인물들이나 단체들의 기부가 활발하였던, 독립협회의 자금줄 역할을 하던 잡지였다.

중요한 사실은 김구가 신서적을 읽고 사상의 전환을 하였다는 사실이다. 전통적인 사상, 다시 말해서 위정척사로 무장하여 '치하포의 거'를 일으킨 김구는 신서적을 통해서 새로운 문명에 눈을 뜬 것이다. 그리하여 전통사상을 완전히 버린 것은 아니지만, 조선이 살아남을 방도는 개화사상에 있음을 명확하게 인식하게 되었다. 김구의 사상전환이 한반도 전체로 신문물을 전파하는 역할을 한 인천 지역에서 있었다는 사실은, 그만큼 인천지역이 김구에게 주었던 영향이 컸다는 것을 의미한다.

그러니까 김구가 인천 인민들에게 '치하포의거'로 각성을 주었다면, 마찬가지로 인천지역 인민들과 감리서의 개명된 직원들은 김구에게 신문물에 대한 인식을 심어주었다. 김구는 이때 감옥에서의 경험으로 교육에 대한 의지를 확립하게 된 것이다. 즉 전통적인 의리(義理) 사상도 중요하지만, 이제는 서양의 문화와 제도를 수용해서 인민들의 복리를 계발하는 것이 시대정신임을 강조하게 된 것이다. 그 통로가 바로 김구에게는 교육이었다. 김구가 보통 '선생'으로 호칭되는 이유는 그만큼 김구의 일생에서 교육이 차지하는 비중이 높아다는 의미이다.[20] 바로 그 교육이 본격적으로 실행되었던 장소가 인천감

---

20) 김구의 교육에 대한 기억은 꽤 이른 시기부터 등장한다. 그만큼 삶에서 중요하기 때문일 것이다. 『백범일지』에 보이는 김구의 교육 경력을 정리하면, 먼저 과거의 실패와 관상 공부에 대한 싫증으로 집에서 수양을 하고 있을 때 1년여 병서(兵書)를 읽으면서 지내는 동안 이른바 '훈장질'을 하였다. 이어 마곡사에서 중이 된 이후 평양에 머무는 동안 최재학과 전효순의 부탁으로 그들의 자제 친척들을 가르쳤는가 하면, 1900년에는 강화에서 김경득 집안의 자제들과 주변 30여명의 아이들에게 교수하기도 하였다. 이 때 김구가 사용한 교재는 동몽선습(童蒙先習)과 사략(史略), 천자문(千字文) 등 이었다. 그리고 1903년 이후에는 아예 구국(救國)을 위한 방도로서 '교육'을 택하여 황해도 각지에서 교육가로 맹활약하였다. 심지어 김구는 감옥에서 나온 후인 1917년 교육운동 동지인 김홍량의 도움으로 농촌개량을 목적으로 동산평 농장의 농감(監農) 역을 맡으면서 그곳의 누대에 걸친 악폐를 철폐하고 소작인의 생활 향상을 위해서 4가지 규칙을 만들었는데, 그 중 2가지가 교육에 관련된 내용이었다("학령아동이 有한자로

옥이었다.

결국 김구는 치하포사건으로 인천에서 재판을 받고, 인천에서 사상전환을 하게 되었다. 또한 김구의 생명이 경각에 달렸을 때, 김구의 구명을 위해 할 수 있는 일을 다 해 준 사람들은 바로 인천의 인민들이었다. 1896년 7월 치하포사건으로 인천감옥에 들어왔던 김구는 탈옥을 감행하였다. 김구는 도망자의 신분으로 1900년대 황해도에서 구국교육계몽운동에 매진하였다. 이때의 교육 역시 김구가 인천감옥에서 깨우쳤던 새로운 문물을 전파하는 중요한 수단이었다.

다음은 김구가 사상전환을 하는 계기를 기록한 『백범일지』의 해당 부분이다.

> 백범일지, 193-194쪽 : 감리서원 중 한 사람이 나를 만나 이야기를 나눈 후에는 신서적 읽기를 권했다. "우리가 나라의 문을 잠그고 구지식, 구사상만으로는 구국할 수가 없다. 세계 각국의 정치·문화·경제·도덕·교육·산업이 어떠한 지를 연구하여 보고, 내 것이 남만 못하면 좋은 것은 수입하여 우리 것을 만들어 국계민생에 유익하게 하는 것이, 모든 일을 자세히 인식하는 영웅의 일이지, 한갓 배외사상만으로는 멸망에서 구하지 못할 것이다. 창수와 같은 의기남자(義氣男子)라면 마땅히 신지식을 가져 장래 국가에 큰 사업을 해야 한다." 이렇게 말하며 세계 역사,지지(地誌) 등 중국에서 발간된 책자와 국한문으로 번역한 것도 가져다주며 열람을 권하는 이도 있었다. '아침에 옳은 길을 들으

학교에 입학시키는 자는 일등지 이두락 씩을 가급(加給)함". "집에 학령아동이 있는데 입학을 시키지 않는 자에게 이왕에 소작지에서 상등지 이두락을 수회함"). 김구는 이러한 규칙을 시행하기 위해 가석방 상태임에도 불구하고 농장에 학교를 설립하고 교사를 초빙하였으며 스스로 교과를 담당하기도 하였다. 김구의 교육에 대한 의지를 짐작할 수 있는 대목이다.

면 저녁에 죽어도 좋다'는 식으로, 나는 죽는 날이 올 때까지 글이나 실컷 보리라 하고 손에서 책을 놓지 않았다. 감리서원들은 종종 와서 내가 신서적을 열심히 읽는 것을 보고 매우 좋아하는 빛을 보였다. 신서적을 보고 새로 깨달은 것은, 고선생이 전날 조상에게 제사를 지낼 때 유세차 영력 이백 몇 해라고 쓴 축문을 읽던 것이나, 안 진사가 양학을 한다고 하여 절교하던 것이 그리 달관한 것 같아 보이지 않았다는 것이다. 의리는 학자에게 배우고 모든 문화와 제도는 세계 각국에서 채택하여 적용하면 국가에 복리가 되겠다고 생각된다.

9. 곽낙원여사와 김구

1934년 3월 19일, 76세인 곽낙원은 조선에서 일본 경찰의 감시를 떠나 중국으로 망명을 계획하였다. 아마도 알려진 망명객 중 최고령일 것이다. 그것도 혼자가 아니었다. 손자인 김인(金仁, 18세)과 김신(金信, 13세)을 데리고, 황해도 안악에서 평양을 거쳐 신의주와 중국 단동(丹東)에 도착하여 다시 철도를 갈아타고 대련으로, 대련에서는 배편으로 위해위(威海衛)를 거쳐 상해로 가는 계획이었다. 최종 목적지는 아들 김구가 있는 남경(南京)이었다. 곽낙원과 일행은 여러 동지들의 도움을 받으며 4월 6일 남경에 도착하였다. 그리고 가흥에서 10년 만에 가족 상봉이 이루어진 것이다.

곽낙원은 이미 조선에서 최고도의 요시찰 인물이었다. 그만큼 일본 경찰의 감시를 피해 망명한다는 것은(두 손자를 데리고) 매우 어렵고 위험한 일이었다. 1919년 4월, 대한민국임시정부가 중국 상해에 수립된 이후, 김구는 경무국장으로 오랫동안 정부의 안위를 위해 상해의 일본 영사관, 수많은 밀정들과 생존 싸움을 전개하였다. 처음 해외 동포들의 후원과 인재들로 정부는 무난하게 독립운동을 전개할 수 있었다.

그러나 독립운동 노선을 둘러싸고 갈등이 점점 심각해졌다. 국민대표회의 등을 통해 정파간, 지역간 분열을 봉합하려 했지만, 결과적으로 실패하고 말았다. 그리하여 정부는 분열되었고, 자금 공급도 여의치 않았다. 김구의 표현대로 한다면, '이름뿐인 정부'가 된 것이다. 이를 타개하기 위해 김구가 택한 방법이 의열투쟁이었다. 정부의 승인하에 조직된 한인애국단을 통해 1932년 1월 8일에는 이봉창의사가, 4월 29일에는 윤봉길의사가 적군의 최고 지도자들을 폭사시키려는 거사를 일으켰다.

이 두 사건을 지휘한 김구는 일약 정부를 대표하는 인물이 되었다. 중국 장개석 정부의 전폭적인 지지를 얻어냈고 해외에서 지원이 답지하였다. 이에 비례해서 김구와 그 가족에 대한 일제의 암살 시도와 감시는 더욱 심해졌다. 사실 곽낙원의 중국행은 1933년에도 시도되었다. 황해도 안악군의 승인을 얻었지만, 상급기관인 총독부 경무국의 제지로 저지되었다. 곽낙원의 남경행은 이런 상황에서 추진되고 실행된 것이다. 곽낙원의 망명을 사후에 알게 된 일본 총독부는 각 기관의 정보력을 총동원하여 곽낙원 일행의 행적을 포착하려 했지만 결국 실패하였다.[21]

곽낙원의 첫 중국행은 1922년이었다. 1925년 11월 김신을 데리고

---

21) 이에 대한 전말은 일제의 비밀 보고서에 잘 나타나 있다. 「김구모자의 탈출에 관한 건」(김정주 편, 『조선통치사료』 8권, 1971년)은 일제가 수집한 자료와 보고들을 모아 놓은 것이다.

귀국할 때까지 곽낙원은 임시정부의 살림을 사실상 책임지고 있었다. 이때는 『백범일지』에도 기록되어 있듯이, 상해 독립운동가들의 경제 상황이 '거지 중에도 상거지', '걸인의 소굴'인 상태였다. 이 시기에 곽낙원은 며느리인 최준례의 장례를 치뤘고(1924년 1월), 1922년 태어난 손자 신(信)의 양육에 어려움을 겪고 있었다. 만성적인 굶주림 때문이었다.

날이 어두워지면 중국인 음식점에서 나오는 채소 쓰레기 더미에서 배추 겉대를 모아 죽을 쑤어 김구와 정부 요인들을 부양하였다. 좀 부지런한 집에서나 헌 헝겊 조각을 모아 몇 겹씩 겹쳐서 발 모양을 내고 송곳으로 구멍을 내어 촘촘하게 바닥을 누벼 신고 다니는 형편이었다. 그 외에는 짚새기를 끌고 다녔다고 한다.[22)]

곽낙원이 귀국한 것은 바로 이런 상황이었으므로 손자들의 건강과 양육이 어려웠기 때문이었다. 그리고 또 한편으로는 경제적으로 어려운 처지에 자신과 손자로 인해 김구가 정부 활동에 제약을 받을지 모른다는 생각도 있었을 것이다. 이는 김구가 공적인 일과 사적인 일을 명확하게 구분하도록, 그리고 공적인 일을 우선시 하는 곽낙원의 생활 태도로 보아 능히 추정할 수 있다. 이점은 김구가 1911년 소위 '안악사건'('안명근사건'이라고도 한다)으로 서대문 형무소에서 혹독한 고문을 받고 15년 형의 판결을 받아 징역형을 살 때, 면회를 가서 김

---

22) 정정화, 『녹두꽃』, 도서출판 미완, 1987, 71–73쪽. 정정화(鄭靖和)는 1900년 7월 9일 서울에서 태어났다. 본적은 충청남도 연기 금의면 대곡리 429 번지이다. 국가 보훈처의 공적 개요에 다음과 같이 기록되어 있다. '1919년 3·1운동직후 上海로 망명하여 임시정부 金九, 李東寧을 도왔으며 1940년에는 韓國女性同盟을 창립하였고 1943년에는 大韓愛國婦人會의 재건, 조직에 참여하여 訓練部長으로 국내외 부녀의 총단결과 임시정부 옹호에 활동한 공적이 인정되므로 大統領表彰에 해당하는 자로 사료됨'

구에게 이야기 한 내용으로 보아도 충분히 짐작할 수 있다.[23]

1934년 곽낙원의 두 번째이자 마지막 망명 생활은 1차 망명 때보다는 경제적으로 어려움이 없었다. 그렇지만 이번에는 중국과 일본의 본격적인 전쟁과 임시정부의 피난이라는 상황을 맞이하게 되었다. 정부는 가흥, 장사, 광주, 귀양, 중경으로 옮겨 다녔다. 이런 상황에서도 곽낙원은 최고 어른으로 임시정부의 살림을 맡았다.

이 시기 곽낙원의 면모를 보여주는 일화가 몇 가지 있다. 첫 번째는 남경에서 생일을 맞을 때, 가흥에 있는 정부의 청년단원들이 생일 잔치를 준비할 때이다. 곽낙원은 자신이 직접 생일상을 차리겠다고 하면서 돈을 받은 다음, 여기에 자신의 여비까지 더하여 권총을 사서 왜놈들 죽이라며 단원들에게 주었다고 한다.[24]

두 번째는 정정화가 엄항섭의 부인과 함께 곽낙원 생일날 비단 솜옷을 선물한 적이 있었다. 이때 곽낙원은 다음과 같이 꾸짖었다고 한다.[25]

---

23) 이 때 곽낙원은 김구에게 다음과 같이 말했다고 한다. '**나는 네가 경기 감사나 한 거보다 더 기쁘게 생각한다.** (중략) 우리 세 식구는 평안히 잘 있다. 옥 중에서 몸이나 잘 있냐. **우리 근심 말고 네 몸이나 잘 보중하기 바란다**'. 이러한 곽낙원의 말에 대해 김구는 '오랜만에 모자 상봉하니 나는 반가운 마음과 더불어 저같이 씩씩한 기절(氣節)을 가지신 어머님께서 개 같은 원수 왜놈에게 자식 보여 달라고 청원하였다고 생각하니 황송한 마음이 그지없다. 다른 동지들의 면회 정황을 들어보면, 부모 처자가 와서 서로 대면하면 울기만 하다가 간수의 제지로 말 한마디도 못하였다는 것이 보통인데, 우리 어머님은 참 놀랍다고 생각한다. (중략) 나는 실로 말 한마디를 못하였다. (중략) 어머님이 면회 오실 때 아내와는 물론 많은 상의가 있었을 것이요. 내 친구들도 주의를 해드렸을 듯하지만, 일단 만나면 울음을 참기가 지극히 어려울 것인데, 어머님은 참 놀라운 어른이다'.
24) 『녹두꽃』, 『백범일지』를 참조.
25) 정정화, 앞의 책, 92쪽.

난 평생 비단을 몸에 걸쳐 본 일이 없네. 어울리지를 않아. 그리고 지금 우리가 이나마 밥술이라도 넘기고 앉았는 건 온전히 윤의사(윤봉길 의사)의 피 값이야. 피 팔아서 옷 해 입게 생겼나. 당장 물러와.

세 번째는 1938년 장사 남목청에서 정부 내의 분란으로 김구가 저격당하고 몸이 회복되었을 때였다. 무사히 회복한 김구에게 곽낙원은 따끔한 말을 남겼다. '유감스러운 것은 이운한 정탐꾼도 한인인 즉, 한인의 총을 맞고 산 것은 일인의 총에 죽은 것 보다 못하다.'

김구에게 곽낙원은 어머니이자 스승과도 같은 존재였다. 곽낙원이 김구를 경계하는 것이 어느 정도였는지를 다음과 같은 일화에서 알 수가 있다.[26]

그 괄괄하고 풍채 좋은 선생이 어머니에게만은 절쩔매셨던 점인데, 밤 12시가 넘어서 귀가하게 되면 꼭 종아리를 맞았고, 혹 주무셨을까 문안 인사를 드리지 않고 잠자리에 들면 다음 날 또, 종아리를 맞던 모습이었다.

또한 곽낙원은 10년 만에 만난 김구에게 다음과 같이 말했다고 한다. '나는 이제부터 너라고 아니하고 자네하고 하겠네. 또 말로 책하

---

26) 양우조·최선화 지음, 김현주 정리, 『제시의 일기』, 혜윰, 1998, 279쪽. 최선화(崔善嬅)는 1911년 06월 20일에 개성에서 태어났다. 본적은 인천 仁川 학익 375번지이다. 국가보훈처의공적조서에는 다음과 같이 기록되어 있다. '1936년 中國으로 망명한 후 韓國革命 女性同盟 創立要員이 되어 大韓民國 臨時政府를 지원하면서 興士團 韓國獨立黨 등에 가입하였으며 1943년에 이르러 重慶에서 韓國愛國婦人會 재건 조직에 참여 庶務部 主任이 되어 金淳愛 主席을 보좌하면서 혁명여성에게 항일의식을 고취하며 對日抗戰 역량을 총집결하는데 주력하다가 1945.8.15 광복을 맞이할 때 까지 9년간에 걸쳐 활동한 공적이 인정되므로 建國勳章 愛國章에 해당하는 분으로 사료됨'

더라도 초달로 자네를 때리지는 않겠네. 들으니 자네가 군관학교를 설립하고 청년들을 교육한다니 남의 사표(師表)가 된 모양이니 그 체면을 보아 주자는 것일세'. 이에 김구는 '나이 육십에 어머님이 주시는 큰 은전을 입었다'고 표현하였다.

곽낙원은 쉬운 한글 몇 자와 아라비아 숫자를 읽을 정도로 배운 것이 없었다.[27] 그럼에도 대한민국 임시정부 내에서 존경을 받았고, 그들이 어려운 정황을 극복하는데 큰 도움을 주었다. 이것은 곽낙원이 가졌던 침착하고 대범하며 경위가 밝았다는 덕목이 있었기 때문이었다. 그 덕목은 자식에게 더욱 철저하였다. 그리하여 정부의 지도자가 된 자식을 더욱 단련시킬 수 있었고, 자식은 그에 보답하였다.

이러한 덕목은 천성이었겠지만, 그 천성에 아마도 인천에서의 생활이 큰 경험으로 더해졌을 것이다. 자식의 학업을 위해 밤까지 일을 하고, 자식의 옥바라지를 위해 식모살이를 하며, 자식의 구명을 위해 청원서를 냈고, 남편의 석방을 위해 솟장을 제출했던 곽낙원이었다. 임시정부가 모두 굶을 때, 손자 먹거리가 없을 때도 희망을 버리지 않고 적절한 최선의 대처를 하였다. 사정이 나아졌을 때도, 어려웠을 때를 생각하는 정신은 바로 임시정부 여자 독립군들에게 교훈으로 돌아갔다. 그리하여 김구 어머니 곽낙원이 아니라, 곽낙원의 아들 백범이라는 평을 들었던 인물이 곽낙원인 것이다.

다음은 김구가 회고하는 어머니에 대한 기록이다.

---

27) 정정화 위의 책, 92쪽.

백범일지, 182-183쪽 : 어머님이 비록 시골 농촌에서 나고 자라셨으나 모든 일에 다 능하시고, 특히 바느질에 능하셨다. 그때 무슨 일이 손에 걸렸으랴마는, 자식의 목숨을 구하기 위하여 감리서 삼문 밖에 개성 사람 박영문(朴永文)의 집에 들어가서 이제까지의 일을 잠시 이야기하고는 그 집의 식모가 되기를 청하였다. 그 집은 당시 항구 내의 유명한 물상객주라 집안에 밥 짓는 일과 옷 만드는 일이 매우 많은 까닭으로 일을 할 수 있게 되었는데, 조건은 하루 세 번 옥에 밥 한 그릇씩을 가져다주는 것이었다.

10. 서대문감옥에서 인천감옥으로 그리고 가출옥

1911년, 김구는 이른바 '105인사건'에 연루되었다는 혐의로 징역 17년 형을 받는다. 1910년 안중근 의사의 사촌 동생인 안명근이 황해도에서 군자금모집 활동을 하다가 체포되었다. 일본제국주의자들은 이 사건을 당시 총독 사내정의(寺內正毅, 테라우치 마사다케) 암살사건으로 조작하여 평안도와 황해도에서 구국계몽운동을 하던 많은 애국자들을 일거에 검거하였다.

600여명이 체포 구금되어 그 중 105인을 기소한 사건을 105인사건이라 한다. 이때 비밀 민족운동 조직이었던 신민회의 조직이 일거에 붕괴되었으며, 김구 역시 이 신민회의 주요 멤버였다. 김구는 서대문감옥에서 수감 생활을 하다가, 1911년부터 시작된 인천항 축항 공사에 동원되어 인천감옥으로 다시 옮기게 되었다.

인천이 본격적인 항구로 기능하기 시작한 것은 이른바 '제1기 해륙연락설비확장공사'로 명명된 축항계획이 수립되면서부터이다. 이 계획의 핵심 사업은 이중 갑문식 선거구축이었다. 선거(船渠, DOCK)란, 선박의 건조나 수리 또는 짐을 싣고 부리기 위한 설비를 말한다. 이 계획에 따라 인천 앞바다의 사도와 해관매축지 남쪽에서 지금의 인천여상이 있는 언덕을 잇는 해면을 매립하고, 선거는 바로 이 매립지 한 중앙에 있게 되었다.

1911년, 4천 500백톤급 선박 3척이 동시 접안할 수 있는 크기의 인공(人工) 항만 제1선거 축조를 시작하였고, 1918년 10월 완공됐다. 이른바 인천항이 탄생한 것이다. 김구는 1914년 7월 서대문감옥에서 인천감옥으로 이송되었으며, 바로 이 인천 축항 공사에 다른 죄수들과 함께 동원된 것이다. 인천감옥으로 이송된 김구의 수인 번호는 55호였다. 그러니까 1898년 3월 파옥하여 탈출한 후 16년 하고도 4개월 만인 1914년 7월, 다시 인천 감옥에 수감된 것이다.

다음은 이송 당시를 회고한 기록이다.

『백범일지』, 360-361쪽 : 나는 잔기 2년을 채 못 남기고 서대문 감옥을 떠나 인천으로 이감되었다-(중략)-그곳을 떠나 철사로 허리를 묶고 30~40명 적의군(赤衣軍)에 편입되어 인천 옥문 앞에 당도했다. 무술년 3월 초 9일, 한밤중에 탈옥하여 도망갔던 이 몸으로 17년 후에 철사에 묶여서 다시 이곳에 올 줄 누가 알았으랴. 옥문 안에 들어서며 살펴보니 새로이 감방을 증축하였으나 옛날에 내가 앉아 글을 읽던 방이 그대로 있고 산보하던 뜰이 그대로 있었다. 호랑이같이 도변이 놈을 꾸짖던 경무청은 매음녀의 검사소로, 감리사가 일을 보던 내원당은 감옥 창고가 되었고, 옛날 순검 주사들이 뒤끓던 곳은 왜놈의 세계로 변해버렸다. 마치 사람이 죽었다가 몇 십 년 후에 다시 살아나 자기가 놀던 고향에 찾아와서 보는 듯했다. 감옥 뒷담 너머 용동 마루턱에서 옥중에

간힌 불효자인 나를 보시느라고 날마다 우두커니 서서 내려다보시던 선친의 얼굴이 보이는 것 같았다.

김구는 축항 공사 노역 일이 참을 수 없을 만큼 엄혹했다고 전한다. 비유하자면, 자신이 서대문 감옥에 있을 때는 마치 '누워서 팥떡 먹기'라 할 정도였다는 다음과 같은 회고를 하였다.

『백범일지』, 364-365쪽 : 아침저녁 쇠사슬로 허리를 마주 매고 축항 공사장에 일을 나갔다. 흙지게를 등에 지고 10여 장의 높은 사다리를 밟고 오르내렸다. 여기서 서대문 감옥 생활을 회고한다면 속담의 '누워서 팥떡 먹기라.' 불과 반일[半日:반나절]에 어깨가 붓고 등창이 나고 발이 부어서 운신을 못하게 되었다. 그러나 면할 도리가 없었다. 무거운 짐을 지고 사다리로 올라갈 때 여러 번 떨어져 죽을 결심을 했다.

김구가 죽고 싶을 정도로 힘들었던 축항 노역 장소는 인천 감옥에서 얼마 떨어지지 않은 곳이었다. 김구는 감옥 문을 통해 나와서 옛 삼문 앞 쪽 길을 따라 매립된 신포동 해안 길을 통해 공사장을 드나들었던 것으로 보인다. 아마도 김창수란 이름으로 인천감리서 감옥을 파옥하고 탈출했던 길(그때는 매립되기 전 모래밭이었을 것이다)을 그대로 밟았을 것으로 보인다. 1914년 현재 지도에서 그 길을 표시한 것이 다음 지도이다.

다음 지도는 1914년 작성된 인천 부내면의 지적원도 일부이다. 국유지로 표시되어 있는 83, 84, 85, 86번지가 바로 옛 인천감리서, 경무청, 순검청, 사령청, 감옥 등이 있었던 자리이다. 그리고 107, 108번지 집은 백범일지에 기록된 내용을 토대로 추측한 안호연, 박영문

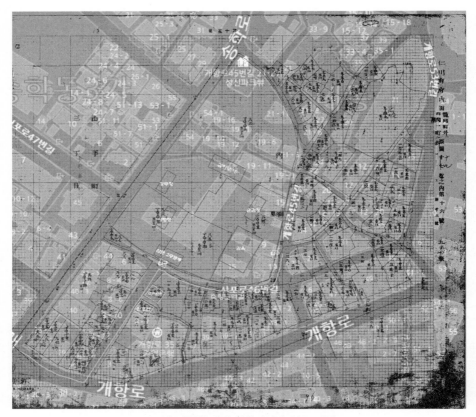

1914년 지적원도(옛 인천감리서 인근 지역)

객주 집이다. 1914년에는 이미 다른 사람에게 소유권이 넘어간 상태
이다(『인천토지조사부』에 의하면, 107, 108번지 대지는 정영모(鄭永模)라
는 사람의 소유로 되어 있다). 따라서 김구가 축항 노역 때, 박영문이
나 안호연이 아직 그 집에 거주하고 있었다는 회고는 다시 생각해봐
야 할 것으로 생각된다.

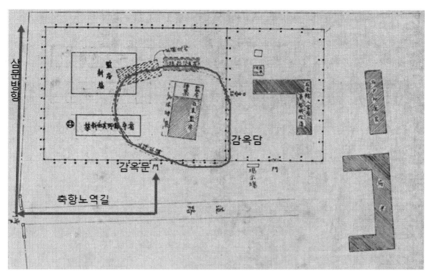

인천분감 증축예정 도면

　다음 도면은 인천감리서가 폐지되고 인천이사청이 그 기능을 대신
하게 되자, 조선통감부가 인천감리서를 재편성하면서 기존 감옥을
헐고 새롭게 증축을 예정한 도면이다. 김창수가 파옥할 당시는 둥근
형태의 감옥담이었지만, 1914년 이감되었을 때의 감옥은 이 형태로
확장된 모습이었을 것으로 추측된다. 그러니까, 1898년 3월 김창수
(金昌洙)가 파옥 탈출하였을 때와 1914년 축항노역을 할때의 인천감
옥 형태가 달라진 것이다. 김구는 도면에 표시된 감옥문으로 축항 노
역 길을 드나든 것이다.

11. 맺음말

지금까지 백범 김구가 아닌, 청년 김창수가 인천감리서에서 신문을 받고 감옥에 수감되어 있던 시기를 중심으로 여러 가지 내용들을 살펴보았다. 치하포사건 자체가 김구에게 주었던 영향은 매우 컸다. 그리고 어느 다른 사건들과 비교하지 못할 정도로 김구에게는 평생 자부심을 주었던 사건이었다. 그것은 치하포사건이 김구가 처음으로 자의식을 갖고, 국가적 비극에 대한, 곧 일본이라는 침략 세력에 직접적으로 대응한 사건으로 각인되었기 때문이었다.

그런데 김구 인생 전체를 놓고 본다면, 김구가 새로운 세계를 접하게 되었던 가장 큰 계기로 작용한 것도 바로 그 치하포사건이라 하겠다. 그 이유는 청년 김창수가 유교적 세계관에 입각한 위정척사론 적인 시고에서 벗어나, 좀 더 넓은 차원에서 세상을 보는 안목이 생겨났기 때문이다. 그 안목은 바로 인천감옥에서 시작되었다.

중요한 사실은 김구가 신서적을 읽고 사상의 전환을 하였다는 사실이다. 전통적인 사상, 다시 말해서 위정척사로 무장하여 치하포의거를 일으킨 김구는 신서적을 통해서 새로운 문명에 눈을 뜬 것이다. 그리하여 전통사상을 완전히 버린 것은 아니지만, 조선이 살아남을 방도는 개화사상에 있음을 명확하게 인식하게 되었다. 김구의 사상 전환이 한반도 전체로 신문물을 전파하는 역할을 한 인천 지역에서 있었다는 사실은, 그만큼 인천지역이 김구에게 주었던 영향이 컸다는 것을 의미한다.

그러니까 김구가 인천 인민들에게 치하포의거로 각성을 주었다면, 마찬가지로 인천지역 인민들과 감리서의 개명된 직원들은 김구에게 신문물에 대한 인식을 심어주었다. 김구는 이때 감옥에서의 경험으로 교육에 대한 의지를 확립하게 된 것이다. 즉 전통적인 의리(義理) 사상도 중요하지만, 이제는 서양의 문화와 제도를 수용해서 인민들의 복리를 계발하는 것이 시대정신임을 강조하게 된 것이다. 그 통로가 바로 김구에게는 교육이었다. 김구가 보통 선생으로 호칭되는 이유는 그만큼 김구의 일생에서 교육이 차지하는 비중이 높다는 의미이다. 바로 그 교육이 본격적으로 실행되었던 장소가 인천감옥이었다.

결국 김구는 치하포사건으로 인천에서 재판을 받고, 인천에서 사상전환을 하게 되었다. 또한 김구의 생명이 경각에 달렸을 때, 김구의 구명을 위해 할 수 있는 일을 다 해 준 사람들은 바로 인천의 인민들이었다. 1896년 7월 치하포사건으로 인천감옥에 들어왔던 김구는 탈옥을 감행하였다. 김구는 도망자의 신분으로 1900년대 황해도에서 구국교육계몽운동에 매진하였다. 이때의 교육은 김구가 인천감옥에서 깨우쳤던 새로운 문물을 전파하는 교육이었다.

이후 1911년부터 안명근사건과 신민회사건으로 서대문감옥에서 수감생활을 하다가(죄수번호 56호), 1914년 인천감옥으로 다시 이감되어(죄수번호 55호) 인천항 축항공사에 동원되다가, 1915년 인천감옥에서 가출옥되었다. 그러니까 인천지역은 1919년 망명 이전 김구 인생의 많은 부분을 감당했던 유서를 가지고 있는 것이다. 김구가 해방후 맨 처음 순시한 지역이 인천이었고, 의미심장한 역사적 장소라고 한 이유가 충분한 것이다.

참고문헌

1.

일반적으로 참고문헌을 작성할 때, 대부분의 경우 많은 자료와 저서들 그리고 논문들을 제시하는 경우가 많다. 물론 그 많은 자료들이 글 작성에 도움이 되었으니까 당연히 관련 자료들을 첨부하게 되는 것이다. 그리고 그런 형태의 참고문헌 작성이 책을 읽는 독자들에게 학문의 깊이를 알리는 방법이 되기도 할 것이다.

그렇지만 한편으로 생각해 보면, 과연 그런 방식의 참고문헌 제시가 꼭 좋은 방식일까 하는 생각이 들기도 한다. 이를테면, 어떤 주제에 대한 글을 작성하는데 그렇게 많은 참고문헌이 필요하고 또 글을 작성하는데 동원되었을까 하는 의문이 들기도 하는 것이다. 물론 필자가 다 보지는 못했더라도, 기존의 연구 성과들을 성실하게 제시하는 것은 충분히 의미 있는 작업이라는 점에는 이의가 없다. 그렇다 하더라도, 주제와 거의 동떨어진 저서나 논문들을 과도하게 독자에게 제시하는 방식의 참고문헌 작성에 대해서는 아직 의문을 갖고 있다.

우리나라 학문체계에서 박사라는 자격을 취득하는 과정에서 제출하는 논문의 경우는 기존의 관련 연구 성과를 필연적으로 검토해야 하기 때문에, 수십 쪽의 참고문헌을 제시해야 하는 경우가 꽤 된다. 물론 그렇지 않은 경우도 종종 있다. 이를테면, 필자가 취득한 박사 학위 논문 제목은 「김구의 백범일지와 민족주의사상 연구」(2001)이다. 백범일지와 관련된 학위논문으로는 아마도 처음일 것으로 생각된다. 물론 학위논문 제출 이전에 몇 편의 관련 논문을 작성했고, 이러한 사전 작업을 토대로 학위논문을 완성할 수 있었다. 아마 필자가 아는 한, 대부분의 학위 논문 작성과정은, 필자의 경우와 크게 다르지 않을 것이다.

그런데 백범일지와 관련된 연구는 당시 필자가 처음이었다. 백범일지 자제를 본격적으로 연구한 첫 논문이었으므로, 그 논문을 작성할 때 참고할 수 있는 기존의 관련 연구는 당연히 없었다. 필자의 논문이 발표된 이후, 다른 연구자 한 두 명이 백범일지와 관련된 논문을 제출하였던 것으로 기억하고 있다.

그러니까, 필자가 학위논문을 작성할 당시, 백범일지 자체를 대상으로 연구된 논문은, 필자가 발표했던 논문과 다른 연구자가 발표한 논문 등 서너 편에 불과했다는 말이다. 따라서 필자가 학위논문에 첨부하였던 백범일지 연구와 관련된 참고문헌의 경우 그 분량으로만 본다면, 다른 학위논문에 비해서 소략한 편에 속하게 되었다. 단, 백범일지에 관련된 부분만 그렇다는 것이고, 다른 하나의 주제였던 '민족주의사상'에 대한 참고문헌 작성이 별개인 것은 물론이다.

2.

이 글의 주제인 인천지역 민족운동에 대해서 말하자면, 그와 관련된 자료가 현재 기준으로는 많이 남아 있지는 않다. 물론 민족운동을 바라보는 시각에 따라 자료의 범위가 확대되거나 또 축소되기도 할 것이다. 그러한 기준에 따라서 참고문헌의 범위 역시 넓어지거나 축소될 수 있다. 인천지역 민족운동과 관련된 연구 역시 마찬가지이다.

이런 점들을 고려한다고 해도, 인천지역의 민족운동과 관련된 자료는 매우 제한적이다. 우선, 조선의 세 번째 개항도시인 인천지역은 매우 독특한 지리적 위치에 놓인 곳이다. 도성(서울)에서 가장 가깝고, 외국인의 출입 빈도가 그 어느 곳 보다도 높다. 그래서 인천지역의 외국인 비율 자체가 다른 개항도시에 비해 굉장히 높게 나타났다.

이런 조건은 사회·정치·경제적으로 외부의 영향을 많이 받게 하는 것이다. 따라서 이 글에서 정리한 민족운동의 개념을 고려할 때, 다른 지역에 비해 그 빈도나 강도가 비교적 약할 수밖에 없게 된다. 물론 외국인(주로 일본인)이 많이 거주하면서 근대식 학교라든지 종교(기독교) 혹은 각종의 새로운 기술을 적용한 건물 등이 상당한 수준으로 보급되기도 하였다. 그렇지만 민족운동은 항상 타자(他者)와의 관계 그리고 그에 대한 응전의 형태로 나타나게 마련이다. 이 중에서 응전의 기록이 바로 민족운동에 대한 일차적인 자료라고 할 것이다.

이 글에서 제시한 인천지역 민족운동의 범위는, 시간적으로는 1876년부터 1920년대 전반기까지, 공간적으로는 강화도를 제외한 현재의 인천광역시이다. 설립의도가 타자와의 관계를 명확하게 알려주는 학교설립운동, 을사늑약 이후 전개되는 국권회복운동과 의병항쟁, 전민족적이고 전계급적으로 벌어졌던 3·1독립운동과 임시정부 수립운동 그리고 대한민국임시정부와 관련된 독립운동 등을 민족운동의 구체적인 형태로 규정하였다. 이와 관련된 자료는 일반적으로 알려진 당시 기록물들 모두에서 검색이 가능하지만, 현재 시점에서 볼 때 그렇게 많은 내용이 전하지는 않는다.

3.

여기 참고문헌에서는 당연하게도 당시 신문보도 내용과 일본제국의

통치기관들이 생산해 낸 각종의 기록들 그리고 그밖에 관련되었다고
생각되는 여러 자료들을 제시해야 할 것이다. 그런데 현재 우리는 민
족운동과 관련된 1차적인 자료를 활용할 수 있는 많은 방법들이 있다.
이른바 자료에 대한 접근성이 매우 편리하다는 것이다. 따라서 구체적
인 자료들을 제시하는 것 보다는 그 자료들이 모여 있는 곳(인터넷 기
반)을 알리는 편이 훨씬 더 독자들에게 도움이 될 것으로 보인다.

  잘 알려져 있듯이 대한민국 인터넷 관련 기술은 세계적으로 유명
하다. 이 기술들을 활용해서 많은 정보에 접근할 수 있는 사이트가
여럿 있다. 아래에 그런 사이트들을 제시하고자 한다. 그래서 이제는
역사 연구가 특정한 자격이 있는 소수의 전문 영역에서, 역사에 관심
이 있는 누구에게도 열려있는 영역이 되어가고 있다는 현상을 공유
하고자 한다.

① 우선적으로 대한민국 주요 기관 중 역사 관련 부문을 책임지고 있
는 국사편찬위원회가 있다. 이 곳은 그 자체로도 많은 자료들을 검색
할 수 있지만, 역사 관련 기관들과 직접적으로 링크가 걸려있다. 특
히 한국역사정보통합시스템과 한국사데이터베이스를 통해서 전근대
시기는 물론이고 특히 근현대 시기의 거의 모든 자료들을 검색하고
자료를 내려 받을 수 있는 곳이다. 이를테면, 이 글 2장에서 언급한
독립협회 발간 『대조선독립협회회보』를 비롯해서 개화가의 각종 잡
지류를 '한국근현대잡지자료' 부문에서 원문 그대로 검색할 수 있다.
또한 인천 주재 일본영사관이 서울 일본공사관과 일본 외무성에 보
고하거나 지시 받은 문서들과 조선통감부 설치 이후 생성된 많은 문
서들이 '주한일본공사관기록 & 통감부문서' 부문에 그대로 탑재되어

있다.

② 다음, 1870년 이후부터 1950년대까지 거의 모든 신문을 검색하고 다운받을 수 있는 곳이 있다. 국립중앙도서관 홈페이지에 탑재되어 있는 '대한민국신문아카이브'이다. 이 곳은 '고신문디지털컬렉션'과 더불어 활용도가 매우 높다. 한국의 국가기관임에도, '아카이브'라는 외래 용어로 되어 있는 것이 아쉬울 뿐, 신문 영역을 검색하거나 관련 자료들을 내려 받기에는 부족함이 없다. 『독립신문』을 비롯해서 『황성신문』과 『대한매일신보』 등 이 글에서 활용한 신문 자료들은 모두 이 곳을 통해서 얻은 것이다(이를테면, '인천감리'라는 단어를 신문 아카이브에 입력하고 날짜순으로 정렬하면, 인천감리와 관련된 기사 중, 『한성순보(漢城旬報)』가 맨 처음 화면에 뜨고, 이를 확인하면 〈인천감리장계(仁川監理狀啓)〉라는 제목과 기사가 나오는 식이다).

다만, 『제국신문』의 경우 여기 '신문아카이브'에는 1908년 이후 분량은 무슨 사정에서 인지 탑재되어 있지 않다. 그렇다고 해도, 국립중앙도서관 신문자료는 신문 자체에 대한 연구는 물론이고 1896년 이후 인천을 비롯한 조선과 대한제국 시기 사회상을 이해하는데 매우 큰 역할을 할 수 있다.

③ 국권회복운동 및 독립운동과 관련된 자료들은 위 한국역사정보통합시스템과 더불어 독립기념관에서 운용하는 한국독립운동정보시스템에도 많은 자료가 탑재되어 있다. 특히 이 곳은 독립운동 관련 인물들에 대한 정보가 매우 강한 곳이다. 이 사이트와 함께, 국가보훈처에서 운용하는 공훈전자사료관이 있다. 이 곳 역시 의병과 독립운

동 관련 인물들의 정보가 매우 풍부한 곳이다. 특히 독립유공자 관련
정보 검색에 매우 편리하다.

④ 인천지역의 개항 이후 사정을 이해하는 데에는 일본인들의 기록
을 살펴 볼 필요가 있다. 인천광역시에는 역사자료관이라는 기관이
있다. 이 곳에서는 2000년대 초반부터, 개항이후 인천지역에서 활동
하던 일본인 개인이나 단체들이 저술한 꽤 많은 책들을 번역·주해(註
解)하는 작업을 해오고 있다. 인천광역시 사업으로 진행되는 만큼,
그런 책들은 인천광역시 홈페이지에서 모두 검색하고 책 자체까지
피디에프(PDF) 파일로 내려 받을 수 있다.

　비록 일본인 시각에서 자신들이 얼마나 인천을 변화시켰는가라는
측면을 강조하는 것이지만, 인천지역의 사회경제적 변화를 개항 이
후부터 시기별로 이해하는데 거의 필수적인 기록들이다. 역사자료관
에서 간행한 일제강점기 인천관련 책자들의 목록과 내용은 인천광역
시 홈페이지 '인천역사' 부문에서 일괄 확인할 수 있어 편리함을 더하
고 있다.

　공공기관이 어떠한 역할을 해야 하는지, 연구자들과 시민들의 역
사의식을 심화시키고 저변을 어떻게 확대할 수 있는지를 보여주는
대표적인 사례를, 바로 인천광역시 역사자료관의 여러 사업에서 찾
을 수 있는 것이다. 인천광역시는 이러한 역사자료관의 사업을 더욱
확대해서 인천지역사 연구는 물론 시민들의 다양한 역사의식 함양에
더욱 힘을 실어야 할 것으로 생각된다.

⑤ 인천지역의 역사·지리 및 문화 등 모든 인천 관련 분야의 연구를

전담하는 기관으로 인천대학교 소속기관인 인천학연구원이 있다. 이 곳에서는 실로 다양한 형태의 연구 성과와 풍부한 인천 관련 자료들을 번역하여 소개하고 있다. 이를테면 '인천학연구총서', '인천학자료총서', '인천학연구' 그리고 '인천관련자료' 등 방대한 연구와 번역작업이 인천학연구원 홈페이지에 탑재되어 있는 것이다.

여기의 자료와 연구 결과물들을 적절하게 활용한다면, 앞으로 좀더 치밀한 인천 지역의 근대를 포함한 전체 역사를 재구성하는데 큰도움이 될 것으로 생각된다. 이 곳의 자료와 연구 성과물들도 피디에프(PDF) 파일로 대부분 내려 받을 수 있다. 공공기관으로서 지역대학의 존재 의미를 대표적으로 보여주고 있는 모범적인 사례라 하겠다.

⑥ 이 글의 많은 부분을 차지하는 내용은 3·1독립운동에 관한 내용이다. 여러 차례 언급했지만, 2019년도는 3·1운동 100주년을 맞는해이다. 이를 기념하기 위해서, 국사편찬위원회에서는 그 기념사업의 일환으로 대단히 중요한 결과물을 도출해 냈다. 바로 '삼일운동데이터베이스'라는 거대한 영역의 자료 구축 사업이다. 국사편찬위원회가 보관하고 있거나, 다른 기관들에 보관되어 있는 자료들을 모아놓은 것이다.

삼일운동데이터베이스에는 시위 주동 인물, 발생 지역, 운동의 형태, 운동의 횟수 그리고 시위 발생 시점과 당시의 시위 장소 등, 3·1운동과 관련된 거의 모든 내용을 검색할 수 있고 활용할 수 있는형태로 분류해 놓은 자료이다. 이 글 역시 삼일운동데이터베이스의관련 자료들에 크게 의지하였다.

⑦ 이 글과는 그렇게 크게 연관성이 있다고 할 수는 없겠지만, 이 글의 시간적 범위가 조선왕조와 대한제국에 걸쳐 있는 부분이 있다. 인천감리서에 근무하였던 직원을 살피는 작업과 백범 김구의 사형 집행과 관련된 내용들에 대한 자료들이다. 게다가 전반적으로 이 시기를 좀 더 깊게 이해하기 위해서는 『조선왕조실록(태조때부터 순종때까지)』과 『승정원일기』 등을 살펴 볼 필요가 있다. 위에서 언급한 국사편찬위원회에는 『조선왕조실록』과 『고순종실록』 그리고 『승정원일기』의 원문과 번역문 모두가 탑재되어 있다(단, 『승정원일기』는 아직 완역이 안되어 있다). 마찬가지로 기사 내용을 검색하고 내려 받기도 가능하다.

⑧ 이상에서 언급한 내용은 모두 웹사이트 기반 참고 자료들을 소개한 것이다. 그런데 이외에도 개항이후 시기를 이해하는데 매우 중요한 책들이 있다. (도서출판)살림과 집문당 출판사에서 집중적으로 발간한 외국인들의 기록이 그것이다. 주로 조선과 대한제국 시기 외교관들, 기독교 선교사들, 기자들 그리고 호기심 많은 여행자들이 남긴 기록이다.

물론 이들의 시각에서 볼 때, 고종이 통치하는 나라는 온전한 독립국으로서의 왕국(王國)이거나 제국(帝國)이 아니었다. 늘 중국이나 일본 혹은 러시아가 개입하여 좌지우지 하였던 나라였다. 그리고 이 나라 대부분의 정치인들은 어느 한 쪽에 매달려 생존을 도모하였던 나라였다고 인식되기도 하였다(『대한제국의비극』(맥캔지저, 신복룡 번역, 탐구당, 1981), 『대한제국멸망사』(헐버트 저, 신복룡번역, 평민사, 1984). 이 두 책은 나중에 집문당에서 『한말외국인기록』으로 다시 출간되기도 하였다). 이런 부정적인 관점은 거의 모든 외국인 기록에 나타나고 있다.

그리고 외국인들이 남긴 기록들 대부분에 인천 혹은 제물포가 언급되고 있다. 대부분의 외국인들이 인천지역을 통해 입국하였기 때문이다. 게다가 왕 혹은 황제의 건강을 살피는 등 특수한 임무를 수행한 인물들을 포함해서, 서울에서 북쪽으로 여행이나 출장을 가는 경우에도 대부분의 외국인들은 인천(제물포)을 중심으로 편성된 연안 항로를 이용하고 있다(『대한제국을 사랑한 독일인 의사 분쉬』, 리하르트 분쉬 지음, 김종대 옮김, 코람데오, 2014). 외국인들 기록에서 인천지역이 언급되는 이유이다.

그리고 이들 기록 중에서도, 인천지역의 변화와 1984년 전후의 상황을 비교적 자세하게 기록한 사람은 독일 기자였다(『신선한나라조선, 1901』, 지그프리트 겐테 지음, 권영경 옮김, 책과함께, 2007. 참고로 같은 출판사에서 출간된 『스워덴기자 아손, 100년 전 한국을 걷다』는 인천지역 중 강화도에 관한 내용이 비교적 많다. 또한 많은 사진 자료들이 있어 당시 조선의 사회상을 이해하는데 많은 도움을 준다). 이들 외국인기록들 중에서 인천지역 민족운동과 직접적인 연관을 가지는 기록은 물론 없다. 다만, 청일전쟁시기 제물포의 정황 등을 부분적으로 언급한 기록들은 유의할 만한 내용들이 있다는 점을 기억할 필요가 있다(『한국과 그 이웃 나라들』, 이사벨라버드비숍 지음, 이인화 옮김, 도서출판살림, 1994).

3.

이상, 현재 인천대학교와 인천광역시를 비롯해서, 대한민국의 각 기관에 구축되어 있는 인천 관련 자료에 대해 간단한 소개를 하였다. 사실, 여기에서 소개한 내용들은 아주 기초적인 것들이다. 조금 더 노력을 기울인다면, 보다 많은 국내외 기관들에 산재되어 있는 인천 관련 자료들을 확인할 수 있다. 이를테면, 일본의 국립공문서관(國立公文書館) 홈페이지에 구축되어 있는 '아시아역사자료센터'만 해도 인천(제물포)지역과 관련된 상당한 분량의 자료가 산재되어 있다.

또한, 개항지 인천은 지리적으로나 전통적으로 청나라와도 매우 밀접한 관련이 있다. 전통시대는 제외하고라도, 개항 이후 청나라에서 기획하고 시행하였던 대조선(한)정책과 관련된 문서들은 굉장히 많다. 개항이후 인천지역은 청나라한테 핵심적인 이익편향 지역이었다. 특히 경제적으로나 군사적으로 대단히 중요한 지역으로 인식되었다. 서울과 직접적으로 연결되는 점에서 특히 그랬다. 따라서 이와 관련된 자료 역시 상당한 분량을 확인할 수 있다. 이미 인천대학교 인천학연구원에서 번역, 발간을 시작한 〈청안(清案)〉이 대표적인 자료이다.

청나라에서 생산된 자료들을 검색할 수 있는 웹사이트로는 대만의 중앙연구원이 있다. 대만의 대표적인 학술 연구소로도 중요한 곳이지만, 여기 '근대사수위자료고(近代史數位資料庫, 근대사 디지털데이터 베이스 정도로 이해하면 될 것이다)'에도 상당 분량의 인천지역 관련 기사가 있다.

당연한 사실이지만, 인천지역의 역사(특히 근대 시기 이후)는 필연적으로 한국사 전체와 연결되어 있다는 사실은 명확하다. 그렇다고 해서 늘 중앙의 역사 진행에 따라 부속되는 역사는 아니다. 이를테면, 아직 초보적 단계에 머물러 있는 인천의 근대 산업과 그 시설물들에 대한 연구는 한국 근대산업사를 재구성 할 수 있는 중요한 관점이 된다. 인천지역사 영역을 확대하면 할수록 한국근대사의 내용은 더욱 풍부해질 것으로 생각된다. 이러한 시각을 바탕으로 아직 각 기관에 산재해 있는 자료들을 전문적으로 집적하는 노력이 더욱 더 필요한 시점으로 보인다.

찾아보기

저자 양윤모

이 책을 집필한 양윤모는 1970년대 말쯤 영등포고등학교를 졸업하였다. 시국이 시국인 지라, 대학을 비롯해 이곳저곳을 기웃거리며 시간과 공간에 대한 이해를 모색하다가 지리산 피아골로 들어가게 되었다. 그 곳 쓰러져가는 집에 주목하고 어떻게 좀 살아볼까 궁리를 하다가 그만 사정이 생기는 바람에 포기하고 말았다. 이후 거처에 대한 고민을 하다가, 결국 인하대학교에서 박사까지 하게 되었다. 백범 김구와 그가 남긴『백범일지』를 쭉 연구하고 관련 논문을 내었으며, 2017년 말에는 현대어 번역본을 해설과 함께 미르북출판사에서 출간하였다. 그리고 박은식과 신채호, 여운형, 김구에 관한 논문과 글들을 집필하면서, 한국 근대 사상의 실체에 대해 해답을 얻고자 하였으나 아직 오리무중에서 나오질 못하고 있다. 활동 무대가 인천지역이기 때문에, 이런저런 기회에 인천지역 근대사와 독립운동 등에 대한 글들을 여기저기 발표하였고, 인천 관련 자료들을 공동으로 번역하기도 하였다. 지금은 (사)인하역사문화연구소에서 공부하면서 인하대에 출강하고 있다.

인천학연구총서 44
인천 지역의 민족운동

2020년 2월 28일 초판 1쇄

기　획 인천대학교 인천학연구원
지은이 양윤모
발행인 김흥국
발행처 보고사

등록 1990년 12월 13일 제6-0429호
주소 경기도 파주시 회동길 337-15 보고사 2층
전화 031-955-9797(대표)
　　　02-922-5120~1(편집), 02-922-2246(영업)
팩스 02-922-6990
메일 kanapub3@naver.com / bogosabooks@naver.com
http://www.bogosabooks.co.kr

ISBN 979-11-5516-964-3 94300
　　　979-11-5516-336-8 (세트)
ⓒ 양윤모, 2020

정가 21,000원